W0398939

Herbes Erwachen

Margot Pennington

Herbes Erwachen

Roman

lenzwald

Das Bild auf dem Einband zeigt das Kräuterlabyrinth im Klostergarten von St. Georgen am Längsee, einem Ort, der im Roman eine Rolle spielt.

1. Auflage, 2013
Veröffentlicht im Lenzwald Buch- und Medienverlag, D-84570 Polling

Umschlaggestaltung, Gestaltung und Satz: FontFront.com, Darmstadt
Printed in EU

Der Urheber einer Grafik konnte nicht ermittelt werden, wird aber im Fall, dass er den Nachweis der Urheberschaft erbringt, für die Verwendung seiner Grafik angemessen vergütet.

ISBN: 978-3-9815643-0-3

Bibliografische Information der Deutschen Bibliothek
Die Deutsche Bibliothek verzeichnet diese Publikation in der deutschen Nationalbibliographie; detaillierte bibliografische Daten sind im Internet unter http://dnb.ddb.de abrufbar.

Für George, Laura, Sandra und Paul

1

Normalerweise beginnt mein Tag noch bevor es den Silberstreifen am Horizont gibt, noch bevor die Nacht die Staffel an den Morgenstern weiterreicht. Dann, wenn die Vögel ihre Lieder beginnen, spätestens aber dann, wenn der Zeitungsfahrer unter meinem Schlafzimmerfenster, bei laufendem Motor, die Zeitung in den Kasten steckt. Heute ist auch so ein Morgen, aber er kann nicht wie sonst beginnen.

Seltsam teilnahmslos sehe ich meinen Körper, wie aus einer Vogelperspektive, im Bett liegen. Ich betrachte ihn wie etwas Fremdes, so als gehörte er nicht mir. Das tiefe Dunkel des Zimmers, von den vorgezogenen Vorhängen betont, entlässt mich nicht, wie sonst, in einen verplanten, umtriebigen Tag, sondern hält mich im stummen Griff der Bewegungslosigkeit gefangen. Ich kann mich nicht bewegen, ich finde nicht die Spur eines Impulses in meinem Körper, keine Kraft, keinen Willen, die mir auch nur das Anheben eines Fingers erlauben würden. Meine Augen sind noch geschlossen, zwischen Tag und Nacht gefangen, trotzdem sehe ich im Dunklen, als wäre es taghell. Meine inneren Augen überblicken die äußere Szene, die spärlichen Möbel, die ihre schwarzen Schatten werfen, das große Bett in der Mitte des Zimmers, den Sessel, auf den ich nachlässig und übermüdet Kleidungsstücke geworfen habe, den intarsienverzierten Schrank in der Ecke. Ich erinnere, durch dicke Wattewände den Klingelton eines Weckers gehört zu haben. Diese äußeren Dinge sind durchaus erkennbar, dennoch scheinen sie mit mir und meinem momentanen Zustand nicht das Geringste zu tun zu haben.

Mein momentaner Zustand! Ich verstehe nicht, was da mit mir geschieht, noch scheine ich diesen Zustand in irgendeiner Weise beeinflussen zu können. Mehr noch als der kalte Schweiß, der meinen Körper zudeckt, beunruhigt mich ein zunehmendes Gefühl der Ohnmacht. Ich liege da, bin der Zeit und ihren

Anforderungen enthoben, achte auf jedes Detail, das sich in mein inneres Gesichtsfeld schiebt, interessiert zwar, aber wertneutral und emotionslos. Wie eine Sammlerin ordne ich entstehende Gedanken und Bilder, speichere sie zur weiteren Prüfung. Ich weiß nichts anderes zu tun. Dieser Zustand ist wider meine Natur. Sollte ich mir Sorgen machen oder mich ängstigen? Ich weiß es nicht. Es gibt so wenig, was ich im Moment wirklich weiß. Also ganz langsam.

Meine Wahrnehmung, mein Denken sind intakt, ein Instrumentarium, auf das ich mich immer verlassen konnte. Also beginne ich damit, die alltagsroutinierten Gedanken zu sortieren, organisiere probehandelnd und mich selbst motivierend einen Ablauf, der übergangslos an bekannte Abläufe anknüpfen kann, entwerfe alltägliche Gewohnheiten neu, in die ich mich bildhaft gleiten lasse, putze mir in meinem Traumkörper die Zähne, spüre das heiße Duschwasser auf der müden Haut, öffne meinen Kleiderschrank, gestalte mein heutiges Aussehen, schnell noch einen Espresso, die Zeitung unter den Arm, auf dem Weg zur Arbeit. Normalerweise gibt es einen Rhythmus, einen Plan, ein Zeitgefühl. Was bedeutet mir das heute Morgen? Der unbarmherzig mich abmahnende Klingelton des Weckers bringt mich heute nicht, wie üblich, auf die Beine. Wie gerne würde ich eine Hand heben und ihn zum Schweigen bringen, doch nicht einmal einen Finger kann ich rühren. Ich folge keiner bekannten oder geregelten Vorlage. Ein Ausnahmezustand.

Ich versuche den Anschluss an die Zeit, nehme ihren Takt auf. Stelle mir vor, was ich heute in meinem Timer vorfinden würde, welche Gespräche mir bevorstünden, welche Beschlüsse ich zu fassen hätte. Sie werden sich sicher schon fragen, wo ich bliebe. Die erste Konferenz um acht Uhr, von mir angesetzt, wird ohne mich stattfinden müssen. Ohne mich! Ich denke diese Worte als sei ich unentbehrlich. Als gäbe es keinen Ersatz, keinen Vertretungsplan für mich. Und so, als dürfte es auch keinen geben. Was habe ich nicht alles dafür getan in diese Position zu kommen, die Fäden in der Hand zu halten, Abhängigkeiten zu reduzieren und immer neue Kompetenzen zu erwerben. Die Arbeit ist mein Leben. Wer bin ich ohne sie? Ich habe alles auf eine Karte gesetzt, auf die Arbeit ausgerichtet, ich definiere mich über sie. Ich entwickle, entwerfe, delegiere und bin äußerst kompetent in dem, was ich tue. Seit beinahe 25 Jahren bin ich im Geschäft. Anerkannt unter den Kollegen, bekannt wegen meines messerscharfen Verstandes. Meine Schriftsätze, die Expertisen, die Projekte und Analysen, meine Gutachten gefürchtet. Habe freiwillig auf Urlaub verzichtet und oft genug die Nacht zum Tag gemacht. Um meine Arbeit pünktlich fertig zu stellen. Ich gehe in meiner Arbeit auf. Ich bin eine Karrierefrau, ein Workaholic, immer bereit für den nächsten Part, kampferprobt, äußerst belastbar und unermüdlich im Einsatz. Ich bin ganz oben.

Nichts davon nützt mir jetzt. Ich liege wie gelähmt auf meinem Bett, in die hauchzarten Fäden eines Spinnennetzes gewickelt. Ein verschnürter Körper in Opferhaltung. Bei vollem Bewusstsein ohnmächtig. Für mich ein Höllenszenario. Ich kann nichts tun, bin meiner Handlungsfähigkeit beraubt. Beweglichkeit und Belastbarkeit sind die Attribute der Gesunden, der Gewinner und der Jungen. Ich kann nicht so tun, als ließe mich das alles gleichgültig. Vielleicht bin ich plötzlich krank geworden. Vielleicht bin ich aus dem Takt gekommen.Vielleicht bin ich spontan alt geworden. Vielleicht bin ich dabei, meine Position zu verlieren und gehöre ab sofort in die Riege der Verlierer. Verzweiflung macht sich breit und Wut. Kann man wütend darauf sein, nicht weglaufen, nicht handfest kämpfen zu können? Wie gerne würde ich jemandes Schuld oder Verantwortung feststellen. Wie gerne würde ich zur Tagesordnung übergehen und diesen ganzen Albtraum vergessen.

Meine Gedanken schweifen ab, wiederholen in Schleifen Tagesabläufe, Terminvereinbarungen und Gesprächsfetzen. Wichtigkeiten. Im bekannten Fahrwasser. Ich wiederhole, was ich kenne, halte mich am Bekannten fest. Es fällt mir schwer, auf meine gewohnte Routine zu verzichten, mich nicht meines analytischen Verstandes zu bedienen. Es ist, als hätte ich bestenfalls einen Teil meines Lebens kultiviert und auch nur diesen zur Verfügung gehabt. So habe ich das noch nie gesehen. Ich wähnte mich auf der Gewinnerseite, in erfolgreichen, prämienunterfütterten und sorglosen Tagen zuhause. Scheinbar reicht das nicht. Der gewohnte Termindruck holt mich heute nicht aus dem Bett. Nichts holt mich heute aus dem Bett. Bisher habe ich noch für jedes Problem eine Lösung gefunden. In diesem Zustand allerdings, scheine ich tatsächlich auf fremde Hilfe angewiesen zu sein. Ich denke nicht daran einfach klein beizugeben, kampflos die Hände in den Schoß zu legen und zu warten. Das habe ich noch nie getan. Ich kann mich doch auf meinen Kampfeswillen verlassen, verdammt noch mal. Ich verzichte nicht freiwillig auf Macht, Erfolg und Sieg. Hilflosigkeit und Ohnmacht will ich in meinem Leben nicht haben. Der innere Monolog, das verzweifelte Plädoyer, an unsichtbare Dritte gerichtet, führen zu nichts.

Ich versuche es dennoch: mit meinem starken, trotzigen Willen befehle ich meinem Körper Bewegung, verordne ihm Kraft, souffliere ihm die Bewegung eines Fingers. „Hebe einen Finger!“, sage ich unhörbar. Bitte Finger, lass dich heben! Nichts verändert sich. Versuche in mein Bein zu spüren. Ich habe kein Bein, das sich spüren ließe. Verdammt, verdammt! Das darf doch nicht wahr sein! Mein Körper lässt sich nicht beeinflussen. Er bleibt reglos liegen und hört mich nicht. Er scheint eigenen Gesetzen zu folgen. Ratlosigkeit macht sich breit, flaue Übelkeit in meinem Bauch, was soll ich nur tun? Von sehr weit her höre ich ein Handy klingeln, kurz darauf das Telefon, höre den Anrufbeantworter sich einschalten. Meine Sekretärin, Frau Holzner, fragt nach mir, mit alarmierter, schriller Stimme. Wo ich denn bliebe? Sie könnten nicht viel länger warten, eine zeitliche Verschiebung sei nicht möglich. Herr Dr. Münzer würde mich vertreten. Herr Dr. Münzer!
Er würde seine lang ersehnte Chance, in meine Schuhe zu steigen, ohne jedes Zögern nutzen. Er würde einen hungrigen

Konkurrenzkampf eröffnen und mir, wenn irgendwie möglich, schaden. Ich beobachte ihn schon eine Weile, meine ihn zu kennen.
Aber meine mentalen Analysen und Planspiele lösen die Erstarrung nicht, bewirken nichts und bedeuten nichts. Sie gehen an der Realität vorbei.

Ratlosigkeit ist für mich kein vertrauter Zustand. Mein Alltag sieht Kontrolle vor. Findige, intelligente Hirnschleifen. Jetzt soll ich meinen Körper davon überzeugen, dass er sich bewegt. Und ohnmächtig dabei zuschauen, wie er es nicht tut. Es muss doch eine Möglichkeit geben irgendwie aus diesem Schlamassel zu kommen.
Nein, es geht nicht darum, Kontrolle zu verlängern, nicht darum, intelligentes Zwangsdenken zu platzieren, nicht darum, mit aller Macht die Ohnmacht zu bannen. Etwas, von dem ich keine Ahnung habe, was es ist, noch, warum es zum jetzigen Zeitpunkt geschieht, zwingt mich zu diesem Stillstand. Mein unfolgsamer Körper scheint dies verstanden zu haben. Erzwungenes Innehalten, das den Fokus verändert: eine Verschiebung der Perspektiven.

Diesem Stillstand nachgeben, nichts dagegensetzen, mich in die Ohnmacht fallen lassen.

Der Verzicht auf Willenskraft.

Angst.

Das Pochen meines Blutes folgt einer gespenstischen Melodie, der Melodie der Stille. Worte explodieren in meinem Kopf, werden fortgeschwemmt, verdunsten auf der Zunge, zersetzen sich, lösen sich auf, fallen ab. Wortlosigkeit entgrenzt, die um mein Leben gezogene Grenzlinie verblasst zusehends.

Manchmal öffnet die Zeit ungefragt ihre Türen und gibt ihre Geheimnisse preis. Launenhafte Erinnerungen, die lüstern aus den Öffnungen stieren. Fremde Bilder treiben in einem steten Rinnsal an mir vorbei, noch schaue ich sie einzeln an, aber es werden immer mehr, als wäre an unsichtbarer Stelle ein Damm gebrochen, bis sie sich schließlich wie ein Sturzbach über mich ergießen. Wilde Seelenlemminge, die sich kopfüber und blind in mein Leben stürzen.

Wie in heißen Fieberschüben entkommen sie dem schlummernden Boden meiner launischen Seele. Stimmen treiben als Wortblasen an die Oberfläche des Bewusstseins. Aus allen Bezügen losgelöste Fragezeichen wetteifern in verworrenen Knäueln um die vorderen Plätze. Alles will auf einmal gesehen und gehört werden. Die Flut der Bilder im raschen Wechsel mit betäubtem Schweigen. Ganze Filmsequenzen laufen im Zeitraffer ab, Ereignisse, die ich nicht sehen will, werden wieder und wieder neu in Bilder gefasst und gezeigt, bis ich sie schmerztaub und gleichgültig ertrage. Tür und Tor sind geöffnet und wilde Szenen ergießen sich ungebremst und drängend in den Raum. Ein Phantom der Nacht, in glatte, schwarze Seide gehüllt, zeigt seine Fratze.

Ich sehe ein kleines Mädchen auf einer inneren Leinwand. Ohne Weichzeichner und ungeschönt. Kleine Episoden, szenische oder punktuelle Spiegelungen aus einem fremden Film, aus einer anderen Zeit. Eine erhobene Hand, die schlagend herunterfällt, die bunte Male setzt und Haut zum Platzen bringt. Ein Kind, auf der Suche nach einem Versteck, rotglutige Zigaretten, die Löcher in zarte, kindliche Haut brennen. Immer wieder dieses eine Bild. Löcher in Haut, als hätten die Bilder einen Hänger. Dann erneute Stille, in die sich kaum merklich Gerüche schieben. Die immer intensiver werden. Nach brutzelndem Fleisch, nach Rauch, nach Alkohol. Viele kleine stinkende Löcher, die als atmende, heiße Krater zurückbleiben. Die Sinnenfilter sind ausgeknipst. Die Schonfrist scheint abgelaufen. Stimmen, die an- und abschwellen, schrille, laute Schreie, hysterisches Lachen. Ein von unbekannter Hand ausgeleerter Farbkübel taucht jedes einzelne Bild in eine

Farbsymphonie. Das gelbe Lachen wechselt in den giftgrünen Schrei, das verbrannte Fleisch ist braun, der Alkohol rot.

Kein Wille, der das Unerträgliche abwehren könnte. Gefangen in einem ratlosen Körper, der reglos liegt und nicht mehr meinem Willen untertan ist. Mein Körper, der die schützende Haut entfernt und mir offensichtlich die Gefolgschaft gekündigt hat. Bis zu dieser Nacht hat er gehalten. Er war meinem blinden Willen unterstellt, er hatte zu funktionieren, mehr verlangte ich gar nicht von ihm. Zeigte er Müdigkeit oder Erschöpfung, drängte er mir seine reiche Symptomatik auf oder schwächelte er gar, so ignorierte ich ihn. Ich härtete ihn mit Gleichgültigkeit ab. Nicht einmal systematisch oder bewusst. Nur blind.

Wem gehören diese Bilder? Was haben sie mit mir zu tun?
Ich habe den Bildern nichts entgegenzusetzen.
Angst. Sie kriecht aus jeder einzelnen Nervenfaser, sammelt sich in der Magengrube und lacht.
Grellgelbes Lachen in meinen Ohren.

In der Mitte dieser Bilder ist ein Riss entstanden. Ein Riss, der nach und nach weiter aufspringt, breiter und breiter wird und sich schließlich zu einem Abgrund auswächst. Wirre Bilder, die nach beiden Seiten auseinander driften und an ihren Rändern verlaufen. Mein Leben, eine bunte Wasserlandschaft auf Aquarellpapier, verflüssigt und verwässert, es zerläuft in einzelne Bildfetzen, die unverbunden aneinander vorbeitreiben. Ich mache mir nichts vor. Nichts ist mehr an seinem angestammten Platz, nichts wird mehr so sein, wie es war. Keine vordergründige Normalität in Sicht. Wie ist es möglich, dass meine so lang gelebte Kraft sich spontan erschöpft?

Ein Abgrund. Die auseinander strebenden Ränder des Abgrundes. Die Tiefe dazwischen. Eine ungeheure, gefügige Müdigkeit, die in der Tiefe schlummert, eine dumpfe, starre Erschöpfung, die jede Hoffnung schluckt. Nie zuvor bin ich einer ähnlichen

Kraftlosigkeit begegnet. Bleierne Lider senken sich auf mein Leben, das in einer grauen, gleichgültigen Leere versinkt. Ich weiß nicht mehr, was Leben bedeutet. Gewissheiten sind fragwürdig und zerbrechlich. Und trotzdem habe ich mich jederzeit so verhalten, als wüsste ich über alles Bescheid, als läge alles in meinen Händen. Als müsse ich nur meine Konditionen nennen, meine Arbeitshypothesen entwerfen. Wenn man sich immer nur eine Geschichte erzählt, hält man sie schließlich für die einzig mögliche. Wie anmaßend, wie selbstherrlich, wie bitter das Erkennen. Wo sind all die anderen Geschichten geblieben? Ich habe Reichtum und Vielfalt ausgesperrt und spüre jetzt den Mangel. Ich erlebe ein intensives Fehlen von Etwas, einen Phantomschmerz. Mit ungeheurer Kraft zieht er an meinem Körper, legt einen Geschmack auf meine Zunge, eine Sehnsucht, einen Hunger. Das Fehlen von etwas Unbestimmten. Ich kann nicht danach greifen, es entzieht sich meinem Blick.

Ohne Wollen zu sein klärt die Gedanken. Mein Körper, abgelegt wie eine ausgeweidete, verbrannte Ruine. Ich lasse mich treiben, ohne Bleibe, gebe dieser lockenden, drängenden Müdigkeit nach und falle in dumpfes Vergessen. Ich betrachte meinen Körper, diesen verratenen, alten Freund. Er verdient Achtsamkeit und die freundlichen Augen eines Liebenden. Plötzlich finde ich das eigene Leben kostbar und zart.

Nichts ist geblieben, nichts übrig als der Schlag meines Herzens. Sein Ton dringt in meine Erschöpfung, ich halte mein Ohr daran. Mit jedem Schlag raunt es mir zu, flüstert es ein Wort in mein Schweigen, im Wechselspiel. Ein Wort, ein Schlag, ein kräftiger Rhythmus. Ge-hen... ge-hen.... Immer wieder dieses eine Wort. Ein magischer Beschwörungssingsang setzt ein, der sich in einer Endlosschleife dreht. Ge-hen... ge-hen... Meine unbewegten Lippen greifen es auf und unterlegen die entstehenden Bilder. Füße bevölkern die Szene, unzählige kleine Füße, die hintereinander gehen, immer in Bewegung. Sie gehen in langen Schlangen und füllen mit ihren kleinen Bewegungen meinen inneren Raum.

Völlig unvermittelt wird diese dösige, weiche Stimmung unterbrochen. Ein kleines Zittern im Bereich des Kreuzbeines, eine zittrige Schlange, die sich dort in Bewegung setzt, meine Wirbelsäule zuckend emporzüngelt und dabei kleine Schockwellen freisetzt. Wellen, die Wärme verschicken. Ich verfolge mit meiner Aufmerksamkeit das Rinnsal, das aus den Augen tritt. Ich beobachte verwundert das Zucken, das den Mund umspielt. Myriaden von Ameisen wandern über meinen Körper. Tauen ihn auf. Bis in die Nervenenden läuft die feine Elektrik, erst bitzelnd, dann brennend, schließlich schmerzend. Gelähmte Gliedmaßen, die ins Leben zurückfinden. Kleine Füße, die überall hineilen und das Leben zurückbringen. Der mäandernde Lebensfaden, der aus der abgründigen Tiefe meiner Erschöpfung emporsteigt, das Feuer kitzelt, in die Flamme bläst, das erlösende Wort auf den Lippen. Ge-hen...

2

Worin besteht Erlösung? Erlösung beendet einen unerträglichen Zustand. Bringt die Lösung und setzt einen Neuanfang. Wenn ich mich als Jugendliche, wie jeden Samstagnachmittag, aus dem obligatorischen Beichtstuhl schälte, war das Wort gesprochen: ego te absolvo. Und die Erlösung folgte auf dem Fuß. Ich spürte es an der Leichtigkeit, an dem Flattern in meiner Magengrube. Ein Neuanfang war getan, eine neue Chance bewilligt. Ich konnte frisch und frei in die Welt schauen und das Schwere für ein paar Stunden hinter mir lassen.

Heute gibt es keinen Priester, der mir sein ego te absolvo anbietet und mir damit einen Funken der göttlichen Kraft einflößt. Heute muss ich es selber tun.

Das Wort „gehen..." liegt in meinem Mund, ich schreibe es mit unsichtbaren Fingern in die Luft, werfe das Seil über den Abgrund, bis es Halt findet und ziehe mich daran hoch. Das ist Millimeterarbeit, im Zeitlupentakt. Ich spüre meine Haut wie dünngeriebenes Pergament, aber diese kleinste aller Bewegungen hat sich verselbständigt. Millimeter für Millimeter, unaufhörlich darum bemüht, in Bewegung zu kommen, in Bewegung zu bleiben. Ein minimalistischer Tanz des Körpers, der unbeirrbar weiß, wohin er will. In die Senkrechte, ins Gehen. Gibt es etwas Verrückteres als von einem Wort in Bewegung gesetzt zu werden? Das Mantra auf den Lippen, den Körper mit diesem Wort getränkt, weiter, weiter. Sand rinnt durch Stundengläser, ich höre das unhörbare Rieseln, die Zeit ins zarte Öhr gesogen. Bin verlangsamt, vollständig verlangsamt. Da fällt zuerst ein Fuß, dann das Bein, über die Bettkante, hängt in der Luft, ein zweiter Fuß gehorcht der Schwerkraft. In meinem Körper eingeschlossen, folge ich mühelos seiner Bewegung. Bin einverstanden, bin eins mit ihm. Ausrichten, aufrichten, unaufhörlich gebe ich seinem feinen Drängen nach. Bis ich auf der Kante sitze, bis ich die Augen öffne, bis ich die Fußsohlen auf dem Boden spüre. Niemals vorher hätte ich vermutet, dass Aufstehen solch einen Kraftaufwand verlangt. Invasionen von Ameisen vermehren sich unaufhörlich in meinem Körper, überschwemmen ihn in wütender Hatz, derweil mich ihr pelziges Rauschen einwickelt. Sehe das Zifferblatt meines Weckers, das zwölf Uhr zeigt. Es bedeutet mir nichts.

Greife unbeholfen nach dem Stuhl, auf dem Kleider liegen, umfasse die Lehne, ziehe, schiebe, ziehe wieder. Suche Schwerpunkte, verteile die Kraft der Beine, nehme die Arme zu Hilfe, versuche mich mit der Hand abzustoßen. Die Ameisen in meinem Körper zerren an meiner Kraft, sie rauben sie für ihre unaufhaltsame Vermehrung. Ich aber brauche meine Kraft zum Gehen. Ich bringe den Stuhl frontal in den richtigen Abstand zu mir. Jetzt kann ich mich hochziehen, krampfhaft klammere ich mich daran fest, ein Schwindel reißt von allen Seiten an mir, Lichtschlieren tanzen vor meinen Augen. Ich habe Mühe, das Gleichgewicht zu halten. Einerlei, ich muss stehen, muss gehen, muss in Bewegung sein. Jede Bewegung ist gut, sie hebt die Starre des Raumes auf und gibt dem Durcheinander der Gefühle eine Richtung. Mein Pyjama klebt auf der feuchten Haut, das lange, sonst so gepflegte, dichte schwarze Haar, hängt mir verschwitzt und formlos ins Gesicht. Aber ich gehe, langsam, behutsam, einen Schritt vor den anderen setzend, richte mich zur vollen Größe auf, den Stuhl quietschend auf dem Parkett vor mir herschiebend. Als hätte es nie eine andere Bewegung gegeben, vollkommen anspruchslos, mühelos fügsam. Wie nach langer Krankheit rekonvaleszent.

Vor dem nächstliegenden der beiden Schlafzimmerfenster tausche ich die Lehne des Stuhles gegen das Fensterbrett und schiebe mit der Schulter den Vorhang beiseite. Ich blicke in den Tag aus einem Fensterausschnitt im zweiten Stock, sehe die Stadt im frostig weißen Licht, die Bäume des angrenzenden Parks, karg und verloren auf großzügige Abstände verteilt. Die Farben sind in ihrer winterlichen Sparsamkeit verblasst und grau.

Eigentlich sollte es ein Tag werden wie viele andere Tage, in einer langen Reihe. Wie anders mein Schauen heute ist! Zwischen Gestern und Heute ist nicht nur die Nacht, sondern auch mein Leben weggebrochen. Nichts wird jemals wieder so sein wie zuvor, das ist mir ohne jeden Zweifel klar. Etwas ist zerbrochen, etwas ist zu Ende gegangen, etwas Anderes hat begonnen. Was genau dieses Etwas ist, würde ich zu klären, zu ergründen haben. Und nichts und niemand würde mir das abnehmen können.

Wieder klingelt das Handy, ganz nah jetzt, ich habe es wohl gestern Nacht auf das Fensterbrett gelegt.
„Ja?", meine belegte Stimme zittert.
„Holzner, Guten Tag Frau Dr. Stiller, ich habe den ganzen Morgen über versucht Sie zu erreichen. Die Kanzlei macht sich Sorgen. Ist bei Ihnen alles in Ordnung?"
Meine Sekretärin klingt gleichzeitig besorgt und froh mich endlich zu hören.
„Bitte, ich brauche Hilfe, rufen Sie Dr. Breitmann an!"
Ich spreche langsam und vorsichtig. Mit jedem Wort, das ich sage, springen Ameisen aus meinem Mund. Sie tanzen auf meiner Zunge, tanzen auf der Haut, sie kriechen in die Nerven und fressen sich Schicht für Schicht in die poröse Schutzhülle. Sie legen mich bloß, überlassen mir die aufsteigende Schwäche. Nein, ich will mich nicht setzen, will mich nicht hinlegen. Ich muss weiter gehen, muss in Bewegung bleiben.
„Ich werde ihn sofort anrufen und bin so schnell wie möglich bei Ihnen."
Hatte ihre Stimme nicht einen panischen Unterton?

Ich weiß, ich kann mich auf Frau Holzner verlassen. Sie arbeitet seit 14 Jahren für mich, ist in jeder Hinsicht loyal, kompetent und zuverlässig. Wie froh ich bin, dass ich mit dieser Geschichte nicht ganz alleine bleibe. Es ist schon merkwürdig, dass irgendjemand auf die Idee kommt, nach mir zu sehen. Und merkwürdig auch, dass ich mir heute, 54-jährig, eingestehen muss, dass mich

Beziehungen, welcher Art auch immer, nie sonderlich interessiert haben.

Aufrecht gehend, setze ich meine Füße auf immer neue Ameisenkissen. Wie betrunken greife ich nach dem anderen Fensterbrett, riskiere einen weiteren Blick hinaus, halte mich daran krampfhaft fest. Ich liebe diesen Ausschnitt auf die Welt. Vor vielen Jahren habe ich diesem Blick zuliebe die Wohnung im ältesten Teil Münchens, zwischen Josephstrasse und Leopoldpark, gekauft. Auch jetzt berührt und stärkt mich der Blick aus dem Fenster mit seiner stillen Schönheit. Ich schlurfe von einem Zimmer ins andere, halte mich immer wieder an einem Möbelstück fest, oder an der Wand. Als müsste ich gehen lernen. Meine Beine werden bei jedem Schritt ein wenig schwerer. Die Gewichte, die ich anhebe, bleiern. Wie früher, wenn sich auf morastigen, schlammigen Wegen, mit jedem Schritt das Schlammpolster an den Gummistiefeln vergrößerte. Im Vorbeigehen an der Eingangstür betätige ich den Türöffner, lehne die Türe an, und setze meinen Rundgang fort. Bis in die Bibliothek schaffe ich es, als mich plötzlich die Kraft verlässt. Ich halte mich am Lehnstuhl fest, kann keines der Bleigewichte mehr anheben. Auch mein Kopf wabert und summt wie ein aufgeregter Bienenstock. Meine Zunge liegt wie eine aufgequollene Teigtasche in ihrer Höhle, scheint den vorgesehenen Platz nicht mehr ausreichend zu finden. Wie durch dichten Nebel höre ich endlich Schritte, Stimmen, schnelle Bewegungen. Die Türe öffnet sich, mein alter Freund Simon Breitmann und Frau Holzner treten ein.

„Clara, Clara, wo steckst du?" Seine besorgte Stimme tut mir gut. Während er unterwegs ins Schlafzimmer ist, läuft Frau Holzner in den Salon und findet mich schließlich in der angrenzenden Bibliothek. Auch Simon ist gleich an Ort und Stelle. Er schaut mich entsetzt an. Beide halten mich und legen mich auf das Sofa. Ich ersticke fast an meiner dicken Zunge, als ich die wenigen Worte formulieren will: „Millionen Ameisen... überall..."

„Seit wann bist du in diesem Zustand?“, fragt Simon, ruhig und sachlich zugleich.
„Heute Nacht... wurde immer schlimmer... Nerven tun weh.“ Erschöpft schließe ich die Augen, um sie gleich wieder zu öffnen. Ich will den Ameisen bei ihrem Tanz nicht zusehen.
„Simon...hilf mir!“ meine Stimme ist ganz klein geworden.

Simon öffnet seine Tasche, bindet meinen Arm ab, um mir Blut abzunehmen, zieht dann eine Spritze auf, die er mir intravenös verabreicht.
„Clara, sobald sich irgendetwas an deinem Zustand verändert, bitte, sag es mir gleich.“

Doch ich sage nichts mehr. Wortlose Bedürftigkeit. Bedürftige Wortlosigkeit. Worte sinken in komatöse Tiefe ab. Gleichgültigkeit macht sich breit. Nichts als Gleichgültigkeit. Eine dicht gewirkte Traumhaut legt sich über mich. Menschen gehen in mir spazieren, gehen ein und aus, betonen ihr Hausrecht, durch weit geöffnete Türen. So viele Menschen.

Wie viel Lebenszeit ist übrig?

Traumschlieren wabern, bringen aus dem Nichts Spritzen herbei und einen Mantel gegen die Kälte.

3

Als ich aufwache fröstelt mich unter der warmen Decke, die fürsorgliche Hände über mich gebreitet haben. Mein Körper fühlt sich an wie ein gedroschener punching-ball. Es würde mich nicht wundern, hätte ich überall blaue Flecke oder Blutergüsse. Ich fühle mich wie eine geschälte Frucht, stille Tränen laufen aus den Augenwinkeln in meine Ohren, ohne mein Interesse zu wecken. Auf meiner linken Seite steht ein Gestell, an dem ein Tropf befestigt ist. Für einige Momente betrachte ich die kleinen Tropfen, die sich aus einer klaren Flüssigkeit im Beutel lösen, wie etwas Außerirdisches, ohne zu begreifen.

Erst als ich eine Hand auf meinem rechten Arm spüre, drehe ich langsam den Kopf. Simons Augen haben auf mich gewartet. Wir schauen uns wortlos an. Jede Bewegung, ob nach innen oder außen, bringt die Ameisen zurück und diese abgründige Schwäche.

„Clara", Simon spricht ganz leise und hält dabei meine Augen fest. „Ich habe dich ins Schwabinger Krankenhaus bringen lassen, du liegst hier auf Station bei meinem Freund und Kollegen Dr. Breuer. Er wird dich durchchecken und dafür sorgen, dass es dir bald wieder besser geht. Erste Laborergebnisse liegen auch schon vor. Dein Kalziumhaushalt ist zusammengebrochen, du hast so gut wie kein Kalzium mehr in deinem Körper, deine Batterien sind leer, daher auch die Ameisen. Du musst dich sehr schwach fühlen."
Seine Worte fallen als orangefarbene Kringel aus seinem Mund und treiben behäbig auf mich zu. Ich schaue ihnen bei ihrem bunten Treiben zu und habe schon wieder vergessen, was Simon gesagt hat.
Und bleibe stumm.

Gleichgültigkeit schließt meine Augen, wehrloses Hinabgleiten in unbewusste Tiefen. Über Nacht habe ich mich in ein körperloses

Schattenbild verwandelt. Ein Nachtschattenbild. Ein Gefühl innerer Leere öffnet den Raum für die drängende Anwesenheit der Träume.
Es ist mir einerlei. Willenlos bereit meinen Sinnen zu gehorchen. Zu sehen, zu riechen, zu hören, zu spüren oder zu schmecken. Nur das ist im Moment möglich. Die Dinge geschehen lassen, ohne Begründung, ohne Erklärung und auch ohne Rechtfertigung. Einfach so.
Vor die innere Leinwand schieben sich einzelne, zerhackte Bilder, die leicht unscharf, wie mit einer Haut versehen sind.

Ein kleines Mädchen mit einer blonden Plastikpuppe im Arm, kauert hinter einer Tür. Die Augen angstvoll zugekniffen.
Ein neues Bild. Ein Mann und eine Frau, beide betrunken, schlagen auf das kleine Mädchen ein. Ihre Augen sind blutunterlaufen. Das Mädchen lässt seine Puppe fallen und hält seine Arme schützend über den Kopf. Der Mann packt das Mädchen am Arm, schleift es torkelnd über einen Flur und über Treppen in den Kohlenkeller und sperrt es ein. Dort bleibt es allein zurück.
Das nächste Bild zeigt mir das kleine Mädchen, auf Kohlen liegend. Es weint herzerweichend, es wimmert, dann weint es wieder kohlenstaubgeschwärzte Tränen. Das Weinen wird stärker, geht über in Schluchzen, geht über in rostiges Schreien...

Die Schreie bringen mich ins Hier und Jetzt zurück. Nur ein atemloses Nachbeben böser Träume. Nur ein Traum, versuche ich mir einzureden, nichts als ein böser Traum. Die Ameisen machen Truppenübungen. Tränen laufen über mein Gesicht und ich bin so nass geschwitzt, als käme ich aus dem Wasser.

Fremde Augen starren mich wortlos an. Am Fußende steht ein grau melierter Arzt mit hellblauem Gesicht, der eine Spritze aufzieht. Ich mag wehrlose Situationen nicht. Wie lange schaut er mir schon beim Träumen zu? Ich strecke mich seiner Spritze widerstandslos entgegen.

„Ich bin Dr. Breuer, ihr behandelnder Arzt. Ich habe Ihnen hoch dosiertes Kalzium gespritzt. Ihre Blutwerte sind bis auf diesen extremen Kalziummangel in Ordnung. Den sollte man allerdings im Auge behalten."
„Danke", sage ich etwas kleinlaut. „Kann ich den Kalziummangel nicht auch von zuhause aus im Auge behalten?"
Dr. Breuer lacht, Simon lächelt. Ich schaue von einem zum anderen.

„Ich würde Sie gerne zwei oder drei Tage zur Beobachtung hier behalten. Sie sind sehr schwach, wachen schweiß gebadet auf und irgendetwas in Ihnen verbraucht das zugespritzte Kalzium so schnell, dass man Mühe hat mit dem Spritzen hinterherzukommen. Haben Sie in den letzten Tagen einen Schock erlitten oder hatten Sie in letzter Zeit großen Stress? Es ist Ihnen hoffentlich klar, dass Sie in diesem Zustand nicht arbeiten können?"

„Ja, ist mir klar. Von einem Schock weiß ich nichts, aber mein normaler Arbeitstag hat schon seine 12 bis 14 Stunden. Ich mache meine Arbeit schon seit sicher 25 Jahren, keine Ahnung, warum ich gerade jetzt in diesen Zustand gerate?"
Dr. Breuers Gesichtsfarbe hat sich in ein dunkleres Blau mit zarten weißen Strichen verfärbt. Er lächelt mich freundlich an.
„Ich werde später wieder nach Ihnen sehen, die Visite ruft jetzt. Wenn Sie irgendetwas brauchen, bitte läuten Sie einfach."
„Danke."

„Simon", frage ich, „hast du zufällig Wäsche für mich eingepackt, ein eigener Pyjama wäre mir lieber?"
„Ja, Frau Holzner hat das gemacht, sie hat auch Jeans und Pullover mitgenommen."
Simon ist bereits aufgestanden, holt meine Tasche aus dem Schrank und stellt sie auf den anderen Stuhl neben dem Bett.

Dr. Breuer öffnet die Tür, als gerade eine Krankenschwester hereinwill. Er lässt sie durch und schon ist er aus der Tür. Die Schwester entfernt den durchgelaufenen Tropf, lässt aber die installierte Nadel in meinem Handrücken und reicht mir Wasser und ein Nachthemd.
„Das Nachthemd brauche ich nicht, danke sehr. Aber bitte wären Sie so freundlich mir mein Bett frisch zu machen, es ist völlig durchnässt. Und ich sollte mich dringend duschen."

Simon ist aufgestanden. „Brauchst du meine Hilfe oder wird es gehen?"
„Ich denke, es wird gehen."
„Während du duschst, hole ich mir einen Kaffee, ich glaube, ich habe draußen in der Lounge eine Espresso-Maschine gesehen. Magst du auch einen?"
„Oh, ja, bitte."

Die Schwester reicht mir hilfsbereit ihren Arm, ich komme sehr wackelig auf die Beine, aber jetzt nach der Spritze stehen die Ameisen in den hinteren Reihen und lassen mir so etwas Spielraum. Frau Holzner hat wirklich an alles gedacht. Kulturbeutel, Bademantel, Föhn, Kamm, sogar ein Haargummi lässt sich finden und zwei Pyjamas. Während die Schwester mein Bett erneuert, spüre ich endlich das heiße Wasser über meinen traumklebrigen Körper laufen, die Seife, das Shampoo, der Duft der Frische. Ich weiß nicht, wie lange ich so dastehe, aber es fühlt sich unendlich wohltuend an. Als ich schließlich mit getrockneten Haaren, geputzten Zähnen und gecremter Haut wieder in meinem Bett liege, kommen in kleinen Wellen die Ameisen zurück. Nicht mit der ungestümen Heftigkeit des Morgens, aber mich doch deutlich in meine Grenzen verweisend.
Die Schwester packt mir noch ein Kissen in den Rücken, damit ich nicht ganz flach liegen muss und lässt mich nach ein paar freundlichen Worten allein.

Erst jetzt sehe ich mir das stille Einzelzimmer an, das den Blick auf eine mächtige, alte Linde freigibt.
Fühle mich nackt als trüge ich keine Haut.
In diesem Zustand tut alles weh, jedes Geräusch, jede Bewegung und jeder Gedanke.
Mein gläserner Hautmantel scheint einen Sprung zu haben.

Wieder mal war es Simon, der helfend zur Stelle war. Simon, mein einziger Freund. Er ist ein wunderbarer Mensch, intelligent und warmherzig, mit trockenem Humor ausgestattet. Wir haben uns schon immer gut verstanden. Wie man so schön sagt, wir sind einander in die Augen gefallen. Er ist nur um ein paar Stunden älter als ich, im selben Jahr, am selben Tag geboren. Wie durch ein Wunder oder durch schieren Zufall haben wir uns nie aus den Augen verloren, vielleicht ist es auch ungeschriebene Absicht, dass wir heute nicht weit voneinander leben und arbeiten. Er praktiziert als Allgemeinarzt zwei Strassen weiter, in der Konradstrasse, auf der anderen Seite des Parks und wohnt in einer der großen, sanierten Altbauwohnungen über der Praxis. Nur durch die Bäume des kleinen Parks getrennt befinden wir uns durchaus in Sichtweite.
Zu Beginn unserer Studientage, beide zwar an verschiedenen Fakultäten immatrikuliert, kreuzten sich unsere Wege immer wieder. Zum einen hatte ich in der juristischen Fakultät, nicht aus Notwendigkeit, mehr aus Interesse, Forensik belegt, die gleichermaßen für andere Fakultäten, so auch die medizinische, von Interesse war. Sozusagen eine Sammelstelle oder ein Schmelztiegel für fakultätenübergreifende Studien. Zum anderen war ich damals schon seit längerer Zeit mit Simons bestem Freund Richard liiert. Als Richard sich, für mich völlig unerwartet, von mir trennte, weil er ein anderes Mädchen geschwängert hatte, zerbrach daran auch die Männerfreundschaft. Richard und das Mädchen heirateten und beide wechselten die Universität und die Stadt.

Für mich war diese Zeit wie ein gefräßiges Loch, das all meine Energie verbrauchte. Ich fühlte mich verraten, war zutiefst verletzt. Fünf Jahre lang hatte ich an diese Verbindung geglaubt und darauf vertraut, dass sie eine Zukunft hätte. Simon wurde in der Folgezeit mein ständiger, verlässlicher Begleiter und ist es offensichtlich bis heute geblieben. Dieser Liebeskummer verbrauchte all meinen Mut. Seit dieser Zeit hatte ich kein Interesse mehr an amourösen Beziehungen, stattdessen stürzte ich mich verbissen in die Arbeit.

Simons Gesicht in der Tür ist eine sonnige Insel, er ist der Teil meiner Welt, der echt ist und sicher.

Er setzt sich wieder zu mir ans Bett, schweigend halten wir den Espresso in Händen. Beide eine ganze Weile mit den eigenen Gedanken beschäftigt. Meine blausüchtigen Augen stieren in den bayrischen Himmel, scannen den Ausblick auf die Netzhaut. Das alles beansprucht keine Wichtigkeit, es ist nur belangloser Teil einer momentanen Wirklichkeit, ohne Bestand. Der Kaffee versöhnt mich, er ist nicht gut, aber ich schlürfe ihn sehr heiß und lasse ihn andächtig meine Kehle hinunterlaufen.
„Ich habe mir ordentlich Sorgen um dich gemacht. Du warst wirklich in einem schlimmen Zustand. So kenne ich dich nicht, krank, meine ich. Und so verletzlich und schwach auch nicht. Wie fühlst du dich jetzt? Was war denn eigentlich los, letzte Nacht?"
„Nach der letzten Spritze sind die Ameisen etwas in den Hintergrund gerückt. Aber ich bin schon wieder müde. Du fragst mich, wie ich mich fühle. Ich glaube, genau das ist der Punkt. Ich habe schon lange nicht mehr so viel und so intensiv gefühlt."
Ich halte einen Moment inne, weil ich nicht weiß, wie und wo ich beginnen soll.
„Heute Früh hat etwas verhindert, dass ich mich bewegen konnte, ich war gezwungen, ohne jede Möglichkeit der Gegenwehr, und von einer ungeheuren Intensität der Gefühle begleitet, Bilderfluten und Träume zu betrachten und zu erleben, so als wären es meine eigenen. Ich kann mich nicht daran erinnern, wann ich

mich das letzte Mal so ohnmächtig gefühlt habe. Das Gefühl, als wäre etwas in mir zerbrochen, unwiederbringlich, als hätte jemand die Schleusen geöffnet und ein bis dahin verborgenes Geheimnis meiner Seele entblößt. Dr. Breuer hat nach einem Schock gefragt, möglich, dass die Heftigkeit der Gefühle auf mich wirkt wie ein Schock. Ich lebe seit so vielen Jahren, ohne mich wirklich zu spüren, und ich habe auch nicht darauf geachtet. Mein Herz fühlt sich betäubt an. So blöd das auch klingen mag, ich hatte fast vergessen, dass es für mich schlägt. Mein Leben war funktional und auf Sparflamme. Und jetzt? Irgendetwas sagt mir, dass es noch nicht vorbei ist. Es fängt erst an, wobei ich gar nicht weiß, was eigentlich anfängt und was für eine Rolle ich dabei zu spielen habe. Ich habe Angst, und das aus meinem Mund zu hören, ist merkwürdig und fühlt sich ziemlich fremd an."

Ich strecke meinen Rücken mit hinter dem Kopf verschränkten Armen, unterdrücke ein Gähnen und schaue nachdenklich in Simons blaue Augen.

„Diese Träume oder Bilder, haben die ein Thema oder sind sie chaotisch?"
„Sie haben ein Thema. Es geht um ein kleines Mädchen und um zwei Erwachsene, ein Mann und eine Frau. Das kleine Mädchen wird misshandelt und ist diesen beiden Erwachsenen ausgeliefert?"
„Wie alt ist das Mädchen?"
„Vielleicht vier oder fünf Jahre alt, hat dunkle Haare und blaue Augen und wirkt so zart und zerbrechlich."
Mein Kopf liegt jetzt schwer im Kissen, die Ameisen spielen sich in den Vordergrund, marschieren auf, ich habe die Augen geschlossen.
„Simon, die Ameisen kommen zurück."
„Okay, dann lass uns für einen Moment an was anderes denken oder was anderes tun und schauen, was passiert. Meinst du, du kannst mit meiner Hilfe aufstehen?"
Er hilft mir aus dem Bett, in die Schuhe und in den Bademantel.

Für den Gang über den Krankenhausflur nehme ich seinen Arm, was, wie so vieles an diesem Tag, für mich ungewöhnlich ist, was ich jetzt aber uneingeschränkt und dankbar annehmen kann. Ich bin überwältigt von dem farbintensiven Kommen und Gehen. Menschen, die wie fluoreszierende Farbkugeln über den Boden rollen, ihre Gestalten ziehen bunte Fäden hinter sich her. Eine Sinfonie der Gerüche hängt wie zerstäubt in der Luft: Alkohol, Schweiß, Angst, Essen, Blut. Ich will die Augen schließen, reiße sie jedoch sofort wieder auf. Hinter meinen Augenlidern lauern schon die Schatten der Nacht.
Wir setzen uns verhakt auf eines der Sofas, ich erzähle Simon von den Farborgien, die sich unvermittelt einstellen, auch, dass aus seinem Mund vorhin orangefarbene Kringel herausgesprungen sind. Und dass Geräusche und Gerüche manchmal unerträglich dicht werden und ebenfalls in Form und Farbe variieren.

„Simon, was geschieht nur mit mir?"
Er ist in Gedanken. „Sind die Ameisen, seit wir über den Flur laufen, mehr geworden oder weniger?"
„Weniger, wenn ich die Augen offen halte."
„Und wenn du die Augen schließt?"
„Dann marschieren sie auf, rücken in den Vordergrund von allerlei merkwürdigen, grauverhangenen Schatten begleitet."

Wir kommen zusammen mit den Schwestern, die das Essen austeilen, an meiner Zimmertüre an. Simon hilft mir ins Bett und reicht mir das Tablett.
„Gott, ich hab diesen Hunger gar nicht gemerkt. Aber es ist ja auch schon Nachmittag, was haben wir, vier Uhr, ich habe heute noch nichts gegessen."
Ich mache mich über das Essen her.
„Ich habe mich noch gar nicht bei dir bedankt, Simon. Danke sehr, dass du so schnell da warst und mich nicht allein gelassen hast. Draußen wird es bereits dunkel und du bist immer noch da. Ich bin wirklich froh darüber, aber was ist mit deiner Praxis? Musst du nicht schon längst wieder arbeiten?"

„Du hast dir einen guten Tag ausgesucht. Es ist Freitag, mein freier Tag. Ich habe auch keinen Wochenenddienst, das heißt, wenn du nichts dagegen hast, werde ich mich ein bisschen um dich kümmern."
„Ganz und gar nicht."
„Aber ich muss jetzt noch mal weg. Ich würde gerne, dein Einverständnis vorausgesetzt, mit der Krankenhauspsychologin sprechen. Martin, ich meine Dr. Breuer, hat mir gesagt, dass das Krankenhaus eine Psychologin beschäftigt. Vielleicht hat sie ja Zeit, um mit dir hier ein Gespräch zu führen. Ich halte es für wichtig, dass geschulte Augen und Ohren sich dieser Problematik aus einer anderen Perspektive annehmen. Aus meiner Sicht ist das keine medizinische Geschichte, in den Auswirkungen schon, aber nicht ursprünglich."
Im ersten Moment fällt mir dazu gar nichts ein.
„Begeistert bin ich nicht, aber wenn du meinst, dass das Sinn macht, bin ich einverstanden."

4

Freitagnachmittag. Simon ist gegangen. Dr. Breuer hat Simons Platz eingenommen, nachdem er nochmals Blut genommen, Blutdruck gemessen, die Infusionsnadel entfernt und mir ein Kalzium verpasst hat, diesmal als Brausetablette, 500 mg. Er hat ein blaues Lächeln im Gesicht. Wort- und lustlos habe ich das alles über mich ergehen lassen.

„Wie geht es Ihnen?"

Eine scheinbar simple Frage, die man im normalen Alltag zigmal mit einer Standardantwort bedient. Ich aber schaue ratlos. Einzelne kleine Worte kleben auf der Zunge. Die Worte sperren sich, so als hielte jemand meine Zunge fest. Wie konnte ich vergessen, dass man Worte öffnen muss. Ich zucke nur mit den Schultern, meine frierenden Augen füllen sich mit heißen Tränen.

Er nickt, legt kurz seine warme Hand auf die meine.

„Ist o.k.. Sie schauen sehr müde aus. Ich lasse Sie allein, damit Sie sich ausruhen können. Gute Nacht."

Im spärlichen Licht da draußen sehe ich, dass es zu schneien begonnen hat. Eine frostige Nacht, ein kaltes Feuer atmet schon in meinem Zimmer. Etwas geschieht, einfach nur weil es zu geschehen hat. Ich habe keine Stimme, kein Veto, keinen Zugriff. Als berge mein Körper ein Geheimnis, das er mir nicht mitteilen will. Misstrauisch beäuge ich diese aufgezwungene Körperlichkeit, samt der darin lauernden Ameisen. Noch habe ich keinen Plan, keine Landkarte, der ich mit spitzen Fingern folgen könnte, Gewissheiten scheinen fragwürdig und zerbrechlich, mein Denken schleppt sich durch die Sätze, so als wäre jedes einzelne Wort einer tiefsitzenden Müdigkeit abgerungen. Es ist ein Niemandsland. Ein Patt. Bilderstränge wechseln mit betäubtem Schweigen, unsichtbare Falten und Verwerfungen in einem verborgenen Traum, den die Nacht bereithält. Ich muss mich nur zurücklehnen, an den Traum anlehnen, mich ihm überlassen.

Wie Diebe in der Nacht schleichen die Schatten im Zimmer umher, versenken meinen Atem in rabenschwarzem Dunkel.

Eine Traumhand, die hauchdünne Schleier beiseite wischt, sie zerreißt, als wären es flusrige, klebrige Spinnweben. Dahinter hervortretend stotternde Bilder, den rostigen Scharnieren eines Fließbandes entkommen, die bemüht die Tempi wechseln und immer wieder abreißen. Strohgelbe Gedankenfäden, wässrige Blicke, in milchigblaufarbenes Weiß getaucht - ohne Gegenwart. Vernarbte Gedankenfetzen, Buchstaben lösen sich und fallen aus den Worten, hinterlassen einen grünen Rand. Ein dumpfes Hintergrundrauschen der glatt polierten, verbrauchten Nerven. Überall Lichtflecken auf der gefügigen Netzhaut. Der gerahmte Rand eines Bildes hält die Umrisse einer Frau gefangen. Ihre Farben sind verblasst und an einigen Stellen einheitlich grau geworden. Im rechten, unteren Eck steht in schwarzer, zittriger Schrift ‚Mama'.
Mama? Was für ein merkwürdiger Titel!
Warum gerade dieses Bild?

Ich schaue mir dieses graue Bild genauer an. Die Augen tun weh, aber ich wende meinen Blick nicht ab. Es ist mehr ein Erstarren oder eine Schwäche, die mich anfallen. ‚Mama', sagt eine kleine Stimme, die sich aus dem Hintergrundrauschen gelöst hat. Mein Körper hört dieses Wort, findet keine Gegenstimme. Die Schläfen pochen schmerzhaft, spontanes Kopfweh kriecht die Nackenmuskulatur entlang nach oben, in den Tiefen meiner Eingeweide sammeln sich Schatten, wandern umher, verbrüdern sich mit anderen Schatten, legen sich im Plexus in Form von Übelkeit ab und bringen mein Herz zum Rasen. Ich will diese Stimme nicht mehr hören und doch flüstert das Wort wie ein Echo aus allen Ecken. „Mama", und immer wieder „Mama".
Die Schatten schieben sich unter Druck an die Oberfläche des Bewusstseins.

So stelle ich mir das Aufwachen nicht vor. Ich habe mich gründlich auf mein Bett übergeben und das Würgen geht weiter,

krampfartig wie Anfälle, mit weit aufgerissenen Augen. Verdammt, was ist nur los? Woher kommt dieses Elend? Ich kann mich nicht daran erinnern, mich jemals so gefühlt zu haben.
Ich muss auf den Knopf am Bett gedrückt haben. Als ich mich gerade aus dem Bett quäle, geht die Tür auf, Schwestern kommen herein. Ich fühle mich so klein und schäme mich entsetzlich. Entschuldigen will ich mich für dieses Desaster, das ich anrichte.
Und plötzlich steht Simon in der Tür, in Begleitung einer Frau.
Ich will nicht, dass Simon mich so sieht! Zur Seite gewendet und mit geschlossenen Augen warte ich darauf, dass sich eine andere Haut über diese Realität legt.
„Oh, Clara, wir warten draußen, bis du dich frisch gemacht hast und die Schwestern dein Bett neu überzogen haben. Bis gleich. Soll ich dir einen Tee mitbringen?"
In kleinen Bewegungen dreht sich mein Kopf von links nach rechts. Nein.

Die Schwestern haben nur ein paar Minuten gebraucht das Bett neu zu überziehen und den Boden um das Bett herum zu säubern. Gesicht und Hände habe ich mir gewaschen, den Mund ausgespült, einen neuen Pyjama angezogen und das Fenster aufgemacht, um den säuerlichen Geruch zu entfernen. Simon wird es dann sicher gleich wieder schließen. Ich fühle mich schwach und noch immer ist mir leicht übel und schwindelig, aber wenigstens sind die sichtbaren Spuren meines Elends beseitigt. Also dann.

Gerade denke ich darüber nach, was ich mit den einzelnen Bruchstücken meines Erlebens anfangen soll, wie ich sie wohl in eine Ordnung, oder besser gesagt, in einen Zusammenhang bringen kann, als die Tür aufgeht, und Simon mit der Frau hereinkommt. Einer lächelnden, warmen Frau, einer zimtigen Erscheinung, vielleicht ein paar Jahre älter als ich, und um viel mehr als nur ein paar Kilo schwerer als ich. Aber ihre Augen blitzen und sie ist mir auf Anhieb sympathisch. Sie streckt mir ihre Hand entgegen.

„Mein Name ist Lena Lenz, ich bin hier im Krankenhaus als klinische Psychologin angestellt. Dr. Breitmann hat mich aufgesucht und gebeten bei Ihnen reinzuschauen. Ist Ihnen das recht?“
„Ich glaube, ich bin jetzt soweit, dass ich mir eingestehen muss, dass ich alleine nicht wirklich weiter komme. Simon hatte schon recht. Er meinte, ich könnte ein geschultes Auge brauchen, das mir hilft, dieses Chaos zu ordnen. Zumal sich diese Erlebnisse in Bereichen abspielen, die mir fremd sind und ich mich darin bewege wie in einem Labyrinth. Ach ja, ich glaube ich habe es nicht gesagt, mein Name ist Clara Stiller.“
Niemand lacht. Simons Lächeln streichelt mein Gesicht.
Wie komme ich darauf, dass Schwäche belacht werden muss?

„Fühlen Sie sich in der Lage mit mir ein Gespräch zu führen?“
„Ja, ich glaube schon. Ich fühle mich schwach, mir ist übel und auch schwindelig, aber das soll mich nicht hindern. Auch die Ameisen sind wieder ganz vorne.“
„Wollen Sie das Gespräch unter vier Augen führen, oder hätten Sie gern Dr. Breitmann dabei?“
„Ich hätte ihn gerne dabei.“
„O.K., da ich nur ein paar Informationen über Ihren Zustand von Dr. Breitmann habe, möchte ich Sie bitten, mir alle wichtigen Ereignisse zu schildern.“

Freiwillig habe ich Informationen noch nie herausgegeben, ich meine, so ohne Notwendigkeit oder Zwang. Wie sehr bin ich doch durch die Umstände in die Enge getrieben, dass es jetzt, beinahe dankbar, aus mir herausplatzt. Ich lasse nichts aus. Bewusst bin ich solchen Situationen immer aus dem Weg gegangen, immer in einer Position zu bleiben, die eine Wahl lässt, war existentiell. Und jetzt? Was habe ich damit vermieden? Habe ich etwas übersehen? Fragen, nichts als Fragen.
Zimtige Augen schauen mich an, meine Worte haben darin Platz.
Ich bin fertig, die Stille im Raum wabert als hellblauer Vorhang.

„Erzählen Sie mir etwas von Ihrer Mutter", sagt Lena Lenz mit leiser Stimme.
„Ich habe keine Mutter, meine Eltern sind verstorben als ich noch sehr klein war. Der Orden der Englischen Fräulein, im Kloster Altötting, hat mich damals aufgenommen".
Warum stoße ich diese Worte so grob von mir, als müsste ich sie schnell loswerden, so als wären sie heiß? Warum komme ich so außer Atem?
Simons Stirn legt sich in Falten. Zimtauge bleibt ruhig und schaut mich still an.
„Was? Was ist los? Ich komme mir vor wie ein verdammter Idiot. Normalerweise bin ich diejenige, die die Fragen stellt. Fehlt nur noch, dass ihr euch wissend zunickt und bedächtig mit dem Kopf wackelt."
Zimtauge will auf mein aggressives Angebot nicht eingehen. Sie hält meinen Blick fest, sanft und ruhig.
„Welche Erinnerungen haben Sie an Ihre Mutter?"
„Keine".
„Bis zu welchem Alter können Sie sich zurückerinnern?"
Diese Frage habe ich mir noch nie gestellt. Lange muss ich nicht überlegen.
„Das erste Schuljahr im Kloster, also mit 7 Jahren".

Ein paar Atemzüge Verschnaufpause. Diese Fragen nähern sich bedrohlich an, wie eine Klapperschlange. Ich liege mit verkrampften Muskeln in meinen Kissen, einerseits die Übelkeit und die Reihen der Ameisen im Blick, andererseits misstrauisch bemüht die Fassung zu wahren. Noch während ich trotzig meinen Widerstand entdecke und nicht umhin kann, festzustellen, dass irgendetwas aus dem Ruder läuft, setzt mein Gegenüber die nächste Frage wie einen Stein aufs Spielbrett.
„Haben Sie irgendetwas, das ihren Eltern gehört hat, ich denke an ein Bild, ein Schmuckstück, einen Brief oder ein Buch, irgendetwas?"
Wortlos bewegt sich mein Kopf zu einem Nein.
„Nichts".

„Haben Sie jemals nachgeforscht, wer Ihre Eltern waren, wo Sie gelebt haben und was Sie in den ersten sieben Jahren erfahren haben?“

„Nein!“

Wieder entsteht eine kurze Stille. Lena Lenz denkt nach und lässt mich dabei nicht aus den Augen.

„Ich habe da so eine Vermutung“, sagt sie behutsam. „Mir scheint, Sie haben die ersten sieben Jahre ihres Lebens vergessen. Man nennt diese zeitlich oder inhaltlich begrenzten Erinnerungslücken auch Amnesien. Niemand vergisst eine so lange Zeit ohne triftigen Grund. Und niemand vergisst oder verdrängt sieben schöne, glückliche Jahre. Also gehen wir doch der Einfachheit halber davon aus, dass Sie in diesen sieben Jahren etwas Traumatisches erfahren haben müssen. Die Seele ist intelligent. Kinder können traumatische Erfahrungen schwer verkraften, oft genug nicht einmal überleben. Um zu überleben schneiden sie das Erlebte einfach aus ihrem Bewusstsein, und verstecken es irgendwo in ihrem Unterbewusstsein, sparen es auf für später, wenn das Kind erwachsen geworden und stark genug ist, diesen Erlebnissen neu zu begegnen. Nach dem, was Sie mir vorhin erzählt haben, Albträume, Bilder, Misshandlungen, könnte das durchaus auch hier der Fall sein. Irgendetwas in Ihnen will sich erinnern, schickt Ihnen Träume, bricht Ihr Innenleben auf, auch die Synästhesien, diese Farben und Formen, die in Ihrer Wahrnehmung gleichzeitig aktiviert sind, passen dazu. Offensichtlich ist Ihre Seele bereit sich diesem Thema zu stellen.“

„Heißt das, dass Sie meine Träume für Realität halten?“ Ich habe Mühe ruhig zu bleiben. In mir ein Aufruhr, schweißnasse Hände und dieses kleine Zittern in der Magengegend, das sich ausbreitet. Zimtauge nickt nur und schaut mich erwartungsvoll an.

„Und was soll ich jetzt tun?“

„Das liegt an Ihnen. Sie haben nicht viele Möglichkeiten. Genau genommen eine, nämlich ja zu sagen, zu dem, was ohnehin schon geschieht. Sie können Ihrer Seele vertrauen. Schrecken Sie nicht vor der Wahrheit zurück, wehren Sie sich nicht. Ich weiß, dass das nicht leicht ist, denn wir betreten sozusagen vermintes Terrain.

Und nur Ihr Ja, Ihre Bereitschaft, können Sie da durchführen. Manchmal muss man mit traumatisierten Menschen jahrelang Therapie machen, bevor man an diesen Punkt gelangt. Bei Ihnen bricht diese Wahrheit von alleine durch."

Das Ganze mutet mich wie eine außerirdische Szenerie an. Eine Gebrauchsanweisung für einen intergalaktischen Trip. Stanislav Lem hätte seine Freude an mir, vielleicht könnte ich ihm als Skriptvorlage dienen.

Etwas ratlos schaue ich von einem Gesicht ins andere.
„Es ist als wollten Sie mich für eine Notoperation vorbereiten."
Zimtauge lacht. Auch Simon stimmt ein.
„Das war bis hierher eine Trockenübung. Wenn Sie einverstanden sind, mache ich Ihnen jetzt einen praktischen Vorschlag?"
„Ich bin einverstanden."

„Jedes Erinnern ist ein Bemühen um Sprache, das heißt einzelne Worte oder Sätze können dem Unterbewussten ihre längst vergessenen Inhalte entlocken. Genau das möchte ich Ihnen jetzt vorschlagen. Im letzten Traum, den Sie mir erzählt haben, gab es dieses Bild mit dem Titel Mama. Ich möchte Ihnen folgendes vorschlagen: Schauen Sie mir in die Augen, halten Sie sich an meinen Augen fest und sprechen Sie nur dieses eine Wort „Mama", nichts sonst, immer wieder nur dieses eine Wort, so als hinge eine Angelrute in ihr Unterbewusstes, und wir schauen, was sich dranhängt. Alles, was sich sonst zeigen mag, Gefühle, Worte und Bilder, nicht kommentieren oder werten, nur beobachten, wie eine interessierte Forscherin."

Die Aufgabe scheint so einfach und doch knotet sich mein Hals zu. Im Würgegriff eines Wortes, denke ich. Also gut. Ich setze mich aufrecht in die Kissen, schaue in zimtige Augen. Den Mund öffnen und ein Wort sagen. Nichts einfacher als das, oder? Das Wort hat sich im Mund versteckt, es will nicht heraus. Ameisen füllen fast den ganzen Mundraum. Ich ersticke beinahe daran.

„Ich kann nicht", sage ich mit pelziger Stimme und trinke in großen Schlucken Wasser aus dem Glas neben meinem Bett.
„Sie gehören nicht zu den Menschen, die nach einem ersten Versuch klein beigeben. Es führt kein Weg daran vorbei. Es führt nur ein Weg mitten hinein."

Ich kann nicht glauben, dass dieser ganze Albtraum in weniger als 24 Stunden passt. Die Zeit bis dahin zurückdrehen, wo alles noch rund lief, keine Ameisen, keine Probleme, keine bunten Bilder, die über alles und jedem hängen.
„Mama…", höre ich mich in ihre Augen flüstern. Eine kaum hörbare, kleine Stimme. „Mama…", noch leiser, wie ein Playback mit dem Mund konturiert. Ich will die Augen schließen, will weg, bleibe aber genau da, wo ich bin, starre mit aufgerissenen Augen in Zimtaugen, die aufmerksam und präsent antworten. Ich bin in dieser Stille eingeschlossen. Ein Gefühl der Unwirklichkeit umgibt mich wie eine dunkle Wolke. Ein Wort, das über die Jahre Staub angesetzt hat, ein zittriges Wesen, das meine Zunge festhält. „Mama…", ein gebanntes Wort, das aus der Spur springt. „Mama…", „Mama…", ein Flechtwerk innerer Stimmen und Bilder, ist in verwunschene Bezirke der Seele eingedrungen, das sich nach innen öffnet. Nebel senkt sich auf das Echo dieser Stimmen. Ich schlucke gegen die Tränen an, feine Rinnsale ziehen ihre kalligraphischen Spuren über meine Wangen. „Mama…", „Mama…", „Mama…", „Mama…", wenn sich ein altes, verbrauchtes Wort über die Gegenwart schiebt und Gültigkeit beansprucht, hält die Zeit still. Alles wird gläsern. Ich zerrinne in den Augen einer Psychologin. Zungenbruch. Das Wort zerbricht zu einem lang gezogenen, tierischen Schrei, der immer wieder neu ansetzt und nicht enden will.

Das alles entzieht sich meiner Kontrolle und ist mir unbeschreiblich peinlich. Es folgt eigenen Gesetzen. Wie krampfartiges Erbrechen, denke ich, während ich nach Luft ringe und schreie. Und dann, ganz allmählich, lässt mich diese fleckige Dunkelheit aus ihren Klauen.

Die Türe geht auf und wieder zu, Simon ist aufgestanden und spricht mit den hereindrängenden Schwestern. Dann sind wir wieder allein. Die Ameisen tanzen zu Tausenden Tango. Ich liege mit geschlossenen Augen in den Kissen, will mich von der Nacht zudecken lassen und unsichtbar sein.

„Wie geht es Ihnen jetzt", Zimtauges Stimme, weich und einfühlsam.

Ihre warme Stimme öffnet eine weitere Tür. Dahinter verborgen ein Meer von Tränen, in einem kleinen Körper, mit einer kleinen Stimme. Ich stemme mich verzweifelt gegen das Gefühl der Traurigkeit, gegen das Schluchzen, das kleine erstickende Wimmern und vor allem gegen das quälende Gefühl, ein drei- oder vierjähriges, kleines Mädchen zu sein, das sich an dem zerfransten Arm einer Puppe festhält und sich dabei schniefend die Augen reibt.

Dann kehrt Stille ein. Ich liege unter verquollenen Augen still da. Flüssige Zeit, ohne Haut. Bis auf den Kern geschält. Schutzlos. Bloß. Eine Nacktschnecke ohne Haus. Unerträglich der Gedanke von Zimtauge und Simon betrachtet zu werden.

Ist das die Wahrheit? Die Wahrheit?

Die Wahrheit ist, dass ich ein Leben lang vermieden habe mich so zu fühlen. Ich bin eine Karrierefrau, erfolgreich, tough, intelligent, kraftvoll, zielstrebig, belastbar, die Reihe ließe sich fortsetzen. Und trotzdem liege ich hier in meinem Schnodder, jammernd, schluchzend und schwach und fühle mich so erbärmlich. Ein kleines Mädchen, das ich nie war.

Leben ist für mich eine Flucht in die Zukunft, weg von diesem Elend, weit weg von dieser Schwäche.

Simons Hände beruhigen meine bebende, zittrige Haut. Ich beobachte durch eine imaginäre Lupe jedes Detail, schicke

Mikrosonden in jedes noch so kleine Zittern, die langgehütete Tränen freisetzen und in mein Bewusstsein schwemmen. Überbelichtete Bilder, Lichtfächer spannen einen Schirm, ein sonderbarer Blick auf mich selbst. Gedankenfäden reißen wie Spinnweben, es gibt keinen Schutz vor dem, was ist. Erinnerungen finden mich überall, ich kann sie nicht ein- oder aussperren. Vernarbte Augen haben blinde Flecke gezeugt, vernarbte Ohren einen schrägen Ton. Ich beobachte, schaue jedes einzelne Bild an, als hinge mein Leben davon ab. Versuche nicht zu werten oder einzuordnen. Versuche nicht krampfhaft zu verstehen. Ein Kommen und Gehen. Während ich schaue, lösen sich einzelne Bilder auf, Buchstaben fallen aus Worten und verändern spontan ihre Bedeutung. Ein traumähnlicher Vorhof zur Nacht. Wie auf einem Touchscreen, auf dessen Oberfläche mit der Bewegung eines Fingers die Realitäten verwischt, verändert oder entfernt werden können.

Vielleicht kann ich ja auch Simon und Zimtauge wegschauen oder verwischen? Aber will ich das denn?

„Ich schäme mich so entsetzlich. Die Vorstellung, dass Sie und Simon mir dabei zuschauen, wie dieses ganze Elend über mich kommt, ist schier unerträglich."

Eine Weile schaut mich Zimtauge nur an. „Ich verstehe Ihre Situation. Es ist mit Sicherheit schwer, ein unbekanntes Stück Leben um die Ohren zu kriegen und dabei gleich zwei Zeugen zu haben. Sie sind eine starke Frau, eine Kämpferin, sie haben immer alles alleine geschafft, ohne Vertrauen in andere Menschen und ohne um Hilfe zu bitten. Ich denke das Vertrauen ist im Moment nicht das Problem, Sie haben am Anfang Ihr Einverständnis für unser beider Anwesenheit gegeben. Vielleicht ist es eher der Umstand, dass wir Sie so schwach sehen?"
„In so einem Zustand hat mich noch nie jemand gesehen. Kraftlos und heulend und ohne Kontrolle. Sie könnten urteilen, mich beurteilen, mir irgendeine Störung bescheinigen."

„Das, was Sie in den letzten Stunden geleistet haben, nötigt mir höchsten Respekt ab. Ich habe es sehr selten erlebt, dass sich jemand so bedingungslos und stark einer verdrängten Traumatisierung stellt und damit der eigenen Heilung nicht im Wege steht."

Es ist als dehne sich die Welt aus. Jeder ist in einer eigenen kleinen Stille eingeschlossen, kleine pulsierende Blasen, die umeinander kreisen.
„Danke", sage ich in diese Stille hinein, ohne dabei jemanden direkt anzuschauen. Meine Augen sind geschlossen, ich spüre die aufsteigende Müdigkeit. Meine Haut ist wie eine Landkarte, es gibt Feuchtgebiete, einen Tränenkanal, der übers Ufer tritt, kleine brennende und juckende Inseln, schuppige, trockene Riffe, kleine erodierte Löcher und ein dünnes, verzittertes Lächeln, das wie in mein Gesicht gebrannt scheint.

„Wie fühlst du dich jetzt?" Simon hat meine Hand genommen und streichelt meine Finger. Zaghaft, beinahe schüchtern hört seine Stimme sich an. Als ich die Augen öffne, sehe ich, dass er weint.
Simon weint. Ich habe ihn noch nie so gesehen. Er weint blaue, perlmutterne Tränen. Wie schön das aussieht!
„Simon?"
Sein Mund lächelt, seine Augen weinen. „Ich fühle mich dir so nahe. Danke für dein Vertrauen."
„Was ist mit Ihrer Haut", fragt Zimtauge.
Ich winde mich in meinem Bett wie eine Schlange, die sich häuten will, überall reiben, schaben, kratzen. Um schneller mit den Fingernägeln auf die Haut zu kommen, ziehe ich die Pyjamabeine und -ärmel ganz hinauf.
„Warte!" Simon zieht meine Hände von der Haut. Kleine Kreise, leicht gerötet, wie entzündet, treten wie rote Blinklichter aus der Haut. Narbengewebe auf Armen und Beinen, der Hüfte und am oberen Rücken. Schreiende Haut.

„Und du fragst dich, ob deine Träume wahr sind?“ Simon schüttelt den Kopf.
Mit den Zähnen beiße ich mir die feine Lippenhaut in Fetzen ab, bis alles brennt und kleine, blutige Stellen entstanden sind. Es findet sich eine lindernde Salbe, eine, die den Juckreiz lindert, eine, die entzündungshemmend wirkt, keine, die die Bilder nimmt. Die vernarbte Stille meines Körpers ist aufgebrochen und offen zur Schau gestellt. Ich will die Erinnerungen in dünnen Streifen abziehen, Schicht für Schicht, damit die Wahrheit ans Licht kommt.

„Ich bin so müde“, höre ich mich sagen. Wir schauen einander an, auch Simon und Zimtauge scheinen erledigt.
„Lassen wir es für heute gut sein“, Zimtauge greift nach dem Schlussakkord, „es ist so viel geschehen, Sie sind sehr aufgewühlt. Jetzt brauchen Sie ein wenig Zeit, damit sich das alles setzen kann. Wenn es Ihnen recht ist, schaue ich morgen wieder nach Ihnen?“
„Ja, das ist mir mehr als recht. Und danke sehr für Ihre Hilfe.“
„Gute Nacht“, sie reicht mir die Hand.
„Gute Nacht!“

Simon umarmt mich und sagt, dass er morgen Vormittag wiederkommt.
„Bitte Simon, morgen Vormittag will ich nach Hause, es gibt keinen Grund mehr, warum ich hier stationär herumliegen soll. Bitte sprich mit deinem Freund, wie heißt er noch, Dr. Breuer, er soll die Entlassungspapiere fertig machen.“
„Mach ich. Gute Nacht, Clara. Ich habe dir ein Buch mitgebracht, vielleicht kennst du es. Es ist von Hermann Hesse, „Von der Seele“. Jetzt bist du müde, aber wer weiß, mitten in der Nacht oder morgen Früh wirst du sicher darin blättern. Ich weiß, wie sehr du Bücher liebst.“
„Danke Simon, danke für alles, gute Nacht.“

5

Dieses kleine Lächeln in meinem Gesicht ist wie in einem Krampf hart geworden, wie eine Maske. Eine erstarrte Grimasse, die immer nur eines betonen will: dass ich alles unter Kontrolle habe und nichts und niemanden brauche. Aber das ist nicht die Wirklichkeit, es ist nur die Vorstellung davon.
Meine Finger massieren an diesem Lächeln herum, bis es verschwindet, bis mein Gesicht in sich zusammenfällt. Für mich allein brauche ich kein Gesicht, es darf brach liegen, muss sich nicht spiegeln. Ich brauche diesen leeren, wortlosen und menschenfreien Zwischenraum.

In der Gegenwart anderer Menschen ist es für mich so schwer, das eigene Leben zu spüren. In Gesellschaft wechsle ich in Sekundenschnelle die Gestalt, ich schlüpfe unter andere Haut, schaue aus anderen Augen, entwickle Gefühle, die nicht meine eigenen sind. Ich bin dann wie infiziert vom Fremden, sage „Ich" zu Worten, Gesten und Blicken, die nicht mir gehören. Ich glaube nicht, dass dies in Ermangelung eines eigenen Standortes geschieht. Man sagt mir nach, dass ich über erstaunliche empathische Fähigkeiten verfüge, dass ich Menschen lesen könne, wie ein offenes Buch. Man mag dieses Spiel der Mimikry so nennen. Aber Empathie war meine ganz persönliche Überlebensstrategie, sozusagen ein Garant dafür, den willkürlichen Zugriff auf mein Leben zu vermeiden. Empathie ist mein fein geeichtes Instrument, die Absichten, Gedanken und Gefühle meiner Mitmenschen intuitiv und restlos zu erkennen, um damit für mein eigenes Leben die Risikozonen minimieren und frühzeitig geeignete Gegenmaßnahmen ergreifen zu können. Dieser Sicherheitsabstand ist mir ungeheuer wichtig. Und damit ist er Teil meiner Schwäche. Ich brauche diesen Abstand, muss schneller und vor allen anderen die verdeckten Karten einsehen, bevor das Blatt, für jeden erkennbar, auf dem Tisch liegt. Denn es fehlt mir ein grundlegender Baustein in meinem Leben: Vertrauen.

Bis jetzt brauchte ich das Alleinsein dringender als alles andere. Denn nur, wenn ich alleine war, war ich in Sicherheit, dann konnte ich mich spüren, musste mich nicht vorsichtig, ja beinahe angstvoll, umdrehen und in Rücksicht üben. Keine zwingenden Strategien, keine Maßnahmen, keine sozialen Spiele und keine anstrengenden Aufmerksamkeiten. Nur ich. Und die Stille. Denn erst, wenn es still war, und auch dann nur selten, traute sich dieser andere, versteckte Teil in mir, ein kindliches, gefühlsdichtes, weiches Etwas, ein diffuses Wesen, aus den tiefen, verborgenen Schutzräumen, dann kam dieses Seelchen zum Atmen an die Luft. Was für ein zauderndes, zittriges Geschöpf da sichtbar wurde! Mit diesem Teil wollte ich nichts zu tun haben. Er bedrohte mein mühsam errichtetes Selbstbild, belächelte wortlos die kunstvoll konstruierte Fassade meines wichtigen, selbstbestimmten Lebens.

Aber erzählt man sich nicht immer die Geschichte, die ins eigene Lebensbild passt? Und erzählt man sie sich nicht so lange, bis man sie glaubt? Welche waren meine Lieblingsgeschichten? Geschichten, die erzählen, dass ich alleine sein muss? Geschichten, die erzählen, dass ich die Stille brauche, mich sonst aber für andere Menschen einsetze? Und wer bin ich denn, wenn ich mich nicht kenne? Und wer, wenn ich keine Geschichten habe?
Bilder lesen die Welt. Mit welchen Bildern habe ich mich umgeben, welche nenne ich „Ich“? Welche habe ich vermieden? Jetzt jage ich flüchtigen Schatten nach, verknote einzelne Worte, um den Lauf einer eigenen Geschichte zu finden.
Die letzten 24 Stunden haben eine andere Geschichte erzählt. Eine Geschichte, in der ich nicht Voraussetzungen kläre, Bedingungen stelle, Einverständnisse einhole, kurz und gut, keine Kontrolle habe. Ich bin nicht gefragt worden. Etwas hat an meiner Stelle beschlossen, dass ich lange genug davongelaufen bin.

An Schlaf ist nicht zu denken, obwohl ich hundemüde bin. Gieße mir ein Glas Wasser ein und löse ein Kalzium darin auf.
Meine Gedanken kommen mir vor, als hätten sie auf sonst glatter Oberfläche plötzlich rissige Blasen geworfen. Wie winzige

Irrlichter sondern sie einzelne Worte ab. Sie blitzen auf und verlöschen. Sternschnuppengleich. Ich treibe wie auf einer Traumscholle durch die Nacht. Ein Schauspiel vor Augen, meine ganz eigene Vorstellung. Meine Nacht. Wie doch alles in Bewegung geraten ist, wie rasant, und doch so unspektakulär nebenbei, sich vermeintliche Sicherheiten und Selbstverständnisse in ihr Gegenteil verkehrt haben! Traue ich mir selber? Traue ich es mir zu, alleine in die Tiefe meiner aufgebrochenen Innenwelt hinabzusteigen? Bin ich bereit zu horchen und zu schauen, ohne das eigene Wollen zügeln zu müssen und nichts zu tun als zu beobachten? Die anhaltende Erschöpfung erlaubt keine Gegenwehr. Ich habe nicht damit gerechnet, so plötzlich und unvorhergesehen kraftlos zu sein. Diese Schwäche ist gleichzeitig eine Chance, das habe ich begriffen, vielleicht meine einzige. Ich muss sie annehmen, mich ihr stellen, muss in sie eintreten wie durch eine offene Tür und mich ihr ganz überlassen.

Die Nacht ist vollkommen. Ein dicker, gelber Februarvollmond hängt am Fensterkreuz, er zieht in Zeitlupentempo durch die ölige Schwärze. Mit seinem milchigen Licht berührt er die Dinge, die in seinem Weg liegen. Ich lasse mich treiben, ohne Bleibe. Es ist ein Niemandsland, ein Nullraum, in dem gespenstische Namenlosigkeit herrscht. Kann ich die richtigen Worte finden für diesen weiten Raum?

Die Kraft für diese Nacht will ich nicht aus einem Glas trinken. Heute Früh erst hat mich das Wort „gehen" in Bewegung gesetzt und Kraft zurückgebracht. Worte haben Kraft. Zimtauge hat davon gesprochen, dass Worte dem Unterbewusstsein Inhalte entlocken können und ich habe es ja selbst erlebt. Worte haben ein Gedächtnis und tragen Bilder durch die Welten, sie erinnern mühelos die gespeicherten, erlittenen Erfahrungen. Es sind die Worte und die darin verborgenen Bilder, die sich als Bausteine in ein anderes Leben einfügen müssen. Ich muss in sie eindringen, um sie von innen zu sehen! So viele Worte haben sich in mir angesammelt und ich habe sie gehütet wie einen Schatz. Eine Bibliothek der ungesprochenen Worte. Es ist an der Zeit mich zu ihnen zu bekennen, meine verminten Innenräume zu öffnen und die Worte und Bilder daraus zu entlassen. Wenn ich so ein Wort spreche, nehme ich seine Kraft zu mir. Welches Wort muss ich sprechen, um die Kraft zurückzuholen? „Am Anfang war das Wort", sagt die Bibel, „und das Wort war bei Gott und Gott war das Wort". Ein göttliches Wort also. Vielleicht habe ich genau dieses Wort nie erhalten oder ich habe es nicht genommen. Schließlich war ich eigenwillig genug, mir immer das letzte Wort vorzubehalten. Ich werde den Weg zurück finden, an den wortlosen Ort der Unschuld zurückgehen und dieses zuerst gesprochene Wort dankbar entgegennehmen.

Ich greife nach dem Buch, das Simon mir dagelassen hat. „Von der Seele"! Ich überfliege die erste Seite, bleibe gierig an den Worten hängen. „Unrein und verzerrend ist der Blick des Wollens. Erst wo wir nichts begehren, erst wo unser Schauen reine Betrachtung wird, tut sich die Seele der Dinge auf, die Schönheit"..."Im Augenblick, da das Wollen ruht und die Betrachtung aufkommt, das reine Sehen und Hingegebensein, wird alles anders... Denn ... Betrachtung ist nichts als Liebe."

Die Worte berühren etwas in mir. Hat Zimtauge nicht etwas sehr Ähnliches gesagt? Ich solle nur beobachten, nur schauen, ohne zu werten, ohne zu kommentieren. Der Blick des Wollens ist unrein, der Wille ist immer schon gefärbt von den eigenen Geschichten, den Vorlieben, den Abneigungen, den Gefühlen und dem Denken. Wenn ich auf das eigene Wollen nicht verzichten kann, muss das Leben immer innerhalb des schon Bekannten bleiben. Nichts Neues entsteht, nichts verändert sich! Mit dem Wollen erhält man das Konstrukt des eigenen Lebens aufrecht und verdeckt gleichzeitig den drohenden inneren Abgrund.

Die Seele ist intelligent, Zimtauge hat das gesagt. Meine Seele hat mich eine Nacht ins Bett gezwungen und Schachmatt gesetzt, meinen Willen ausgeschaltet, damit sie sich zeigen konnte. Ich

habe ein Stück davon gesehen, gezwungenermaßen, und dank Simon und Zimtauge. Ich kann nicht sagen, dass es mir gefallen hat. Aber darum geht es ja wohl nicht. Mein Erleben spiegelt die Wahrheit und nicht mein Wollen.
Die Wahrheit! Als wäre das, was ich so viele Jahre lang gelebt habe, nicht wahr. Wenn man sein Haus auf ein wackliges Fundament setzt, bricht es irgendwann zusammen. In der Abiturzeitung hat man mich als einen Menschen bezeichnet, der immer auf der Überholspur unterwegs sei. Die Schwester Oberin ergänzte lachend: manchmal hätte man den Eindruck gehabt, dass ich mich auf dieser Spur auch noch selbst überhole. Ich fange an zu verstehen, warum das so sein musste, dabei kenne ich noch nicht alle Einzelheiten. Sieben Jahre, von denen ich so gut wie nichts weiß und fast sieben Mal so viele Jahre auf der Flucht vor den ersten. Die Enden zweier Geschichten, die es ineinander zu fügen gilt, damit sie zu meinem Leben werden können, die eingespielten Verstrickungen der Jahre außer Kraft setzen, auch wenn die bereits entstandenen Verwerfungen nicht zu glätten sind. Meine Seele ist in ihrer Spur, ich werde mein Mögliches tun, sie nicht zu behindern. Das reine Sehen und Hingegebensein pflegen. Dann wird alles anders. Dein Wort in Gottes Ohr, Hermann Hesse.

Als ich endlich die Augen schließe, reißt ein bleierner Traumsog an mir, zieht mich nach innen, in einen Raum, der für mich unbekannte oder vergessene Brache ist. Als wäre von unsichtbarer Hand eine Tür geöffnet worden, die trotz des diffusen, tranigen Dämmerlichts den Blick freigibt auf ein unüberschaubares, chaotisches Antiquariat. Sammelsurien entsorgter, verbrauchter Erinnerungen türmen sich hier zu Bücherbergen oder hängen als Bilder an den Wänden des weiten Gewölbesaales. Lose Blätter, einzelne, vergilbte Seiten, brüchige Leinwand mit blassen, verlaufenen Farben bemalt. Überall entkorkte Flaschen billigen Rotweins, dessen roter Geruch den Raum schwängert. Ich lasse mir Zeit, laufe auf spitzen Zehen den Steinboden entlang, steige vorsichtig über die herumliegenden Dinge. Wie in einer Deponie, denke ich. Lieblos entsorgter Müll. Und kalt ist es hier. Trotz der warmen Sachen, die ich trage, klappern meine Zähne und ich zittere doch merklich vor Kälte. Ich lasse mir Zeit beim Betrachten der Bilder, manchmal nehme ich nur Bruchstücke kleiner Gesten daraus wahr, höre Stimmen, die mir dringlich etwas sagen wollen, oder abgerissene, unzusammenhängende Fetzen eines Gespräches. Es ist eine absurde Situation! Seltsam unbeteiligt greife ich nach einzelnen Seiten aus einem Haufen loser Blätter, lasse sie achtlos wieder zu Boden gleiten. Eine Kinderzeichnung fällt mir ins Auge. Ein kleines Mädchen, den kleinen Körper mit roten Striemen übersät, die Hände zu Fäusten geballt. Schrille Gewalt, rohe Gleichgültigkeit in dieser verbrauchten Luft, die ich atme. Mein Herzschlag kämpft dagegen an und mit ihm die Ameisen, die sich jetzt zahlreich um ihn scharen. In mir gibt es keine Gegenbewegung. Nur betrachten. Ich sage mir die Worte immer wieder, bis sich mein Atem beruhigt. Die Bilder erreichen mich, bringen die Erinnerung zurück. Ein Sammelsurium der Verletzungen, keine Meistersammlung, aber meine ganz eigene. Die wehrlosen Momente einer Kindheit, die ich hinter Schloss und Riegel in einem Kellergewölbe meiner Seele verborgen hielt.

Je weiter ich in die Tiefe des Raumes vordringe, desto kälter wird es. Eisig kalt. Mit beiden Armen umschlinge ich meinen Körper, meine Lippen fühlen sich frostig und steif an, das Atmen schmerzt. Ich betrachte, was sich vor meine Augen schiebt. Gehe zurück, wechsle die Seiten, irre durch den Raum, der in seiner Unordnung überfordernd ist. Überall lauern Erinnerungen, eine Ausgrabungsstätte der Bilder, die es freizulegen gilt. Ich darf es nicht vergessen, nur deshalb bin ich hier. Ich betrachte die unverhüllte Wahrheit, nichts als die Wahrheit. Wie nur soll ich hier Ordnung machen?

Ich folge der Kälte, dieser unerträglichen Kälte. War sie in diesem Raum eingesperrt oder habe ich sie hereingebracht? Unvermittelt stehe ich, in einer hinteren Nische, vor dem Bild der Eltern. Das Keuchen, das aus meiner Kehle bricht, braucht die letzte Atemluft. Wie eine Erstickende japse ich nach Sauerstoff. Ein schriller Schmerz schneidet in mein Herz.

Reine Betrachtung! Reines Sehen! Ich rufe mir die Worte laut zu, immer wieder, ich brauche sie um mit dem Schmerz zu sprechen. Ich will ihn nicht haben. Ich will nicht! Aber nicht wollen ist die gleiche Energie wie wollen und hat mit reinem Schauen und Hingegebensein nichts zu tun. Eher mit Kampf, Verspannung und mit Weigerung.
Nur betrachten, nur betrachten! Fast klingt es wie ein Klageruf, oder ein Kleinkinderjammern. Wappne ich mich mit einer leeren Floskel gegen die Wehrlosigkeit?

Und dann auf einmal wird es ruhig. Ich habe mich nach innen fallen lassen, habe meine kralligen, nassen Hände vom Körper gelöst. Während der Schmerz mich zerreißt, beobachte ich ihn, betrachte die Ameisen, die Atemlosigkeit, den kalten Schweiß auf der Haut, sehe die Tränen, die über ein verzerrtes Gesicht laufen. Es ist als wäre ich aus einer Wirklichkeit herausgefallen, durch dünne, seidige Vorhänge von einer anderen getrennt. Als hätte sich, wie von Geisterhand gezaubert, ein Zwischenboden eingezogen, der mich schizophren in alle Richtungen schauen lässt. Wach, präsent, gleichgültig. Ohne das Grauen zu verändern, nehme ich es wahr. Und werde still.

Hier hat die Schwäche ihre Wurzeln. Die Vergangenheit wirft ihre Tentakeln in die Gegenwart. Unter den Augen meiner Eltern werde ich klein und gläsern. Es gibt keinen Spielraum der Nachsicht oder der Milde, es zählt nicht, was ich geworden bin. Jeder neu erworbene Name, jeder Titel, jeder Erfolg, jedes neu geschöpfte Wort hat immer nur meine Blöße bedeckt. Ich habe alles getan, um mich nicht mehr als Kind zu fühlen. Aber wie von selbst schäle ich mich jetzt aus den Hülsen der Jahre, werfe die Haut ab, Schicht um Schicht, stehe wieder nackt unter dem Blick der Eltern, in einer eintönigen, grauen Hilflosigkeit gefangen, die wieder nur zu sagen scheint: Du bist doch nur ein Kind, immer

nur ein dummes, unnützes, kleines Mädchen, das man nicht sehen oder hören will. Ein liebensunwertes Nichts.
Alles Errungene, alles Erlittene, alles Gewordene ist vergebens, wenn die elterlichen Sätze, wie eine Prophezeiung, in der Seele deponiert, sich automatisch erfüllen. Man läuft dann in deren Spuren, ohne es zu merken. Ein Wort genügt, ein beliebiges Wort und die eingepflanzte Automatik übernimmt.
Ich muss ein erlösendes Gegenwort, eine Zauberformel finden, das Gegengift. „Aber sprich nur ein Wort", sagt die Bibel, „und meine Seele wird gesund." Ich werde es finden, dieses Wort.

Jetzt weiche ich dem Blick der Eltern nicht mehr aus, betrachte ganz genau, gleite zurück an die Anfänge eines Gefühls. Die elterlichen Augen sind eiskalt und ohne Leben. Es spielt keine Rolle, wie ich mich dazu verhalte. Egal, was ich tue oder sage, ich kann ihnen keinen Funken entlocken. Eine gleichgültige, flache Leere, in der ich störe. Eine qualvolle Hölle, die sich Kindheit nannte, in der ich aber nicht Kind sein durfte. Verstrickt in eine Geschichte, die nicht meine war. Eine Hölle, die Striemen über meine Haut zog, die Zigaretten an ihr löschte, eine Hölle, die jede nur denkbare Demütigung und Qual für mich bereithielt, die mit meiner Angst spielte und sie belachte. Ich höre wieder ihre lallenden, ertränkten Stimmen, den Klang ihrer schlagenden Hände und ihr kaltes, verrücktes Lachen. So viele Jahre ist das her, und ich rieche den Alkohol noch immer. Das betäubte Schweigen, das mich umgab, war meine Art zu leiden. Wortloses Entsetzen, verdichtete Abscheu, verjährte Gefühle, verjährtes Leiden, verlorene Jahre, die grausame Rituale bedient haben. Nur der Schmerz ist nicht verjährt. Die bittere Absurdität einer Kindheit.

Die Wahrheit ist wie ein Flickenteppich, der von Bildern, Worten und der Leere zwischen den Worten zusammengehalten wird. Ich lasse meine Augen denken. Betrachte die Bilder, lege mir Worte in den Mund, auf die ich nicht warten kann. Betrachte den Schmerz, das Aufstehen der Magennerven bis zur Übelkeit, das juckende, kribbelnde, brennende Unwohlsein unter der Haut, der

Kloß im Hals, das kleine Zittern, das in Wellen über meine Haut läuft. Ich lasse geschehen. Ameisen stieben in alle Richtungen auseinander, in meiner hingegebenen Wehrlosigkeit ist ihr Soll erfüllt. Sie fordern nur meine Hingabe. Als hätten sie dem Schmerz die Tür geöffnet, findet er seine Spur.

Es weint aus mir heraus, die Tränen begleiten die Bilder, ein Rinnsal, eine einzelne Träne oder ein reißender Strom, verkrustete Erinnerungen laufen in Wellen aus, verebben in salzigen Spuren auf der Haut. Ich bin einverstanden. Lasse die Not aus ihrem Käfig ans Licht. Bis ich mich leer fühle.

Es muss so sein. Ich muss die Bilder bis zu Ende betrachten, damit sie mir ihre Unterseite zeigen, jede Farbgebung, jede Facette, jede noch so kleine Nuance, nichts soll mir entgehen, damit die Seele der Dinge sichtbar wird. Es stimmt, die Betrachtung verändert die Dinge, denn man ist nicht mit den Inhalten der Not identifiziert. Aus den Zusammenhängen herausgelöst, in einem Abstand, der heilt. Erst dort, in dem entstehenden Zwischenraum kann etwas Neues geschehen.

6

Auf dem Weg nach Hause ist Simon über den Kurfürstenplatz gefahren. Es ist Samstag, wie immer Bauernmarkt. Er hat frisches Gemüse, Obst, Käse und Fisch eingekauft, während ich im Auto gewartet habe. Ich sehe ihn schwer bepackt, aber lächelnd, auf das Auto zulaufen. Wie gut er doch ausschaut und wie lieb er mir ist. Auf dem Weg vom Krankenhaus haben wir nur das Nötigste gesprochen. Dass er das Wochenende dienstfrei hat und sich gerne um mich kümmern würde, dass er Lena Lenz eine Nachricht hinterlassen hat, dass er sich auf die Zeit, die er mit mir verbringen kann, freut. Die Entlassungspapiere waren fertig, Dr. Breuer hat mir alles Gute gewünscht und mich Simons Pflege anempfohlen. Alles bewegt sich soweit in einem normalen, alltäglichen Rahmen, und dennoch sitze ich wie unter einer irrealen, luftdichten Glocke, in fühlige Watte gepackt.

Heute nehmen wir den Aufzug. Simon hält die schweren Einkäufe umarmt und ich kann mir nicht vorstellen, die zwei Stockwerke zu Fuß zu schaffen. Zu erschöpft.
„Ich freue mich so sehr, dass du da bist, ich kann mich nicht erinnern, jemals bedürftig gewesen zu sein. Danke Simon!"
„Du hast mir Angst gemacht. In diesem Zustand lasse ich dich nicht allein."

Simon öffnet die Wohnungstür, stellt die Einkaufstüten auf den Boden, bringt mich, den Arm um mich legend, zum Sofa in der Bibliothek.
„Geh's langsam an, ruh dich aus, ich bring dir gleich deinen Kalziumaperitif und dann mach ich uns was zum Essen, okay?"
Ich nicke lächelnd, mache es mir bequem, stopfe ein paar Kissen in meinen Rücken, während Simon in die Küche verschwindet. Nach kurzer Zeit kommt er mit einem großen Glas frisch gepresstem Orangensaft und einem Glas Wasser zurück, in dem sich gerade eine Ration Kalzium auflöst.

„Danke Simon. Wenn ich das intus habe, muss ich in die Dusche."
„Halte ich für eine gute Idee", sagt er lachend.

Draußen beginnt es in schweren, großen Flocken zu schneien. Langsam, ganz langsam fällt der Schnee auf die Welt und deckt sie zu, hüllt sie in eine weiße, wohlige Decke.
Niemand weiß von der weiten Distanz, die ich innerhalb zweier Nächte in meinem Innern zurückgelegt habe. Alles kann geschehen. Alles ist wichtig.

Ich stehe auf, weil ich es endlich beschließe. Zu irgendeinem Zeitpunkt des Tages muss ich mich in eine Spur stellen, der ich bis zum Abend folgen kann. Heute ist dies ein vollkommen beliebiger, willkürlicher Akt, der ohne Routine auskommen muss.

Mein Weg ins Badezimmer führt mich durchs Schlafzimmer, an dem großen, barocken Wandspiegel vorbei. Der Spiegel lässt mich nicht passieren, eine unsichtbare Schranke zwingt mir den Blick in die eigenen Augen auf. So nah, so fremd. Mein Erschrecken ist gänzlich unerwartet. Das Bild, das sich mir bietet, ist ungewohnt. Bin das ich? Oder ist es nur ein Bild, das ich in meiner normalen Alltagsroutine immer wieder aufsuche, finde und bestätige, zu dem ich „Ich" sage. „Ich bin ganz ich selbst", heißt dann was? Wenn sich das Bild und das, was ich „Ich" nenne, nicht mehr zur Deckung bringen lassen, bin ich dann nicht mehr ich selbst? Was ist Authentizität? Was Identität? Was soll ich den fragenden Augen in einem Spiegel antworten, wenn es die Fragen und Antworten sind, die ich mir seit Jahren verweigert und vorenthalten habe? Alles nur ein Bild, sagt mein Spiegel, alles nur Schein, abhängig von Licht und Schatten, von Blickwinkel und Raum. Aber wer bin ich denn dann? Ich scheine über Nacht zu etwas mutiert zu sein, das mir fremd ist. Mit halb geschlossenen Augen mogle ich mich an diesem Spiegel vorbei.

Heute stehe ich einfach nur unter dem fließenden, heißen Wasser. Genieße das Umspültwerden und das Verschwinden der letzten Nacht. Bis es genug ist.

Ich finde zurück in meine Bibliothek, trinke von dem noch vorhandenen Saft und lege mich auf das große, einladende Sofa. Schalte das Licht der Stehlampe an und lasse meine Augen spazieren gehen. Ich betrachte mein Zuhause, das ich mir in 25 Jahren harter Arbeit geschaffen habe. Betrachte das alles ganz wertfrei. Der Blick durch den offenen Mauerbogen zwischen Bibliothek und Salon auf die steinerne Terrasse, wo die winterharten Pflanzen in ihren Tontöpfen auf eine wärmere Jahreszeit warten. Die alte Standuhr aus dem 19. Jahrhundert, die immer noch verbindlich ihr freundliches Tick-Tack in die Welt setzt, und mit wunderschönen Vogelintarsien und Blumenranken mein Herz erfreut. Die handgewobenen kaukasischen und persischen Teppiche, die überall auf dem Parkett der Wohnung verteilt, leuchtende Farbpunkte setzen und Behaglichkeit verbreiten. Über dem offenen Kamin im Salon hängt die Litographie „Le Couple" von Georges Braque, die mir bei Eintritt in die Sozietät vor 10 Jahren meine Partner geschenkt haben. An der anderen Wand des Salons hängt ein Giacometti, eine prachtvolle, in pink und grün gehaltene Landschaft, in Öl gemalt, den ich vor Jahren bei einer Auktion im Hause Neumeister in der Barerstrasse ersteigert habe. Im Salon, Schlafzimmer, Arbeitszimmer und Gästezimmer verteilt steht, was meine Sammelleidenschaft antiker Möbel aus dem 18. und 19. Jahrhundert in den Jahren zusammengetragen hat. Kommoden, Intarsienschränke, Vitrinen, Tische, Stühle, zwei im Blumendekor neu bezogene Chaises Longues, und überall, wohin man schaut, Lampen jedweder couleur. Und natürlich, nicht zu vergessen, die auf allen Seiten mit deckenhohen Bücherregalen gesäumte Bibliothek. All diese Dinge haben mich über die Jahre begleitet, haben mir Ordnung, Verlässlichkeit und Ruhe gespendet, mich in stillen Stunden genährt. Haben mich versöhnt mit der rasanten Fahrt des Lebens, das im Zeitraffer an mir vorbeihetzt und immer neue Forderungen stellt, haben mir über die Jahre ihre Geschichte von Beständigkeit, Dauer und Treue erzählt und mich in der manchmal unerträglichen Kälte der selbstgewählten Isolation gestärkt.

Auf einmal, von gestern auf heute, sieht alles ganz anders aus. Ich kann den Trost, den diese Wohngemeinschaft in ihrer trauten Vielsamkeit spendete, nicht mehr finden. Heute erscheinen sie mir wie Trophäen einer längst vergangenen Zeit. Verbraucht, sinnlos und leer. Sie waren über eine so lange Zeit verlässliche Größen, ich konnte mich daran festhalten. Und auf einmal, vollkommen aus dem Nichts, fällt jede Bedeutung aus den Dingen. Plötzlich sind sie wie Relikte, Überbleibsel oder Ausschuss. Mangel und Leere sind entstanden, die ich im Moment mit nichts zu füllen weiß.

„Meinst du, du kannst aufstehen?“ Wohl eher als rhetorische Frage gemeint, denn Simon hilft mir bereits auf die Beine. Sein Anblick macht mich froh. Die Aussicht auf ein Essen und seine Fürsorge treiben mir die Tränen in die Augen.
„Wenn ich mich ruhig halte, werden die Ameisen weniger. Sobald ich mich bewege, kommen sie zurück und ich fühle mich sofort wieder kraftlos.“

Ich habe langsam und leise gesprochen, aber auch Sprechen und Zuhören sind anstrengend. Den ganzen Tag schon befinde ich mich in einer namenlosen Schwebe zwischen den Dingen. Wie ein Seismograph registriere ich feinste Bewegungen, Irritationen oder Turbulenzen. Beobachte aus meiner kalziumlosen Position heraus das Geschehen. Alles scheint mir verändert, ob Menschen oder Dinge, nichts passt mehr in die vertrauten Rahmen.

In der Küche setze ich mich in einen der bequemen, geflochtenen Thekenhocker, die sogar eine Rückenlehne haben. Beinahe wie ein Sessel auf langen Beinen. Überall auf der Theke verteilt, und auch auf dem daneben stehenden Esstisch, liegen Akten, Vertragsentwürfe, Fachliteratur und Lexika in Französisch und Deutsch.

Simon runzelt die Stirn und hilft mir dabei die Türme an den Rand der Theke zu schieben.
„Ich muss unbedingt Frau Holzner anrufen und sie bitten die Akten und die Entwürfe abzuholen, die Verträge sind fertig. Und auch einen meiner Mitarbeiter, um Bescheid zu sagen. Ich weiß nicht, inwieweit sie von Frau Holzner informiert wurden."
Ich denke laut, spreche nicht unbedingt in Simons Richtung, aber als ich seinen fragenden Augen begegne, setze ich noch ein „Nein, ich werde nicht arbeiten gehen," hinterher.
„Ich habe mit Frau Holzner telefoniert. Sie wird in etwa einer Stunde", Simon schaut auf die Uhr, „also um vier Uhr, vorbeischauen, dann kannst du ihr ja die Papiere mitgeben."
„Okay", sage ich nur, recke dabei den Hals, um einen Blick in die Töpfe zu erhaschen.
„Was kochst du eigentlich Gutes?" Jetzt auf einmal habe ich doch ordentlich Hunger.
Simon deckt den Tisch, stellt uns Wasser- und Weingläser hin, öffnet eine Flasche Weißwein, einen Sauvignon, gießt sich und mir ein Glas ein, und hebt sein Glas. Wir stoßen an.
„Also", fährt er fort, "zum Menuplan: es gibt Thunfischfilet, Brokkoli in Mandelbutter, griechischen Salat und Wildreis. Konveniert das Madame?"
„Das klingt wie eine Verheißung, und ja, es konveniert Madame durchaus."

Es ist, als schaue ich mir beim Schauen zu. Alles fühlt sich fremd an, als wäre ich aus meiner Haut ausgezogen und eine Andere eingezogen. Fremd, weil das Wesen, das da aus mir herausschaut, mit der funktionalen, toughen Clara wenig gemeinsam hat. Ich fühle mich weich an und klein, in dem Abstand zwischen mir und mir festgebunden, in beide Richtungen schauend. Ich frage mich, was das soll, es macht mir Angst.

Simon holt mich aus der dösigen, tagträumenden Stimmung. Er stellt diverse kleine Keramikschüsseln auf die Theke, zündet eine

Kerze an und nimmt mir gegenüber auf einem anderen Hocker Platz.
„Verzeih Simon, ich drifte immer wieder weg". Jetzt nehme ich den köstlichen Duft wahr. Simon lächelt mich an.
„Entschuldige dich nicht dauernd dafür, dass es dir so geht, wie's dir geht. Du bist sehr geschwächt. Also, lass es dir schmecken!"
Simon gießt mein Glas nach, während ich mir von all den Köstlichkeiten auf den Teller nehme. Wie hungrig ich bin!
Mit jedem Bissen, den ich mir in den Mund schiebe, breitet sich weiße, wohlige Wärme in meinem Körper aus. Essen ist gütig, es antwortet meinem Körper mit einer stillen Geste des Trostes. Essen hält die Angst fern. Für den Moment genügt mir das.

Seit gestern Nacht verändert sich meine Welt vor meinen Augen, ob Gefühle, Gedanken, sinnliches Erleben oder körperliche Bedürfnisse. All das könnte aus einem anderen Leben, von einem anderen Menschen stammen. Es ist mir fremd, ich bin mir fremd. Die Buchstaben in meinem Kopf machen sich selbständig, sie laufen auf flinken Füßen durch innere Landschaften, sammeln sich zu aufgetürmten Haufen, um sich ebenso schnell wieder aufzulösen. Mein Bewusstsein rennt diesen kleinen Wesen unaufhörlich hinterher, ich will sie einsammeln, sie ordnen, in Worte einbinden, sie mitteilbar machen und sprechen.
Gedankenverloren schaue ich Simon an. Ob er diese Veränderungen auch sieht oder spürt?
„Bitte Simon, bleib das Wochenende über bei mir."

Simon schaut mich verwundert an. Obwohl er mein bester Freund ist, kommt das Angebot überraschend, denn bisher habe ich es vorgezogen, alleine zu bleiben. Das Gästezimmer ist über die Jahre nahezu unberührt geblieben.

„Es kann dir nicht gut gehen, wenn du so ein Angebot machst. Ich weiß, wie wichtig dir deine Wohnung ist und auch wie sehr du dich über die Jahre darin versteckt hast. Selbstverständlich

bleibe ich hier, ich hatte es dir ohnehin angeboten. Nur muss ich vorher nochmals in meine Wohnung und ein paar Sachen holen."
„Danke Simon, auch für das wunderbare Essen."

Simon ist dabei die Theke leer zu räumen, füllt die Spülmaschine und schaltet sie ein. Ich schaue ihm aufmerksam zu.
„Ich muss in der Kanzlei anrufen, das hätte ich eigentlich schon viel früher tun müssen. Gestern Vormittag war ein ganz wichtiger Abschluss, die Vertragspartner sind eigens aus Paris gekommen. Es ist zwar Wochenende, aber irgendeiner ist um diese Zeit sicher noch da."

Dafür gehe ich ins Arbeitszimmer, das letzte Zimmer am Ende des Flurs, zwischen meinem Schlafzimmer und dem Gästezimmer. Ein großer, luftiger Raum, der Platz lässt zum Denken. Auch hier Bücherregale mit juristischen Fachbüchern, Gesetzbüchern und Lexika. Ein über zwei Meter langer, maßgefertigter Lärchen- und Buchenschreibtisch, der mitten im Raum steht und vollkommen überhäuft mit Papieren, Entwürfen und Akten nicht gerade einladend aussieht. Das am Ende des Schreibtisches, im 90 Grad Winkel, integrierte Sideboard, beladen mit neuester Computertechnik, dominiert den Raum. Ich lasse mich in meinen Sessel fallen, schalte den Computer ein, suche die Nummern meiner Soziuspartner heraus und wähle. Von den Partnern scheint keiner mehr in der Kanzlei zu sein. Dann wähle ich die Nummer eines Mitarbeiters. Erst der dritte Versuch gelingt.
„Vincent Korbius", meldet sich nach dem zweiten Klingelton eine grünstichige, rauhe Stimme.
„Guten Tag Vincent, hier ist Clara Stiller."
Ich meine so etwas wie Überraschung am anderen Ende der Leitung zu hören.
„Vincent, tut mir leid, dass ich mich jetzt erst melde. Das war früher einfach nicht möglich. Ich hoffe, Frau Holzner hat Sie informiert. Voraussichtlich werde ich die nächsten Wochen nicht da sein. Wie liefen denn gestern Vormittag die Vertragsverhandlungen?"

„Wie es in der Kanzlei lief? Es war eine Katastrophe. Sie selber hatten Donnerstag den Termin bestätigt. Unsere Mandanten sind gestern mit der Frühmaschine aus Paris gelandet, auch zwei hochrangige Topmanager des Münchner Konzerns waren anwesend. Sie wissen das ja alles, aber Sie haben nicht abgesagt. Die Verständigung und die Vermittlung der Fakten auf Französisch waren schwierig und auf die Kürze einen Dolmetscher aufzutreiben war schlicht unmöglich. Ich fürchte wir haben einen denkbar schlechten Eindruck hinterlassen."

Seine Stimme zieht mich in eine andere Welt, eine Welt, die gestern noch meine eigene war. Verdammt, wie konnte ich vergessen, dass ich es mit Arbeitshyänen zu tun habe und dass ich bisher eine von ihnen war. Ich hätte mich für dieses Telefonat wappnen müssen. Dieser gestresste, beißende Ton in seiner Stimme, der streithungrig mit Vorwürfen, Anklagen und Forderungen schmeißt. Aber heute messen wir uns nicht mit gleicher Kraft. Heute fallen mir die schlagfertigen Worte nicht ein, mit denen ich ihn an jedem anderen Tag mühelos zum Schweigen gebracht hätte. Heute kann ich sie nicht greifen, sie winken mir aus weiter Ferne zu und lassen mich schutzlos. So deutlich habe ich das noch nie wahrgenommen. Er will gar keinen Grund, keine Erklärung hören. Er steht massiv unter Druck und will Dampf ablassen. Ich halte den Hörer auf Abstand, während er ungeniert weiterschimpft.

„Übrigens, wo sind die Verträge von BLEXTURE und KADANO, wir können sie einfach nicht finden. Und in ihren Computer kommen wir auch nicht rein. Gesichert wie eine Festung."
Eisige Stille, als er endlich fertig ist.
„Auf Ihre rhetorischen Fragen erwarten Sie sicher keine Antworten", erwidere ich schließlich kühl, der vielen Anklagen hörbar überdrüssig, „und was Ihren Umgangston und Ihr Einfühlungsvermögen betrifft, Sie verleihen dem Wort unsensibel eine völlig neue Dimension."
Schweigen am anderen Ende der Leitung.

„Also hören Sie, ich gebe Frau Holzner die entsprechenden Anweisungen, auch das Passwort. Die Verträge liegen ausgearbeitet und unterschrieben auf meinem Tisch, Frau Holzner kann sie mitnehmen. Richten Sie bitte meine Grüße an die Kollegen aus. Wiedersehen."
„Clara, Entsch....!"
Ich warte das Ende seiner Worte nicht mehr ab und lege auf. Es ist genug.

Clara, die Kämpferin! Wo ist sie geblieben? Im Handumdrehen hat sich alles in ein Gegenteil verkehrt. Ich fühle mich kraftlos und müde, heute überlasse ich ohne Aufbegehren die Arbeit so vieler Jahre den Anderen. Niemand verfügt über unbegrenzte Kraftressourcen, ich habe so lange Vollgas gegeben und mich dabei erschöpft. Ich habe meinen Eifer, mich ganz nach oben zu arbeiten, übertrieben. Immer nur Arbeit, kein weiteres Leben, die Arbeit füllte meinen Horizont aus. Wie konnte ich nur glauben, dass der freie Fall für mich keine Gültigkeit habe?
Ich habe das Tempo nicht länger gehalten, bin aus der Kurve geflogen. Kaum einer wird sich umdrehen, für mich aus der eigenen Schiene springen, nur um seine helfende Hand auszustrecken. Für die Kanzlei bedeutet mein Ausfall nichts als einen lästigen Bruch in der Zeit. Eine kleine Extrasystole, ein kleiner Stolperer, bevor der ungehinderte Arbeitsfluss wieder aufgenommen werden kann. Mehr ist es nicht. Frau Dr. Stiller hat dem Druck nicht standgehalten. Es gibt keine Schonzeit, keine mildernden Umstände.

Ich weiß nicht wie lange ich ausfallen werde, wie viel Zeit ich brauche, um eine mir gemäße Spur zu finden. Sie werden auf jeden Fall einen Ersatz für mich finden, vielleicht einen Kollegen oder einen meiner Assistenten. Erst wird es eine Überbrückung sein, eine Aushilfe, dann wird die Zwischenlösung in eine Lösung übergehen. Es hängt davon ab wie lange ich fehle, man wird meine Erkrankung mit Bedauern zur Kenntnis nehmen, einen von allen Kollegen unterschriebenen Genesungswunsch nebst einem bunten Blumenstrauß schicken, derweil mein übervoller

Terminkalender auf die anderen Kollegen verteilt wird. Die Anderen übernehmen meine Mandanten, meinen Schreibtisch, meine Sekretärin, meinen Computer, meine Entwürfe und Vertragsrichtlinien. Man schickt sich an, mich in high-speed Geschwindigkeit zu überholen. Vielleicht bin ich bereits abgehakt.
Aber so spricht nur die Angst. Als Sozietätspartnerin bin ich nicht kündbar, und so schnell wird sich niemand in mein Gebiet einarbeiten können.

Ich denke ganz nüchtern, erstaunlicherweise schmerzen die Gedanken nicht. Das ist die Wirklichkeit, nur die Wirklichkeit, weiter nichts. Die rote Karte wurde gehoben, ich muss vom Spielfeld, ein Stoppschild wurde installiert. Etwas hat mich wie an einem elastischen Gummiband zurückgezogen, an einen Ausgangspunkt. Ich bin zu schnell vorausgelaufen, schnell und effizient, nur nach vorne schauend, keine Zeit vergeudend. Jetzt muss ich zurück, um mich einzuholen. Wie eine Spielfigur, die nach einem Würfelwurf auf einem ungünstigen Feld landet und an den Start zurück muss, um neu Anlauf zu nehmen. Bloß nicht zurück, denke ich, alles, nur das nicht.

7

Als ich die Küchentür öffne, sind die sich darbietenden, vielfältigen Eindrücke schier überwältigend. Simon streckt mir einen Kalziumcocktail entgegen, Frau Holzner steht auf, begrüßt mich sehr freundlich, tritt an die Espressomaschine und lässt mir einen doppelten Espresso heraus.

„Wie immer, Frau Dr. Stiller?"

„Wie immer", sage ich lächelnd.

„Ich habe Sie gar nicht kommen gehört, Frau Holzner. Sind Sie schon lange da?"

„Ein paar Minuten, Dr. Breitmann hat mich reingelassen. Wie geht es Ihnen?"

„Ich weiß nicht genau. Für den Moment will ich mich nicht beklagen."

Auf der Theke steht ein gigantischer, bunter Blumenstrauß, mit einer Grußkarte darunter. Von allen Kollegen unterzeichnet, mit den besten Genesungswünschen. Frau Holzner hat ihn mitgebracht. Das ist aber schnell gegangen! Ich kann ein Lächeln nicht unterdrücken, wohl aber das Gelächter, das aus mir herausplatzen will, Frau Holzner und Simon deuten dies als Freude.

„Danke sehr, er ist wunderschön."

Frau Holzner rutscht an der Theke einen Hocker weiter, lässt mir die Stirnseite.

„Bitte Simon, sei so lieb und stell den Strauß in den Salon, auf der Theke nimmt er so viel Platz weg."

Niemand weiß, dass ich allergisch auf Lilien reagiere. Lilien riechen schrill, in einem Spektrum zwischen pink und veilchenlila, ihre aggressive olfaktorische Penetranz grenzt an Körperverletzung. Ein paar Atemzüge reichen, es ist schon passiert, und ich entwickle heftige Kopfschmerzen.

Im Hinausgehen stellt mir Simon das Kalziumglas nochmals vor die Nase, erst jetzt merke ich das feine Zittern meiner Hände. Ich trinke es in einem Zug leer. Ich bin zum Kalzium-Junkie geworden.

Frau Holzner sieht ganz beiläufig auf die Uhr. Sie sagt, sie müsse noch einmal zurück in die Kanzlei, sie habe für mich zur Unterschrift vorbereitete Mappen mitgebracht. Gestern und heute habe sie noch genug für mich zu tun gehabt, aber mit Beginn der nächsten Woche werde sie mit Sicherheit jemand Anderem zugeteilt. Ich weiß, dass sie gerne für mich gearbeitet hat, sie hat sich dahingehend schon oft geäußert. Außerdem war ich bislang der einzige weibliche Soziuspartner. Ein Wechsel zu einem meiner Kollegen wird sie nicht freuen. Ich schaue in ihre Augen.
„Frau Holzner, ich weiß nicht, wann ich wieder arbeiten kann. Ein paar Wochen werde ich auf jeden Fall ausfallen. Erst einmal bin ich krankgeschrieben, wir werden sehen, wie sich das alles entwickelt. Ich bin erschöpft und kraftlos und brauche einfach etwas Ruhe. Keine Ahnung wie es weitergehen wird. Ich möchte, dass Sie wissen, dass ich Sie sehr schätze, ich konnte mich immer auf Sie verlassen. Danke für Ihre viele Arbeit."
Ich habe leise gesprochen. Für ihre Ohren müssen meine Worte befremdlich weich klingen, sie kennt mich eher als sachliche, energische und in der Sache harte Verhandlungspartnerin.
„Es tut mir so leid", sagt Frau Holzner. „Wenn ich irgendetwas für Sie tun kann, lassen Sie mich es wissen. Ich hoffe sehr, dass Sie sich schnell erholen und ... bald zurückkommen."
Sie senkt den Kopf und hat Mühe ihre Tränen zurückzuhalten.
Simon ist in der Zwischenzeit zurückgekommen und hat sich auf seinen Platz an die Theke gesetzt.
„Will noch jemand einen Espresso?" Wir wollen alle noch einen.

Ganz unvermittelt verdichtet sich der Raum. Stille ist entstanden, die die Worte in sich aufnimmt. Ich schaue Simon an, der einfach nur dasitzt und seine Espresso-Tasse geräuschlos im Untersetzer dreht. Auch er hält den Kopf gesenkt. Mit Frau Holzners Reaktion habe ich nicht gerechnet. Wie anstrengend es für mich ist, mit der Bedürftigkeit anderer Menschen umzugehen. Man gebe mir einen Leitfaden in die Hand, der einer Analphabetin in Sachen Nähe die sozialen Gebärden erklärt.

Um wie viel eindeutiger gestaltet sich dagegen ein sachliches oder gefühlsneutrales Arbeitsklima. Man hat sich schlicht nach den Fakten und den bestehenden Erfordernissen zu richten. Eine harte Tonlage hilft den nötigen Abstand zu finden und Grenzen zu ziehen. Man macht damit unmissverständlich klar, dass jedes weitere Näherkommen unerwünscht ist. Man legt sich eine dicke Haut zu, die weder von innen etwas herauslässt, noch von außen herein. Meine Haut ist über Nacht dünn geworden. Vielleicht habe ich mich auch in der Schwärze der Nacht heimlich gehäutet und ziehe fortan als mutierte Nacktschnecke durch die Welt auf der Suche nach meiner eigenen Spur und nach einer neuen Haut? Frau Holzner weint mit lautlosen Tränen. Das geht auf mein Konto. Ich habe heute nicht aufgepasst, habe nicht nur mit ungewohnt weicher Tonlage ihre Nähe provoziert, sondern auch auf den sicheren Abstand verzichtet.

Ich reiche Frau Holzner ein Taschentuch, das sie dankend annimmt.
„Verzeihen Sie meine Gefühlsduselei. Ich arbeite schon so lange für Sie. Ich werde Sie vermissen. Sie waren immer korrekt und freundlich zu mir, was ich von manch einem Anderen nicht sagen kann."
„Danke Frau Holzner. Lassen Sie uns jetzt die Arbeit erledigen, ich bin schon wieder erschöpft und muss langsam Ruhe geben."
„Ja, natürlich", sie greift sofort nach den neben ihr liegenden, vorbereiteten Mappen.
Simon entschuldigt sich. Er will in seine Wohnung, die nötige Kleidung holen und noch ein paar Dinge erledigen.
„Auf Wiedersehen, Frau Holzner. Bis später Clara."
„Auf Wiedersehen, Herr Dr. Breitmann," Frau Holzner gibt Simon die Hand.
„Bis später", sage ich und lächle ihn an.

Es fällt mir schwer, mich auf die vor mir liegenden Schriftsätze und Verträge zu konzentrieren. In meinem Kopf herrscht ein buntes Treiben, ein eitles Kommen und Gehen von Gedanken,

Gefühlen und Impulsen. Ein absolutes Durcheinander. Schließlich öffne ich meinen Füller und unterzeichne ein Schriftstück nach dem anderen. Ich will mich heute darauf verlassen, dass Frau Holzner, wie sonst auch, ihre Arbeit gut gemacht hat.
Ich schreibe auf einen Zettel das Passwort für meinen Computer und gebe ihn ihr.
„Das Passwort heißt „concorde", damit kommen Sie an alle Dateien heran."
Ich bin aufgestanden, Frau Holzner ebenso, und ordne die herumliegenden Papiere, zeige ihr, wo sie die Verträge von BLEXTURE und KADANO findet.
Frau Holzner packt die beiden Ordner in ihre mitgebrachte Tasche. Aus meinem Arbeitszimmer hole ich noch ein umfangreiches Gutachten, eine Auftragsarbeit des Internationalen Gerichtshofes und den aus der Kanzleibibliothek entliehenen, großen Potonnier, ein französisches Rechts- und Wirtschaftslexikon.
„Okay," sage ich, „mehr kommt nicht zusammen."
„Ich wünsche Ihnen gute Besserung, Frau Dr. Stiller."
Frau Holzner reicht mir die Hand.
„Danke Frau Holzner, für alles. Wir telefonieren. Und alles Gute für Sie."

Mittlerweile schreitet der Nachmittag voran, das beginnende Dämmerlicht stellt Schatten in den Raum. Es schneit immer noch in schweren Flocken.

8

Einzelne, verirrte Ameisen kriechen an meiner Wirbelsäule hinauf. Zeit für ein weiteres Kalzium. Wie schnell die zugeführte Kraft zur Neige geht. Jedes Mal, wenn ich mein Kalzium trinke, füllen neue Nervenkräfte mein Depot. Wie aus dem Nichts entsteht die Kraft für neue Taten. Mein erprobter, über lange Jahre geübter Kampfeswille fordert Neuauflagen, braucht Bewährungsproben und mit Lust geführte Auseinandersetzungen. Ich stelle mir vor, ich stemme, wie Asterix, mit einer magischen Falsche Kalzium am Gürtel, meine Geschäftspartner aus dem Ring. Was für absurde, dennoch lustvolle Gedankenketten! Was wird passieren, wenn das Depot neu gefüllt ist? Werde ich der Versuchung, wieder in den Ring zu steigen, nachgeben?
Wenn die Wirkung des Kalziums im Laufe der Stunden nachlässt, kommt die Milde zurück, die Schwäche. Es spannt sich ein weicher Filter vor mein inneres Auge, der Macht in Ohnmacht übergehen lässt. Wer bin ich und wer will ich sein in diesem Kräftespiel?

Die leere Wohnung atmet wieder. Der Blumenstrauß in seiner Vase auch. Unerträglich, ja widerlich süß verteilt sich der Duft der Lilien im Raum. Mein nächster Akt ist es, sie schnell und mitleidslos zu entsorgen und die Terrassentür weit zu öffnen. Ich trete hinaus auf diesen großen steinernen Ort. Wie kalt es geworden ist! Frostige Nadeln beißen an meiner Haut, winzige Kristalle setzen sich auf Haar und Kleidung zur Ruhe. Ich achte nicht darauf. Schwere Nebelschwaden kriechen in tranigen Fetzen zwischen den Bäumen des Parks und auf den schneegepuderten Flächen umher. Ein merkwürdig düsteres, trostloses Bild. Bedrohlich wirkende, fette, schwarze Dohlen hüpfen an den Rändern, tauchen schattenhaft aus dem Nebel und verschwinden in unterschiedlicher Formation wieder darin. Der Nebel hat alles Licht verschluckt, was bleibt, ist verhangenes, dämmriges Dunkelgrau. Die Menschen haben sich hinter dicken Mantelkrägen, Kapuzen,

Schals und Mützen versteckt, sie huschen wie Schatten über kurze Wege. Das Leben hat sich zurückgezogen, läuft auf Sparflamme. Dies ist kein Tag, der demütig zur Nacht wird, es ist ein Tag, der um die nächste Nacht bettelt. Eine Nacht, die auf das Zwielicht des Tages ihre eindeutige Schwärze senkt und die gestohlene Zeit in Schlaf vergütet.

Es ist die Stille, die mich berührt. Dieses frostige Winterbild, in dem ich mich ganz beiläufig spiegele. Mein verstohlener Rückzug aus der Welt da draußen, der keinen Aufschub duldete. Mir fehlt heute die unberührte, schweigende Wohnung nach dem ganzen Trubel des Tages. Jetzt kommt sie mir beschmutzt vor. Nicht nur die Türen zu meiner Wohnung sind auf- und zugegangen, auch die zu meiner Seele schlagen auf und zu, in raschem Wechsel. Stimmen haben hier Einzug gehalten, schwere Winterstiefel haben Spuren aufs Parkett gelegt, das ich sonst barfuß begehe. Auch meine Wohnung ist mir heute fremd, so wie ich mir selber auch. Werden wir uns in diesem unwegsamen Gelände wieder finden? Vielleicht brauche ich es allein zu sein, dann kann ich mich ausbreiten, fallen lassen und einem eigenen Rhythmus folgen. Durch die Wohnung gehen. Den eigenen Gedanken horchen. Den eigenen Stimmen lauschen. Einen neuen Willen finden. Drängend, fast schmerzhaft spürbar ist dieses Gefühl. Meine Gefühle, die im Moment ein von mir getrenntes Eigenleben führen. Der stete Wechsel, das Auf und Ab, eine Achterbahn ohne sicheren Halt. Eine Zerreißprobe, die schwer auszuhalten ist. Oder sind es genau diese Gedanken, die ein Gewohnheitsrecht installieren wollen, etwas Vertrautes abrufen, das über die Jahre alt gewordene Versteck aufsuchen. Erst wenn ich allein bin, dann..., ja was denn dann? Dann bin ich in Sicherheit? Ist es das? Aber sicher wovor?

Wie auf ein Stichwort klingelt das Telefon. Die Wohnungstür öffnet sich, Simon kommt zurück. Ich folge ihm mit den Augen, während er die Tür schließt, zum Telefon geht und den Hörer abnimmt, aber nichts setzt mich in Bewegung, nichts ruft mich zum Handeln auf. Als ginge mich das alles nichts an. Der Zauber des Augenblickes ist zerbrochen.

„Wie lange stehst du schon in dieser Eiseskälte?", fragt Simon erschrocken, zieht mich durch die Terrassentür, schließt sie und klopft mit warmen Händen den Frost aus meinen Kleidern und aus dem Haar. Ich fühle mich wie eine Eisblume. Wenn sein fürsorgliches Klopfen noch länger andauert, zerbreche ich klirrend in tausend einzelne Splitter. Mein tiefgefrorenes, schiefes Lachen zwingt ihm ein Lächeln auf die Lippen.
„Weißt du wie kalt es ist? Du stehst da draußen, als wäre das gar nichts! Frau Dr. Stiller, Sie sind sehr unvernünftig!"
„Vernünftig war ich ein Leben lang," sage ich trocken.

„Wer war denn am Telefon?", frage ich Simon.
„Herr Korbius, aus der Kanzlei."
„Was wollte er schon wieder?"
„Er hörte sich an wie jemand, der ein schlechtes Gewissen hat. Er hat gefragt, wie es dir geht und wünscht gute Besserung. Wenn du mich fragst, wollte er sich entschuldigen."
„Danke, dass du ihn abgewimmelt hast. Ich habe keine Lust, seine Stimme heute ein zweites Mal zu hören."

Während ich Papier, dünne Späne und dann größere Holzscheite in den offenen Kamin schichte und anzünde, verschwindet Simon in die Küche, um Tee zu machen. Es dauert nicht lange und wir sitzen in Lehnstühlen so nahe am Kamin, dass wir Feuer fangen könnten. Meine Füße strecke ich immer wieder kurz in das bollernde Hitzefeld. Mit beiden Händen halte ich die heiße Tasse Tee und schlürfe genüsslich. So langsam bin ich aufgetaut und von innen und außen gleichermaßen rundumerhitzt.

Ein normaler Samstagabend ist das nicht. Er kommt mühelos ohne Selbstverständnisse aus. Nichts läuft comme il faut. Nichts läuft wie gewohnt. Er ist wie ein Niemandsland, in dem keine der

gewohnten Regeln gilt und das jeden nur möglichen Spielraum lässt, dem Unbekannten ein Gesicht zu geben.
An einem normalen Samstag würde ich in meinem Arbeitszimmer verschwinden, um das scheinbar Unaufschiebbare, Wichtige zu erledigen. Heute nicht. Heute verfüge ich über Zeit, die mir gehört. An den Gedanken muss ich mich erst gewöhnen. Vielleicht muss man Nicht-Tun ja auch erst lernen. Immer wieder schwirrt das Telefongespräch mit meinem Kollegen in Fetzen in meinem Kopf herum. Wie kann er nur in einem solchen Ton mit mir sprechen? Als ich den Kopf hebe, sind Simons Augen auf mich gerichtet.
„Wie lange schaust du mich schon so an?", frage ich ihn.
„Eine Weile. In dem Feuerschein glühst du richtig und in deinen Haaren leuchten kleine rote Funken. Du siehst schön aus. Im Moment sieht man gar nicht, wie blass und mitgenommen du eigentlich bist. Ich frage mich schon den ganzen Nachmittag, wie du es schaffst, dich so zusammenzureißen."
Er schüttelt ungläubig den Kopf. „Das tut dir nicht gut, du bist an deine Grenzen gestoßen. Das solltest du ernst nehmen."
„Ich habe keine andere Wahl, als es ernst zu nehmen."

Das orangerote Heiß lullt mich ein, lässt die Müdigkeit aufsteigen und meine Augenlider schwer werden.
Noch einen Schluck Tee!
Gedankenfetzen trudeln auf morastigem Untergrund, Bruchstücke aus Kindertagen, die auf verschiedenen Umlaufbahnen darauf warten, in mein Leben zu treten, Erinnerungen in brüchige Rahmen gestopft. Und die Müdigkeit, diese bleierne Schwere. Wer rechnet schon damit, ein verstecktes, vergessenes Leben zu haben, das plötzlich aus dem Nichts auftaucht und alles verändert?

„Worüber denkst du nach?" Simon mit krauser Stirn.
Ich habe gar nicht gemerkt, dass ich ins Feuer stiere.
„Ich bin ziemlich durch den Wind und habe das irreale Gefühl, meinen Körper zu bewohnen, ohne dass er mir wirklich gehört.

Fremd bin ich mir, unvorstellbar fremd, als hätte ich aus einer fernen Galaxie ein Teleskop auf mich gerichtet."

Simons Augen signalisieren Aufmerksamkeit.

Ich erzähle ihm von gestern Nacht. Von dem Kellergewölbe, dem kalten Grauen, der Begegnung mit den Eltern. Von der Mühe, nicht von den Tränen und dem Schmerz gefressen zu werden, sondern, Hesses Vorschlag folgend, zu beobachten und bei vollem Bewusstsein Schmerzen erleben und grausame Bilder ertragen zu können.

„Dieses Wort „beobachten" schaut nicht nach viel aus", sage ich lächelnd, „aber diese Nacht hat mich eines besseren belehrt. Danke sehr für das Buch."

Simon nickt nachdenklich, sagt aber nichts.

„Ich sitze wie ein verschrecktes, ängstliches Kind unter einer Lawine, die mich überrollt hat. Keine Ahnung, wie es weitergehen soll."

„Ich finde es großartig, wie du dich auf das plötzliche Auftauchen dieser traumatischen Erinnerungen eingelassen hast. Das muss wie ein Schock sein. Erwarte nicht zu viel, es kann eine Weile dauern bis sich das alles setzt und neu ordnet. Du kannst nichts tun, was diesen Prozess abkürzt oder mildert. Was meinst du, bist du durch die Erlebnissen der letzten Tage mit dem schlimmsten über den Berg?"

„Ich weiß nicht. In mir herrscht, gelinde gesagt, Chaos. Unentwegt gibt es neue Bilder, kleine Gedanken- und Erinnerungschnipsel, die Platz beanspruchen. Die Jahre der Betäubung scheinen vorbei, ich habe so viele Gefühle, wie ich es nie für möglich gehalten hätte. Wo waren sie all die Jahre?"

„Vielleicht hast du sie abgearbeitet oder in kinetische Energie umgewandelt", sagt Simon lächelnd.

Ein kleines halbherziges Lächeln auch auf meinen Lippen.

„Ich verstehe sehr gut, dass die Erinnerungen dich quälen, aber es ändert nichts daran, dass die Vergangenheit so war wie sie war. Jetzt erinnerst du dich wieder, die ganze Geschichte wird dir nach und nach bewusst, und damit hört sie auf, dein Leben zu beeinflussen."

„Ich bin ungeduldig und wütend. Am liebsten würde ich mich umdrehen oder weglaufen und das alles vergessen. Das wirklich Schlimme ist aber, dass ich offensichtlich nichts tun kann und mich wie ein Schaf auf der Schlachtbank fühle. Weißt du, ich fühle mich entblößt an Leib und Seele, nackt vor mir selber, der Welt und vor dir Simon und ich kann mich nicht wehren, ohne von Ameisen gefressen zu werden. Ich fühle mich in die Enge getrieben, soll nur ja dazu sagen, oder mich zu allem Überfluss noch darüber freuen."

„Wenn du so haderst, wirst du das Gute daran gar nicht sehen können."

„Das Gute? Was soll daran gut sein?"

„Na ja, wie du selber sagst, bist du dein ganzes Leben wie in einer Schiene gelaufen, hast weder rechts noch links geschaut. Jetzt hat sich spontan deine traumatische Kindheitsamnesie gelöst, von der Frau Lenz sagte, man könne auch jahrelang daran herummachen. Findest du nicht, dass Du das Ganze auch wie ein Geschenk verstehen könntest? Mir ist klar, dass es für Freude und Dankbarkeit vielleicht ein bisschen früh ist, aber es ist sicher nicht hilfreich, das Negative, Schmerzhafte und Quälende zu betonen. Und außerdem hast du diese Kindheit überlebt, das allein war eine Leistung, auch wenn sie ihren Preis hatte."

Simon ist aufgestanden und füttert das Feuer, nimmt den Schürhaken und stochert damit in der Glut. Von draußen hört man das Läuten der Glocken. Samstagabend. Eine Einladung zur Messe. Wie spät ist es? Um uns herum ist völlige Schwärze entstanden. Draußen ist eine neue Nacht vom Himmel gefallen. Außer dem Kaminfeuer gibt es kein Licht. Ich stehe auf, schalte zwei Stehlampen ein und hole, weil ich schon auf den Beinen bin, Wasser und Gläser. Bevor ich mich wieder setze, lege ich noch schnell eine CD in die Anlage. Ein Klavierkonzert von Gulda. Als leiser Hintergrundklang.

„Du hast Recht. Der Preis fürs Überleben war Verzicht auf Liebe und Nähe, auf Beziehung und Vertrauen. Ich habe ihn bezahlt, ohne zu wissen, dass ich ihn bezahle. Ich habe mich blöd gearbeitet um ganz nach oben zu kommen. Denn nur dort konnte ich das Risiko mindern, jemals wieder so misshandelt zu werden. Kontrolle war meine Antwort auf Schutzlosigkeit. Jetzt kann ich das sehen und es macht mich unendlich traurig."

Für Momente sagt keiner was, beide hängen wir eigenen Gedanken nach. Ein paar stille Tränen laufen über meine Wangen. Ich lausche dem gierigen Brennen des Feuers. Ich mag es, wenn Feuerzungen am trockenen Holz lecken. Kann man das Pochen des Blutes in meinen Augen sehen? Kann man das Rasen meines Herzens hören?

„Clara?"

Simon kommt mir zu Hilfe. Er zwingt meine Augen in die seinen und hält sie fest. Jetzt laufen meine Augen über und kleine Schluchzer stolpern aus meiner Atmung. Da ist es wieder. Dieses Gefühl der aufgeweichten Blöße. Meiner Schutzhülle beraubt. Simon nimmt mich in seine Arme. Die Berührung lässt die kleinen Schluchzer in große übergehen. Mein Zurückschrecken vor der körperlichen Nähe ignoriert er, er hält mich einfach nur fest, lässt mich weinen und zittern, bis ich mich wieder beruhigt habe.

Simons Gesicht in meinem Haar, direkt an meinem Ohr. Ich bin nicht allein. Wie gut mir das tut. Auch wenn mir diese weiche Stimmung unheimlich ist. Eine Stimmung, die orangerot knistert und sich wohlig ausbreitet.

„Ich muss ein neues Leben finden!"

Mit gespreizten Fingern streicht Simon durch mein Haar, immer wieder von neuem. Er strahlt Ruhe aus und Zuversicht.

„Es wird dich finden und zwar in dem Maße, wie du dich deinen Erinnerungen stellst. Vermutlich geht das nicht von Heute auf Morgen, solche Prozesse brauchen ihre Zeit. Aber ich bin sicher, dass du bald alle Einzelheiten der ersten Jahre gesehen, verstanden und neu geordnet haben wirst. Ich finde, du bist eine mutige und außergewöhnliche Frau." Seine Stimme lächelt. „Das dachte ich immer schon", fügt er noch schnell hinzu.

Warum bin ich nur so aufgebracht, so unzufrieden. Das ist alles nicht das, was ich hören will. Ich will nicht eine Weile warten, bis ein Prozess sich entwickelt oder bis ich alle schrecklichen Erinnerungen stoisch ertragen habe. Verdammt, ich will das alles nur hinter mir haben und aus diesem Albtraum aufwachen.

Ich löse mich aus Simons Armen. „Ich muss mal schnell wohin. Legst du bitte nochmal Holz auf?"
Als ich wiederkomme, sitzt Simon in seinem Sessel und ist gerade mit seinem Handy beschäftigt.
„Was hältst du von Sushi? Oder Pizzaservice?"
„Sushi hört sich an wie eine gute Idee."
Simon macht den Anruf, er bestellt nicht nur Sushi, sondern auch Antipasti und diverse kleine Salate.
„Dauert nur 15 Minuten", sagt er, „ich hatte plötzlich Hunger."
„Weißt du, es hört sich komisch an, wenn ich sage, ich bräuchte ein neues Leben. Eigentlich müsste ich sagen, ich will ein Leben. Ich hatte immer schon den Eindruck, dass mir mein Leben nicht gehört. Es war Bestandteil anderer Leben. So als hätte ich kein Recht auf ein eigenes. Als kleines Mädchen war ich offensichtlich der grausamen Willkür meiner Eltern ausgeliefert, als Heranwachsende, als Jugendliche war ich auf der Flucht, immer nur möglichst schnell weg von den anderen Menschen, weg von Nonnen, Kindern und Lehrern, dorthin, wo man keinen Zugriff auf mich hatte. Als Erwachsene, als Juristin, stehe ich wieder im

Dienst anderer Menschen, obwohl sie keine Macht mehr über mich haben. Teuer verkaufte Dienste, die ich Beruf nenne. Ich wollte in der Zukunft ein Leben haben, aber die Vergangenheit hat lange Schatten geworfen, und so schnell ich auch gelaufen bin, sie war immer schneller als ich und schon vor mir da. Ich denke, jetzt ist es genug, ich muss irgendwann einmal in der Gegenwart ankommen."
„Ich verstehe dich sehr gut. Wenn du magst, werde ich dir dabei helfen."
„Ja, gerne. Trotzdem bin ich ratlos, weil ich nicht weiß, ob ich etwas tun kann oder tun muss. Oder ob ich in irgendeiner Richtung aktiv werden soll?"
„Wenn du nicht weißt, was du tun sollst, tu nichts. Lass es auf dich zukommen, stelle dich dem, was sich dir zeigt, zur Verfügung. Du kannst nicht mehr tun, als du in den letzten Tagen schon getan hast. Lena Lenz hat es „ja sagen" genannt."

Der Klingelton der Haustüre schneidet mit seinem Geräusch in meine Gedanken. Simon ist schon unterwegs, er nimmt im Vorbeigehen das rote Lacktablett von der Glasvitrine, öffnet die Türe, lässt sich das Bestellte aufs Tablett packen, das er auf die der Eingangstür gegenüberliegenden Kommode gelegt hat, bezahlt den Auslieferer und sitzt schon wieder, mit dem überladenen Tablett auf den Knien, neben mir am Feuer. Jetzt stehe ich auf und hole aus der Küche noch Gabeln, Messer und Teller und stelle das alles auf den kleinen, rollenden Beistelltisch, den ich zwischen unsere Lehnstühle schiebe und nehme seufzend die Sitzhaltung ein, die ich eben verlassen habe. Simon holt die Leckereien aus ihren Verpackungen und verteilt bereits von allem etwas auf die beiden Teller.

„Das sieht gut aus", sagt er hungrig. Er schaut mich an, als erwarte er das Startsignal.
„Na dann, lassen wir's uns schmecken."

Für Momente ist jeder mit seinem Teller beschäftigt, wir verzichten auf Floskeln und höfliches Kommentieren der Situation. Nur das grellrote, zischende und knisternde Leuchten aus dem Kamin umspielt mit eigener Melodie unser Miteinander.
Seit beinahe zwei Tagen geschehen die Dinge, ohne dass ich mich in ihnen zuhause fühle. Sie entsprechen keiner Routine, sie sind fremd. Ist es zu glauben, dass ich Jahrzehnte damit verbracht habe, mir die Welt und die Menschen da draußen vom Leib zu halten? Das Diktat meiner Arbeit habe ich nur zu gerne angenommen, habe mich damit funktional in Sicherheit gebracht und mich mit anstrengenden, arbeitsintensiven Klimmzügen vor warmen, menschlichen Gefühlen gerettet.

„Vielleicht kann ich ja doch was tun." Ich habe mehr zu mir selber gesprochen. Aber Simon greift es auf.
„Was meinst du?"
„In die Höhle des Löwen gehen. Dahin gehen, wo die Angst am größten ist. Nachforschen. Vielleicht kann ich damit den Prozess, wie du es nennst, beschleunigen. Ich weiß rein gar nichts über meine Eltern, nicht, ob sie noch leben oder tot sind, nicht, wie diese ganze Geschichte damals gelaufen ist oder wie ich ins Kloster gekommen bin. Ich weiß nur, dass man mir erzählt hat, meine Eltern seien tot. Das muss ja nicht stimmen. Es muss eine Möglichkeit geben, darüber mehr herauszufinden. Außerdem kann es ja kaum noch schlimmer werden, oder?"
„Nachforschungen anstellen? Das ist eine gute Idee. Immerhin bist du Anwältin und auf das Herausfinden der Wahrheit spezialisiert. Aber ich glaube keinen Moment lang, dass du mit deinem analytischen Kopf eine Lösung herbeiführen, noch, dass du irgendetwas beschleunigen kannst. Mit deinem Kopf kannst du hier gar nichts beeinflussen. Wie du weißt! Außerdem musst du aufpassen, dass du mit zu viel Tatendrang nicht schon wieder die Ameisen einlädst. Ich glaube, du musst mit dem gehen, was sich dir ohne Zutun zeigt, und dann beschließen, wie der nächste Schritt aussieht."

„Das wäre nicht ich, würde ich es nicht versuchen. Eine Lösung finden, einen Seitenausgang auftun, ein unvorhergesehener Einfall, eine Abkürzung. Es ist verrückt. Selbst gestern Nacht, als ich in diesem schrecklichen Nirwana unterirdischer Kellergewölbe herumgewandert bin, habe ich ständig nach einer Lösung oder nach der Erlösung Ausschau gehalten. In der Bibel steht irgendwo: „...und sprich nur ein Wort und meine Seele wird gesund". Ich weiß, dass Worte geladen sind, dass sie Kraft haben. Und wenn man Worte wie Waffen verwenden kann, kann man sie auch zur Heilung einsetzen. Ich will dieses eine Wort finden, das erlösende. Ich weiß nur noch nicht wie. Vielleicht wird es ja auch einfach zu mir finden, wie alles andere. Und das ist vermutlich die größte Prüfung von allen: darauf warten, dass es kommt. Es ist sicherlich das, was mir am schwersten fällt."

„Ich habe keinerlei Zweifel daran, dass du es schaffen wirst. Ach übrigens, was ist denn eigentlich mit den Ameisen und den Farbspielen? Soll ich dir einen Kalziumdrink mixen?"

„Gerne, ich hab ja schließlich ein Depot zu füllen." Ich schaue Simon zu, wie er sich nach einem Kalziumröhrchen streckt und eine Tablette in meinem Glas auflöst.

„Wohlsein", sagt er lachend und reicht mir in meine dösige Stimmung hinein das Glas. „Was dagegen, wenn ich mir noch ein Glas Wein genehmige?"

„Ach was, natürlich nicht." Wir stoßen an, Wein und Wasser, irgendwie ist mir leichter ums Herz. Vielleicht ist es auch die Müdigkeit.

„Die Farben haben sich etwas zurückgezogen, aber immer wieder springen sie mich in einer außerirdischen Intensität an, ziehen eine breite Aura um Menschen und Gegenstände, um dann wieder zu verschwinden. Manchmal fehlen sie auch ganz. Es ist schon eigenartig, Töne, Gerüche oder Worte farbig zu sehen. Gesichter mit Streifen oder Muster sind spektakulär und haben einen anderen Wiedererkennungswert. Es könnte lustig sein, wäre es nicht auch beängstigend, wenigstens am Anfang. Und die Ameisen, die kommen und gehen, je nach Anstrengung und Wehrhaftigkeit. Aber seit der gestrigen Nacht, als ich mit Hesse auf meinem

Beobachtungsposten war, beeindruckt mich das Eine und das Andere viel weniger. Ich fange an, damit klar zu kommen."
„Damit klar kommen ist eine Sache, damit Frieden finden eine andere. Ich denke, es geht darum mit der Vergangenheit Frieden zu schließen."

Stille entsteht. Ich lasse meine Gedanken treiben. Die Dunkelheit und ihre Schatten sind mit Händen zu greifen. Für heute gibt es keinen Horizont mehr, nach dem ich mich strecken wollte. In mir uneindeutige Szenerien, ein Wechselbad der Gefühle, so viele vergessene Bilder, die jetzt, ins Leben zurückgeholt, von Leid und Schmerz erzählen. Muss ich mir das alles wirklich noch einmal anschauen? Ich habe Mühe mir die entstandene Unsicherheit zuzugestehen. Wann war ich jemals so unsicher?

„Magst du auch noch einen Espresso?"
„Nein, danke. Ich bin hundemüde und möchte einfach nur noch ins Bett. Ich kann nicht mehr. Fühl dich wie zuhause, Simon. Bevor du schlafen gehst, stell bitte das Gitter vor den Kamin. Gute Nacht."
„Gute Nacht. Schlaf gut."
Wir umarmen uns.

9

Aufwachen mit einem Schrei im Kopf und einem Herzschlag, der gegen das Brustbein hämmert. Mein Atem auf der Jagd. Ich spüre den Traumschlieren hinterher, versuche sie zu greifen. Sie lösen sich vor meinem inneren Auge in nichts auf. Wo habe ich es gelesen oder gehört, dass Menschen entweder für das Leben oder den Tod gemacht sind? Wofür bin ich gemacht? Ich habe mich immer nur in der unmittelbaren Nähe von beiden aufgehalten. Ein Beinahe-Leben mit beinahe tödlichem Ausgang. Weiß ich was Leben, was Tod ist? Es fehlt das Modell für beides. Mit meinem Willen habe ich mich über das kleine Leben, das ich hatte, hinweg gehoben. Jetzt ist mein Lebenszug entgleist, die Schienen herausgerissen. Vielleicht sollte ich mich so langsam für das Eine oder das Andere entscheiden, heraus aus diesem grauen Zustand dazwischen.

Bei geschlossenen Augen hat ein neuer Tag begonnen. Als ich sie endlich öffne, blinzele ich in weißes Licht. Was für ein Kontrast zu meinen schweren und trüben Gedanken. An den Fensterkreuzen außen haben sich Eiszapfen gebildet, vereinzelte frostige Kristallflocken huschen verschreckt vorbei. Ein weiß-blau-marmorierter Himmel im Hintergrund, mit Sonne. Es muss sehr kalt sein.

Ich drehe mich nochmal auf die rechte Seite, lege mein Gesicht in einen Sonnenstrahl. Nur noch ein bisschen. Gedanken kommen und gehen. Ich lasse mich von ihnen mitnehmen.

Was für eine Kehrtwende von der beflissenen, arbeitshungrigen Karrierefrau zu einer entwurzelten, ratlosen, im neuen Tag herumstochernden, und dennoch nicht unglücklichen Fremden. Starr gewordene Selbstverständnisse lösen sich nach und nach in ein Nichts auf, weichen den neu entstehenden Fragezeichen von heute. Ich weiß noch nicht, was ich tun werde, ich weiß nur, dass ich mich nicht umdrehen und so tun kann, als könne ich die alte Spur wieder aufnehmen. Ich bin aus einer Nacht in einen neuen Tag gefallen, ohne dass ich weiß, woraus der Tag besteht. Ein Schritt nach dem anderen. Ich werde die Tage, die kommen, nehmen und leben, und dieses Leben wieder zu meinem machen. Nicht mehr und nicht weniger. Ich werde den Fragezeichen folgen, und forschend finden, wer ich bin, wer ich sein will und was das Leben für mich bereithält. Es gibt im Moment keinen anderen sichtbaren Nenner.

Von draußen dringen Geräusche herein, die meine Gedanken zerfasern. Eine ganz ungewöhnliche Kulisse. Teller klappern, ich höre ganz unbeteiligt zu, als ginge mich das Ganze, wenn überhaupt, nur aus sehr weiter Ferne etwas an.
Simon holt mich mit leisem Klopfen an meiner Schlafzimmertür zurück in die Frühstückswirklichkeit.

„Clara, bist du wach?"

Ich schaue auf meine Armbanduhr. Hätte man mir erzählt ich würde den ganzen Vormittag verschlafen, ich hätte es für einen Scherz gehalten.

„Bin gleich soweit. Lass mir noch zehn Minuten", antworte ich. Eine Schonzeit von nur noch zehn Minuten!

Als ich nach meinem Morgenritual unter der Dusche, in rotem Rollkragenpullover und schwarzer Jeans, meine Tür öffne, steht Simon auf dem Flur. Ein breites Lächeln in meine Richtung. Ich lehne mich in den Türrahmen und inhaliere versonnen die Stimmung. Das ist meine Wohnung, ich bin nicht alleine. Heute nicht. Das ist eine Sensation.
„Hallo! Guten Morgen Clara. Wie geht's dir?"
Er kommt auf mich zu, umarmt mich. Grosses bises, Küsschen auf die Wangen.

„Ich bin nachdenklich und etwas wacklig auf den Beinen, aber ganz zufrieden. Mein Magen knurrt“, sage ich lachend. „Könnte sein, dass ich Hunger habe.“

Frischer Kaffeeduft steigt mir in die Nase, ich sehe Simons Freude, mich mit einem Frühstück zu überraschen. Er hat aus der französischen Bäckerei Salut, Ecke Georgenstrasse, tatsächlich frische Croissants, petits pains au chocolat und noch warme tarte aux pommes besorgt. Also werde ich das geplante Frühstück einfach als Mittagessen verstehen. Einer tarte aux pommes kann ich nur schwer widerstehen. Simon sitzt wieder auf seinem Hocker und grinst mich an als ich mir die tarte auf den Teller und von dort in den Mund schiebe.

„Danke Simon, das ist überwältigend! Wenn ich dazu noch einen Cappuccino kriege, bin ich wunschlos glücklich.“
„Dein Wunsch ist mir Befehl“, Simon ist bester Laune.

Ich habe vergessen wie es ist, nicht allein zu sein. Sehr eigenartig, nicht in meine eigenbrötlerischen Gewohnheiten zu fallen. Vielleicht kann es ja Spaß machen, Raum und Zeit mit einem anderen Menschen zu teilen? Ich betrachte Simon, so als sähe ich ihn zum ersten Mal, und erschrecke ob der eigenen Selbstverständnisse und der Enge des gewohnten Blickwinkels. Es ist immer noch Simon, mein alter, treuer Freund. Aber heute ist mein Blick anders. Heute sehe ich das durchsichtige Himmelblau seiner Augen, die kleinen Fältchen, sein Kinngrübchen, seine grau melierten, aber immer noch vollen Haare, seine langen, sehnigen Finger, die großen Hände, sein tiefes Lachen, seinen sportlichen, durchtrainierter Körper. Ich schlucke die Klöße im Hals weg.

Simon bringt mir den gewünschten Cappuccino. Eine Tageszeitung wäre nicht schlecht, um mich dahinter zu verstecken. Mit gesenktem Blick nehme ich die Tasse, halte sie mit beiden Händen und schlürfe schluckweise.

„Clara? Was ist los?“

Er hat mein Gesicht in seine beiden Hände genommen und schaut in meine Augen. Unter seinem Blick erröte ich wie ein Teenager. Immer wieder neu erreichen kleine rote Wellen meine Wangen.

„Ich schäme mich so. Ich habe dich nicht verdient. Warum bist du eigentlich nach all den Jahren immer noch da? Wenn ich mir vorstelle, wie ich dich behandelt habe! Trotzdem hast du dich immer liebevoll um mich bemüht, du warst ein treuer, verlässlicher Freund. Und ich? Ich fürchte, ich war abweisend und kalt und nur darum bemüht, dich auf Abstand zu halten. Es tut mir so leid. Wie ich es jetzt begreife, habe ich mich nur aus Angst so verhalten. Kannst du mir verzeihen?“

Simon mit gerunzelter Stirn. Ein paar stille Sekunden vergehen.

„Es gibt nichts zu verzeihen, dein Verhalten war nicht schuldhaft. Was allerdings mehr als schade ist, ist der Umstand, dass ich nicht immer nur ein treuer Freund, sondern über weite Strecken ein liebender Freund war. Für mich waren das Durststrecken. Jammerschade, dass meine Gefühle in dir keine Resonanz ausgelöst haben, obwohl ich im Grunde meines Herzens nie sicher war, ob sie nicht doch vorhanden waren. Sozusagen verhinderte oder überlagerte Gefühle. Ich habe mir über die Jahre immer wieder Gedanken darüber gemacht, ich wusste, dass aufkommende Nähe in dir massive Ängste auslösen. Was für eine Verschwendung, das nicht leben zu können! Ich wusste auch nicht, wie ich das hätte ändern können. Aber das hat ja jetzt schlicht und ergreifend das Leben übernommen.“

Von einem Moment auf den anderen fühle ich mich ganz klein. Jetzt schlucke ich gegen die Tränen an.

„Die Resonanz war nie das Problem“, sage ich unbeholfen, „die habe ich unter Verschluss gehalten. Das Problem war die Angst, die war größer, die konnte ich nicht kontrollieren, aber ich konnte sie mit viel Arbeit in den Hintergrund drängen und zudecken. Bis vorgestern. Auf einmal war die Kraft erschöpft und nichts mehr war an seinem angestammten Platz."

„Die Resonanz war nie das Problem? Clara, heißt das, du hast meine Gefühle erwidert?"

Nur mein angedeutetes Nicken.

„Ja, hab ich. Aber Gefühle lagen im Risikobereich. Ich konnte und wollte kein Risiko eingehen. Also wollte ich auch keine Gefühle haben. So einfach sah das für mich aus. Und jetzt schau mich an, kein Mensch kann sich auf Dauer kontrolliert auf einen funktionalen Modus herunterschalten. Und dann plötzlich, von einem Moment auf den anderen, schwimme ich in einer Gefühlssuppe, werde von einem Rand an einen anderen gespült und habe keinerlei Zugriff mehr. Ich mutiere bei vollem Bewusstsein zu einem Weichtier."

Simon lacht, nimmt meine Hand und führt sie an seine Lippen. „Danke, dass du mir das erzählst, es bedeutet mir viel."

Seine blauen Augen versenken sich in meine. Er lächelt mich an, streichelt mit seinem Handrücken meine Tränen weg. Ich weiß nicht welchem Gefühl ich zuerst nachgeben oder folgen soll. Ein Potpourri, ein großer Eintopf.

„Weißt du, ich habe den Eindruck, ich habe Lebenszeit übersprungen, nur um von diesem kindlichen Albtraum wegzukommen. Erst jetzt wird mir klar, dass ich nicht zurückgehen kann, um die Jahre zu leben. Es ist vorbei, ich kann sie nicht nachholen, unwiederbringlich. Im Vermeiden, im Weglaufen, bin ich alt geworden. Ich denke, es ist an der Zeit stehen zu bleiben und das alles zu vergegenwärtigen und zu meinem Leben zu machen."
„Das klingt gut. Wie ein Neuanfang."

„Ja. Was braucht jemand, der ohne Orientierung in einem Labyrinth herumirrt und verzweifelt nach einem Ausgang sucht?"
„Du musst aufpassen, dass du dir nicht selber im Weg stehst. Sobald du dich wieder kräftig fühlst, übernimmt sofort die alte Clara, die Schnelle, die Strenge, die sachlich Denkende, Kontrollierende. Aber hier geht es um dein Seelenleben, du treibst neue, dir unbekannte Blüten. Zertritt sie nicht mit deinem Übereifer. In diesen Bereichen gewinnst du mit Schnelligkeit gar nichts. Die Seele folgt anderen Gesetzen. Du hast mir doch von Hesse erzählt, der dir vorletzte Nacht so sehr geholfen hat. Wie wäre es, dem weiter zu folgen? Innehalten, beobachten, den Gefühlen ihren Raum lassen und dankbar annehmen, was sich dir zeigt?"
„Du hast Recht, es dauert mir schon wieder zu lange. Mein Spezialgebiet, schnelle Lösungen finden für egal welches Problem."
„Ja, bisher hast du das immer für andere getan, du hattest keine eigenen Probleme, du hast dir nie welche erlaubt. Vielleicht auch deshalb, weil du für die eigenen blinden Flecke einen neutralen Dritten brauchst, der seine Augen darauf richtet. Ich weiß wie schwierig das für dich sein muss, fremde Kompetenz in Anspruch zu nehmen. Lena Lenz hat das für dich getan. Was mich daran erinnert, dass sie heute Morgen angerufen hat."
„Was wollte sie denn?"
„Sie hat gefragt, wie es dir geht. Du wolltest noch einmal mit ihr sprechen, bevor du das Krankenhaus verlassen hast. Wahrscheinlich hast du es vergessen. Was hältst du davon, sie anzurufen und sie auf einen Kaffee einzuladen oder sie irgendwo anders zu treffen?"
„Heute eine ruhige Ecke in einem Cafe zu finden halte ich für ausgeschlossen, die ganze Innenstadt hat ihren verkaufsoffenen Sonntag. Und in meinem momentanen Zustand kann ich auch nicht ausschließen, dass wieder mal ein Gefühl über die Ufer tritt. Simon, würdest du sie anrufen und fragen, ob sie nicht ein Stündchen Zeit hat, hierher zu kommen? Ich müsste unbedingt noch mit Dr. Steinwald sprechen, einem meiner Soziuspartner."
„Kein Problem", Simon greift nach seinem Handy.

Ich gehe in mein Arbeitszimmer. Es ist schon lange überfällig, mich endlich persönlich zu melden. Jens Steinwald, Anwalt für internationales Recht, ist einer jener seltenen Exemplare, der neben diesem fordernden Beruf Mensch geblieben ist. Immer korrekt, immer freundlich und verständnisvoll. Immer ein offenes Ohr. Ich hätte nie gedacht, dass ich ihn einmal außerhalb der offiziellen Zeiten anrufen würde.

„Jens Steinwald".
„Hallo Jens, hier ist Clara, ich hoffe ich störe deine sonntägliche Ruhe nicht allzu sehr. Ich würde gerne mit dir sprechen."
„Guten Morgen, Clara. Schön von dir persönlich zu hören. Wie geht's dir? Es gibt in der Kanzlei unterschiedliche Erklärungen zu deinem Gesundheitszustand. "
„Eben darum geht es. Bevor die Gerüchte die Runde machen, erfährst du lieber aus erster Hand, was Sache ist. Ich leide an einer Amnesie, von der ich bis vor drei Tagen nicht die geringste Ahnung hatte. Die Amnesie umfasst die ersten sieben Jahre meines Lebens. In der Nacht von Donnerstag auf Freitag ist diese Amnesie völlig unvermittelt aufgebrochen, während mein Kalziumhaushalt zusammengebrochen ist. Ereignisse und Erinnerungen dieser ersten Jahre sind auf mich eingestürzt. Mein guter Freund Dr. Breitmann und Frau Holzner haben mich in diesem Zustand gefunden und ins Schwabinger Krankenhaus gebracht, wo sie mir Kalzium in großen Portionen verabreicht haben. Jetzt bin ich so langsam wieder einigermaßen bei Kräften, muss mich aber sehr schonen und es langsam angehen. Ich muss mir eine Auszeit nehmen und diesen ersten Jahren hinterherforschen, ich muss wissen, wer meine Eltern waren, ob sie noch leben, warum ich in Pflege gegeben wurde. Ich muss wissen, was damals passiert ist. Ich weiß nicht, wie lange ich dafür brauche, aber ich lass dich von Zeit zu Zeit wissen, wie es ausschaut. Jens, kannst du bitte meine Lage den Kollegen erklären und in meinem Sinne die Stellung halten?"
„Selbstverständlich. Ich verstehe, dass du wissen willst, was da alles geschehen ist, das würde ich auch wissen wollen. Morgen Früh im ersten Meeting werde ich das klarstellen, auch dass du weder

einen Nervenzusammenbruch, noch ein burn-out hast. Was sagt man denn da? Gute Besserung ist es nicht. Aber pass auf dich auf und übernimm dich nicht. Alles Gute Clara."
„Danke sehr, Jens. Da wäre noch was. Ich habe gestern in der Kanzlei angerufen, aber keinen außer Herrn Korbius erwischt. Der allerdings hat mich äußerst schräg angegangen, voller Vorwürfe und Vorhaltungen, so als hätte ich mutwillig die Vertragsverhandlung und meine Termine verpasst. In einer Tonlage, die sehr zu wünschen übrig ließ und die ihm auch in keinster Weise zusteht. Bitte kannst du, solange ich weg bin, ein wohlmeinendes Auge auf meine Sekretärin Frau Holzner, meinen Schreibtisch und überhaupt auf meine Belange richten?"
„Mach ich Clara, mach dir keine Sorgen."
„Danke Jens, danke sehr. Bis dann. Auf Wiedersehen."
„Alles Gute Clara."

Ich bleibe auf meinem Stuhl sitzen, drehe mich ein wenig nach links, ein wenig nach rechts, stoße mich mit der Fußspitze ab, und dann sitze ich still, horche auf die Geräusche der Strasse, auf die Glocken einer weiter entfernten Kirche und auf das Weinen eines Kindes. Etwas mutet mich seltsam an. Ich halte nicht Schritt mit dem Leben. Ist es das? Bin ich zu schnell voraus gelaufen oder hinke ich Meilen hinterher? Den Anschluss verpasst. Ich habe nicht Schritt gehalten. Es ist zu spät. Ich kann nicht zurückgehen und noch einmal von vorne beginnen. Aber ich bin auch nicht in der Gegenwart angekommen.

Als ich in die Küche komme, falle ich in Simons Augen. Ich lehne mich an den Türrahmen, Halt suchend, still, aber lasse Simons Augen nicht los. Er die meinen auch nicht. Keiner sagt ein Wort, eine stille Zeit, als wäre sie stehen geblieben.

Ein Moment der Schwäche. Ich fühle mich wie ein Vexierbild, das je nach Blickwinkel eine andere Clara zeigt, die reife Frau und das kleine Mädchen. Stillhalten, damit dieses Bild kein Eigenleben entwickelt. Simon scheint die Situation richtig zu deuten und reicht mir einen Kalziumdrink. Meine potion magique. Mit geschlossenen Augen trinke ich in großen Schlucken. Simon stellt das Glas beiseite und nimmt mich in die Arme. Etwas hat sich verändert. Ich wehre mich nicht mehr, schrecke nicht zurück, sperre mich nicht. Lasse mich widerstandslos in seine Arme sinken und halte ihn meinerseits umarmt. Keiner sagt ein Wort, die Stille knistert, außer unserem Atem kein hörbares Geräusch. Die Zeit hat keine Ränder, sie zerläuft in alle Richtungen und taucht unsere stillen Körper in orangerotes Licht. Ein Zittern löst sich in der Magengrube und breitet sich strahlenförmig bis in die Extremitäten aus. Etwas in mir fällt an seinen Platz, ich kann es spüren, kann es aber nicht benennen.

Mit dem Läuten an der Tür ist dieser stille Moment beendet. Wir lösen uns voneinander.

„Das wird Frau Lenz sein“, Simon lächelt mich an und setzt sich dann in Bewegung, um die Tür zu öffnen.

Ich bleibe zurück, meinen Kopf an den Türrahmen gelehnt. Leichte Benommenheit, Frösteln auf der Haut. Das beunruhigende, auch befreiende Gefühl, dass ich im Begriff stehe, mich auf Risiken einzulassen. Keine Ahnung, was das eigentlich heißt. Keine Ahnung wie viel Leben noch vor mir liegt, aber es ist meins. Es gehört mir ganz alleine. Es ist mein Leben. Die Gedanken fallen wie Tropfen vom Himmel.

Nachdem Simon Frau Lenz in die Bibliothek gebeten hat, steht er plötzlich vor mir. „Alles in Ordnung?“
„Ja, ich denke schon.“

Die Cappuccini sind schnell gemacht. Wir nehmen alles auf ein Tablett, inklusive der noch vorhandenen petits pains. Als wir in die Bibliothek kommen, steht Frau Lenz vor den Bücherreihen und studiert die Titel.

„Hallo Frau Lenz", wir geben uns die Hände, „wie schön, dass Sie Zeit haben. Und entschuldigen Sie, dass ich aus dem Krankenhaus geflohen bin, ohne mich nochmals bei Ihnen zu melden."

Sie lacht. „Schön Sie wieder zu sehen. Sie schauen besser aus. Wie geht es Ihnen?"

Wir verteilen uns auf Sessel und Sofas. Ich rühre im aufgeschlagenen Milchschaum die Kakaoflocken ein und schlecke genüsslich den Löffel. Simon hat ein petit pain in Arbeit. Frau Lenz sucht meine Augen.

„Gerade vorhin hatte ich das Gefühl, dass ich die Jahre in einer Art Schockzustand verbracht habe und jetzt erst daraus auftauche. Schon sehr seltsam, wie man sich selbst auf einen so engen Lebensmodus reduzieren kann und seinen Alltag passend darauf einstellt. Um es kurz zu machen, ich fühle mich fremd an, komme aber langsam damit zurecht. Ich habe beschlossen, dass ich den verlorenen, amnesischen Jahren hinterherforschen will. Auf der Suche nach der verlorenen Zeit! Nein, im Ernst, ich möchte wissen, was damals passiert ist, ich will die Fakten kennen, ich will verstehen. Irgendwas muss ich tun, ich kann nicht einfach nur herumsitzen und darauf warten, dass sich irgendwann vielleicht eine Tür öffnet und das Geheimnis lüftet. Haben Sie eine Idee, was ich sonst noch tun kann, um die Sache zu beschleunigen?"

„Ich weiß, Sie hören das sicher nicht gerne. Sie können diese Sache, wie Sie es nennen, nicht beschleunigen. Es ist Ihr Leben, es hat einen eigenen Rhythmus, ein eigenes Tempo und eine sehr spezifische Qualität. Sie fragen mich, wie Sie es manipulieren können. Gar nicht. Alles, was Sie tun können, ist, sich den entstehenden Gefühlen zur Verfügung zu stellen, sie zu Ende zu fühlen, dranzubleiben, bis sie ihre Ladung verloren haben und leer sind. Ob Wut, Trauer oder Angst, für alle gilt dasselbe. Sie können sie sogar einladen oder ermutigen, so merkwürdig das auch klingen mag."

„Was meinen Sie mit einladen?“

„Das zu tun oder dahin zu gehen, wo sich die Gefühle intensivieren. Also genau das, was Sie eben beschrieben haben. Was auch noch aus einem anderen Grund interessant ist. Menschen, die amnesische Lücken haben, leben in emotionaler Hinsicht in einer Opferrolle, auch wenn sie davon bewusst vielleicht gar nichts mitkriegen. Sie konstruieren sich ein Leben, das das erlittene Leid ausschließt und das Risiko so etwas noch einmal erleben zu müssen, minimiert. Mit Ihrer Neugierde, die Hintergründe und die Fakten zu erforschen, steigen Sie aus der Opferrolle aus und werden zu jemandem, der sein Leben aktiv in die Hand nimmt und damit auch wieder in die Kraft kommt. Sie sind wirklich unglaublich! In wenigen Tagen so grundlegende Veränderungen und Sie stehen immer noch oder schon wieder aufrecht.“

Langsam und suchend, beinahe gequält kommen die Worte aus meinem Mund.

„Das ist es wohl, eine grundlegende Veränderung. So etwas sucht man sich nicht aus, noch kann man es beschließen oder machen. Sie ist eher wie ein spontanes Naturereignis, wie ein Bruch oder ein Schnitt, der mitten durch mein Leben geht, von außen kaum sichtbar und ohne die Ameisen nicht einmal eine Diagnose wert. Es ist, als hätte die Welt in meinem Fall einen Atemzug ausgelassen, so dass ich aus dem Gleichschritt gestolpert und fast gefallen bin. Jetzt stehe ich wieder, ich gehe wieder, aber ich finde nicht zurück in die routinierte Schrittfolge. Jetzt atmet meine Welt wieder, folgt aber scheinbar einem anderen Takt. Ich habe so viele Menschen sagen hören, sie würden ihr Leben oder Teile ihres Lebens verändern. Wir alle kennen das Sprichwort: der Weg zur Hölle ist mit guten Vorsätzen gepflastert. Die willentlichen Beschlüsse, die alljährlichen Vorsätze, das eigene Leben zu verändern, können unmöglich greifen. Setzt man seinen Willen ein, kann man immer nur das Altbekannte, die Vergangenheit in die Zukunft projizieren. Und dann kann es doch nicht neu sein. Veränderungen

sind schmerzhaft, niemand fügt sich freiwillig Schmerzen zu. So gesehen gibt es keine Chance auf eine geplante Veränderung.
Ich hasse es, mit dem Rücken zur Wand zu stehen und keine Alternative zu haben. Ich will die Wahl haben und meine eigenen Entscheidungen treffen. Wenn das nicht geht, wird es sehr eng für mich. Vielleicht bin ich deshalb schnell und effizient und gehe lieber in die Offensive, weil ich nicht will, dass jemand Macht über mich hat und mich zu irgendetwas zwingen kann. Möglich, dass das eine weitere Vermeidungsstrategie ist?"

Ich habe langsam gesprochen, sorgfältig formuliert, die Worte kommen lassen, so als wüsste ich erst im Moment des Sprechens, was ich sagen will und worauf ich hinaus will. Plötzlich lache ich laut los.

„Es hört sich schon wieder an wie ein Plädoyer."

Niemand lacht mit. Beide Augenpaare sind auf mich gerichtet.

„Ich habe ja schon gesagt, die Seele ist intelligent."
„Würden Sie sagen", Simon schaltet sich ein, „dass dieser Prozess auch zu schnell gehen kann? So eine Geschichte kommt mir vor wie eine Ausgrabungsstätte. Stein für Stein, Bild für Bild freilegen, in der Archäologie geht man vorsichtig und langsam mit einem Pinsel zu Werk."
„Ein schönes Bild. Und es verhält sich tatsächlich so. In unserem Fall ist der Pinsel das gesprochene Wort. Im Krankenhaus habe ich Ihnen ein Wort angeboten, um in Ihr Unterbewusstes zu steigen. Ich denke, diesen Ausgrabungen sind natürliche Grenzen gesetzt. Sie wissen selber wie erschöpft Sie nach einer Weile waren. Sie vertragen nur ein bestimmtes Maß. Wird es zu viel oder geht es zu schnell, zieht der Körper seine Grenzen. Der Körper bestimmt das Tempo und das Maß."

Ich rutsche rückwärts in eines der weichen Kissen, Simon und Frau Lenz verändern ebenfalls ihre Position. Meine Wahrnehmung verschiebt sich, ich bin nicht mehr nur auf das fokussiert, was Frau Lenz sagt, sondern merke auch, wie angespannt und konzentriert ich die ganze Zeit bin. Immer sprungbereit, beinahe alert, darum bemüht, nicht nachzulassen. Ich kann mich nicht erinnern jemals willentlich beschlossen zu haben, mich treiben zu lassen, zu entspannen oder es mir gut gehen zu lassen. Leben ist Arbeit, ist Mühe. Von nichts kommt nichts. Ein gottgefälliges Leben, haben die Nonnen immer betont. Und wie müde ich bin! Was passiert, wenn ich all das aus den Händen gebe und einmal nur das tue, was der Moment will? Bis jetzt war mir diese Kategorie nicht vorstellbar.

„Ich finde interessant, was Sie über Veränderungen gesagt haben. Und Sie haben vollkommen recht. Das ist, was wir immer tun. Wir projizieren das Vergangene in die Zukunft und verändern damit gar nichts. Wir manifestieren oder zementieren damit höchstens das, was wir verändern wollen. Eine Veränderung, wie Sie sie erfahren haben, ist ein Geschenk, beinahe ein Gnadenakt. Es ist nicht leicht, sie als solche zu erkennen, weil man erst einmal allerlei Turbulenzen zu verkraften hat, wie Sie wissen."

Frau Lenz schaut auf die Uhr. Automatisch tue ich es ihr nach. Schon so spät!
„Ich habe nicht mehr viel Zeit. Lassen Sie mich noch fragen: wie kommen Sie mit diesen Turbulenzen zurecht? Und wie ist Ihre körperliche und emotionale Verfassung?"
„Ich denke, ich schlage mich gar nicht so schlecht. Wie ich diese Episode ohne Sie und Simon geschafft hätte, weiß ich nicht. Sie haben mir wichtige Dinge gesagt, wie ich mit Gefühlen umgehen soll, oder dass ich beobachten soll wie eine Forscherin. Das habe ich auch in Simons Buch von Hermann Hesse gefunden. Hat mir sehr geholfen. Danke sehr für Ihre Hilfe, ich habe ja keine Vergleichsmöglichkeiten, aber ich fühle mich doch in jeder Hinsicht sehr gut versorgt. Wenn ich mich in den nächsten Tagen auf die Suche nach meiner Vergangenheit mache, darf ich Sie bei Bedarf anrufen?"

„Aber sicher." Frau Lenz kramt in ihrer Handtasche und bringt eine Visitenkarte an die Oberfläche. Auf die Rückseite schreibt sie ihre Handy-Nummer und reicht sie mir dann.
„Danke sehr. Auch dafür, dass Sie sich an einem Sonntagnachmittag Zeit genommen haben."
„Kein Problem. Hab ich gerne getan. So, ich muss dann mal."

Simon und ich begleiten sie an die Tür. Ein freundliches Aufwiedersehen und schon ist sie verschwunden.

Es ist kurz nach 15.00 Uhr. Draußen strotzt ein strahlend blauer Himmel, Sonne und klirrende Kälte inbegriffen. Frostweiße Stille überall. Simon und ich sitzen in den Sesseln, gedankenverloren betrachte ich meine steinerne Terrasse und die darauf herumhüpfenden Vögel. Sanftes Schweigen. Es scheint mir, als würden die Möbel sich in die Ecken kauern. Mein Gefühlshaushalt. Eine ménage à trois also. Mindestens. Angst, Wut und Trauer. In meinem Fall beliebig erweiterbar.

„Was hältst du davon, wenn wir in die Fußgängerzone ziehen, vielleicht hat uns der verkaufsoffene Sonntag was zu bieten?" Simon hat mich aus meiner tranigen Schläfrigkeit geholt.

Einen Moment lang schaue ich ihn entgeistert an.

„Tut mir leid, Simon. Am liebsten würde ich mich hinlegen und vollkommen abschalten. Das war doch alles ein bisschen viel auf einmal."
„Kann ich gut verstehen. Ich wollte in der Innenstadt noch was besorgen und hinterher in meine Wohnung zurückgehen. Die nächsten Tage habe ich einen vollen Terminkalender. Kann ich dich alleine lassen? Meinst du, du kommst klar?"
„Ich denke schon. Kannst du mir vielleicht noch alle Kalziumröhrchen auf die Theke stellen? Dann muss ich nicht lange suchen. Morgen früh werde ich nach Altötting fahren und mit meinen Nachforschungen beginnen. Wünsch mir Glück!"

„Geh's langsam an und pass auf dich auf. Halt mich bitte auf dem Laufenden, ruf an, bitte!“

Simon nimmt mein Gesicht in seine beiden Hände und küsst mich. Auf den Mund.

Ich schaue ihm nach, beobachte ihn dabei, wie er seine Sachen zusammensucht, seine Schuhe bindet, mir ein Lächeln zuwirft und mit über die Schulter geworfener Tasche zur Türe hinausgeht.

Simons unmittelbare Nähe ist beunruhigend, weil unvertraut und ungeübt. Aber von unvermuteter Süße.

10

Trügerische Euphorie. Vorsichtige Zuversicht. Mein Aufbruch früh am Morgen. Als würde ich an unsichtbaren Fäden gezogen. Kein Zwischenraum, der Platz ließe für Zweifel. Ein Schritt nach dem anderen. Im Briefkasten steckt ein Umschlag, ein Geschenk von Simon. Ein ledergebundenes, leeres Buch, vorne eine Widmung. „Ta vie est un livre ouvert. Bon voyage." Dein Leben ist ein offenes Buch. Gute Reise. Ich will nicht schnell zum Bahnhof kommen, um den nächsten Zug zu kriegen. Ich will nicht U-Bahn oder Taxi fahren, sondern werde zu Fuß, meinen kleinen Trolli hinter mir herziehend, zur Barerstrasse laufen, die Straßenbahn bis zum Stachus nehmen, die paar Meter zum Bahnhof laufen und den Tag einatmen.

Eine Reise, die mich zurückbringt an einen Ausgangsort, an einen Anfang. Wie eine Schnitzeljagd, ein Hinweis führt zum nächsten, bis ein Schatz gefunden ist. Nur, was sollte in meinem Fall der Schatz sein?

In der Bahnhofsarkade genehmige ich mir einen schnellen Cappuccino und zwei Croissants aus der Bäckerei Rischart.
Ich habe einen ganzen Wagon für mich. Wer fährt schon früh am Morgen in die Pampa? Hätte mir jemand vorhergesagt, ich würde irgendwann in meinem hastigen Treiben innehalten und mich mit meiner Vergangenheit befassen, er hätte bestenfalls ein müdes Lächeln geerntet. Und trotzdem gibt es in mir ein Potpourri der Gefühle. Gleich neben der beinahe freudigen Nervosität und der Neugierde ein mulmiges, ängstliches Gefühl. Tant pis! Was soll's? Ich habe mich entschieden.

Der Zug ist kalt, obwohl die Heizung schon angestellt scheint. Ich fahre mit der Südostbayern-Bahn bis Mühldorf am Inn, wo mich ein Anschlusszug nach Altötting bringt.

An einer kargen, frostigen Winterlandschaft ist der Zug vorbeigeeilt, die kleinen Stationen hinter sich lassend, einem Ziel entgegen, das mir mehr als fragwürdig scheint. Ich komme zurück, zurück in eine Realität, aus der ich damals überstürzt geflohen bin. Beinahe vierzig Jahre ist das her. Kein einziges Mal habe ich an Mutter Agnes gedacht, an ihre aufopfernde, von mir zurückgewiesene Betreuung und Pflege, kein einziges Mal an die Schule, den Unterricht, die vielen, vielen einsamen Stunden, Tage und Jahre zwischen den Deckeln irgendwelcher Bücher. Ich wollte keine Betreuung oder Pflege, ich wollte nur in Ruhe gelassen werden. Und immer nur weit weg sein, von wo ich war.

Der Zug hat mich ausgespuckt. Auch jetzt ist mir danach, gleich wieder einzusteigen und wegzufahren. Hätte nicht gedacht, dass es so schwer sein würde. Am Bahnhofsplatz sind die vielen Jahre fast ohne Spuren vorbeigegangen, vielleicht ein neues Pflaster, ein neuer Belag, ein neues Dach. Das Verstreichen der Zeit kommt ohne jede Hilfe aus. Was in ihr geschieht, ist dem beliebigen Zugriff des Zeitgeistes geschuldet und nichts als schierer Zufall.
Ein eiskalter Wind streicht durch die Sträucher und über meine Haut. Meine Füße setzen sich in Bewegung, folgen einer erinnerten Landkarte mit eigenem Rhythmus und Tempo. Über vereiste Wege huscht eine rotgetigerte Katze. In ihrem Frost erstarrte Bäume zeigen mit ihren dürren, kalten Fingern auf mich. Vielleicht beginnt hier ein neues Leben. Es ist immer nur das bisschen Boden unter dem nächsten Schritt. Ich komme ohne Gegenwart aus der Zukunft zurück in die Vergangenheit und will nur eins: den Anschluss finden.

Ich lasse mir Zeit, laufe gemächlich die Bahnhofstrasse entlang, vorbei an Jugendamt und Landratsamt, immer geradeaus, die Stiftskirche bleibt links liegen, bis ich am Kapellplatz stehe. Der Kapellplatz, heute heißt er nicht mehr so. Seit Papst Benedikt die Pilgerstadt Altötting besucht hat, ist er in Papst-Benedikt-Platz umbenannt. In der Süddeutschen Zeitung habe ich darüber gelesen. Kapellplatz gefiel mir besser, benannt nach der für die Pilger so bedeutsamen Gnadenkapelle, in der eine schwarze Madonna das Hausrecht hat. Diesen Besuch hebe ich mir für später auf. Weiter die Neuöttinger Strasse entlang, ein Gewirr aus alten Gassen und kleinen Strassen. Rechts das Kapuzinerkloster St. Magdalena, anschließend das große Schulgelände der Englischen Fräulein. Meine Magengrube ist ein Ort knisternder Nerven. Übelkeit hat sich breitgemacht, die ich schluckend bekämpfe. Was wartet dort hinter diesen Mauern auf mich?

Mittlerweile ist es schon nach zehn Uhr. Eine Schulglocke läutet, kurz danach ergießen sich Trauben von Schülern auf den Platz und die Wege. Es ist wohl große Pause. Während ich immer noch wie festgezurrt an der gemauerten Ecke des gegenüberliegenden Stehcafés hänge. Ein déjà-vu. Neben vielen anderen. Die erinnerten Bilder der letzten Stunden falten sich in Schichten übereinander.

Nochmal ein paar Schritte zurück, einen Abstand schaffen und neu Anlauf nehmen. Eine Runde drehen, vielleicht schon mal mein Gepäck loswerden. Durch die kurze, abschüssige Popengasse, biege ich links in die Kapuzinerstrasse. Voilà. Hotel zur Post, durch den Hintereingang. Sieht ganz o.k. aus.

Das Einchecken hat nicht lange gedauert. Durch den Seiteneingang kommend, stehe ich im Innenhof der Schulanlage. Was für Veränderungen! Wohin mein Blick auch fällt, es gibt neue Gebäude, Umbauten, und einen Rohbau am südlichen Parkende. Aber jetzt kann ich mich orientieren. Das Sekretariat ist immer noch im alten Trakt, gleich hinter der Eingangstür ein Wegweiser. Ein Schild an der Tür. Schulleiter ist Jost Wohlleben.

Eine junge, sehr blonde Frau lächelt mich an. Frau Elisabeth Stocker, sagt das kleine Tresenschild. „Guten Morgen." Wir begrüßen uns mit Handschlag. Ich lächle zurück.

„Mein Name ist Clara Stiller. Ich war vor etwa 40 Jahren hier auf der Schule, habe hier Abitur gemacht. Damals haben die Schwestern unterrichtet, die Mutter Oberin hieß Agnes. Lebt sie noch? Ich bräuchte dringend eine Information."

„Der Schulbetrieb wurde vor etwa 25 Jahren langsam auf weltliche Lehrkräfte umgestellt, weil die Schwestern weggestorben sind und kein Neuzugang vorhanden war. Schwester Agnes lebt noch, hat sich aber völlig zurückgezogen. Jetzt sind nur noch sechs Schwestern übrig und auch die sind schon alt. Ich werde versuchen jemanden zu erreichen, versprechen kann ich nichts."

Sie greift nach dem Telefonhörer. So etwas wie Scham kommt über mich. Ich tauche nach Jahrzehnten hier auf, will Informationen und Hilfe, und habe mich einen Dreck um die Schwestern geschert. Mein Verhalten ist unverzeihlich. Wie soll ich das jemandem erklären? Wie soll ich in ihre Augen blicken und um noch mehr bitten?
„Nein, machen Sie sich nicht die Mühe, Schwester Beate, ich begleite sie nach hinten." Frau Stocker scheint Erfolg zu haben.
„Sie haben Glück. Schwester Beate wartet auf Sie. Ich bringe Sie hin."

Treppauf, treppab, verwinkelte Ecken, Nischen, Übergänge, Lichthöfe, unerwartete Türen und Räume. Ein Labyrinth. Erinnerungen. Ich war unschlagbar, wenn es darum ging, nicht gefunden zu werden.
Am Ende des Flurs, in einer offenen Tür steht eine lächelnde Schwester. Eine Million geplatzte Äderchen verlaufen sich in den Tälern und Senken ihrer Gesichtshaut. Knopfartige, schwarze Augen sind auf mich gerichtet.

„Ich bin Schwester Beate", sie hält meine Hand fest in der ihren, „wie sagten Sie doch gleich war ihr Name?", an Frau Stocker gewandt.
„Clara Stiller", sage ich.

Frau Stocker verabschiedet sich, während Schwester Beate mich sanft zur Tür hereinzieht. „Danke Frau Stocker." Ein Lächeln. Die Tür schließt sich.

Schwester Beate scheint zu überlegen, sie lässt sich Zeit, führt mich zu einem kleinen gedeckten Tisch. Als hätte man ihr die Enthüllung irgendeiner Peinlichkeit zugemutet, kichert sie plötzlich, fast übermütig sagt sie:
„Clara Stiller? Unsere Pflegetochter Clara? Was sagt man denn dazu? In der Oberstufe habe ich Dich in Latein und Mathematik unterrichtet. Erinnerst Du Dich daran, Clara? Du musst wissen, ich bin vor ein paar Tagen 80 Jahre alt geworden. Wir alten Leute haben Mühe mit dem Gestern und dem Heute, aber das, was vor 40 Jahren passiert ist, erinnere ich sehr genau. Wir haben nie wieder von Dir gehört. Du warst in allem, was Du getan hast, so schnell. Du hast schnell gelernt und dann wolltest Du schnell weg. Dabei warst Du so ein armes, unglückliches Kind. Was ist aus Dir geworden, Clara?"

Ich wollte eigentlich nicht aus meinem Leben plaudern. Eigentlich. Aber was habe ich erwartet. Ich kann doch nach 40 Jahren Gleichgültigkeit nicht auch noch schweigen. Alles hat seinen Preis. Geben und nehmen. Ein bisschen plaudern, ein paar Floskeln des Wiedersehens, die geteilten Jahre aufleben lassen, Geschichten erzählen, Fragen stellen. Ohne etwas von mir mitzuteilen, würde ich nicht an meine Informationen kommen.

„Juristin, ich bin Wirtschaftsanwältin geworden."
„Oh, das ist eine dankbare Aufgabe. Es gibt so viel Ungerechtigkeit auf der Welt."

Wie einfach gestrickt die Welt mir doch manchmal vorkommt. Es gibt schwarz und weiß, gut und böse, gerecht oder ungerecht. Eine klare Polarisierung, ein Entweder-Oder, ohne Zwischentöne, ohne Abstufungen. Was soll's, ich muss heute nicht mit strenger Miene meine scharfe Zunge an dieser liebenswürdigen, alten Dame wetzen.

„Ja genau, so ist es wohl“, höre ich mich sagen. „Sagen Sie, Schwester Beate, Frau Stocker hat gesagt, dass Schwester Agnes, zu meiner Zeit war sie die Mutter Oberin, noch lebt. Wäre es wohl möglich, mit ihr zu sprechen?“
„Sie lebt zurückgezogen, ist schon sehr alt und krank. Weißt Du, dass sie 94 Jahre alt ist? Ich werde mal nachschauen, ob sie wach ist.“

Ich schaue mich um, schlicht und sauber, weiße Tischdecke, weißes Geschirr, keinerlei Prunk, Einfachheit. Ein gottgefälliges Leben. Das sind die letzten Räume des alten Klosters, im hintersten Trakt. Mein Blick aus dem Fenster in den Park. Auch dort stehen neue Gebäude, die ich nicht kenne.

„Mutter Agnes schläft noch. Die beste Zeit mit ihr zu sprechen ist nach der Mittagszeit. Kannst Du dann noch einmal wiederkommen?“

Schwester Beate schaut mir direkt in die Augen.
„Kein Problem, dann komme ich später. Ich habe da noch eine Frage. Hat denn das Kloster und der Schulbetrieb nicht ein Archiv, wo man die alten Unterlagen und Ordner aufbewahrt hat?“
„Es gibt auch heute noch ein Archiv, aber das sind Dinge, mit denen wir schon seit vielen Jahren gar nichts mehr zu tun haben. Da musst Du mit Frau Stocker oder besser noch dem Schulleiter, Herrn Wohlleben, sprechen.“

Ich bedanke mich bei ihr, verspreche später wiederzukommen.

Auf dem Weg zurück zum Sekretariat verlaufe ich mich in den Fluren, auf beiden Seiten Türen, hinter denen fremder Schulalltag seinen Lauf nimmt. Das An- und Abschwellen der Stimmen in gleichmäßigen Kurven. Lehrer, die mit Worten und Sätzen die Kinder in der Welt verankern. Alles, was wir nicht begreifen, wird benannt, wird in Form gegossen, damit wir daran glauben können. Damit sperren wir das Wunder ein und halten es von uns weg.

Es ist noch ein junger Tag und schon habe ich das Gefühl für heute verbraucht zu sein. Zeit für ein Kalzium. Fliederfarbige Schlieren tanzen in meinem Gesichtsfeld, kleine pulsierende mouches volantes in den Augen. Frau Stocker ist gerade nicht da, also klopfe ich an die Tür des Rektors. Die Tür wird aufgerissen. Ein Mittfünfziger schaut mich mit großen Fragezeichen in den Augen an.

„Ja, bitte?"

Eine erneute Vorstellung, die Bitte um Zugang zum Archiv, noch eine weitere Erklärung. Er bittet mich ins Zimmer.
„Clara Stiller?" In welchem Jahr haben Sie Abitur gemacht?"
„1972."
Er stutzt, schaut mich nochmals an, dann lächelt er.
„Wir waren in derselben Klasse, derselbe Abiturjahrgang. Ich erinnere mich an dich."

Er hält mir seine Hand hin. Was jetzt? Wieder ein Vergleichen von Erinnerungen, wieder dieselben Eintrittsfloskeln, wieder dieselben Erklärungen. Noch jemand, der mich zu kennen glaubt und mit einem längst verstaubten Du in meine Schutzhülle dringt.

„Tut mir leid, ich erinnere mich nicht. Aber ich glaube Ihnen, äh... dir, gern. Das ist genau der Grund warum ich hier bin. Erinnerungen ausgraben. Deswegen bitte ich auch um den Schlüssel zum Archiv. Ich habe an einer Amnesie gelitten und bin jetzt auf der Suche nach meiner Geschichte. Ich weiß nur, dass die Mutter Oberin, Schwester Agnes, damals meine Pflegschaft übernommen hatte. Ich hoffe, dass die Akten des Archivs mir Aufschluss über die genauen Umstände geben."

Jost Wohlleben ist schon aufgestanden und hat aus einem Eckschrank den Archivschlüssel geholt.
„Ich begleite dich, du findest den Weg allein nicht."
„Bitte könnte ich vorher noch ein Glas Wasser bekommen?"

Während ich still mit einem plaudernden Rektor in den Keller steige, fühle ich mich wie Theseus, aber ohne Ariadnes Faden. Verschlungene, mäandernde Flure, in dicke, steinerne Mauern gepackt, wie ein inhalierender Schlund. An seinen Wänden kleben die längst verbrauchten Worte der Jahrzehnte. Ihr lachendes Echo imprägniert von unterdrückten Tränen.

Der Schlüssel passt in eine knarzende Tür. Kellergewölbe, staubig, muffig. Metallregale, wohin ich auch schaue, Papiere, die aus Akten quellen. Verborgene Worte, die zwischen stockigen Deckeln aufbewahrt werden und in ihrer Summe eine Geschichte ergeben. Irgendwo hier ist meine Vergangenheit deponiert, vielleicht sogar meine Gegenwart.

Hier ist schon lange niemand mehr gewesen. Spinnweben als Brücken zwischen den Regalen, zwischen den Papieren. Im funseligen Licht trete ich in das dritte und letzte Gewölbe. Auch hier ein ähnliches Bild. Jost, mein angeblicher Schulfreund, orientiert sich, jetzt endlich ohne seine plätschernden Kommentare. Etwas ist hier anders. Ein alter, verglaster Holzschrank, samt Schlüssel, gefüllt mit Büchern, Papieren und Zeichnungen.

„Dieser Teil des Kellers beinhaltet Dinge aus Klostertagen. Als der Schulbetrieb umgestellt wurde, haben die Schwestern alles Mögliche hierher bringen lassen."
„Das ist ein Schrank, der der Mutter Oberin gehört", mein Finger streicht über den links oben im Schrank angebrachten Namenszug.
„Bitte Jost, kannst du mich jetzt allein lassen?"

Ich achte nicht darauf, wie er hinausgeht, ich bin schon damit beschäftigt den Schrank zu öffnen. Ein unerwartetes Paralleluniversum lauert mir hier auf.
Angst liegt wie ein Stein in meiner Magengrube. Mein Kreislauf geht auf Tauchstation. Schwellenangst. Hier also hat sich ein Teil meines Lebens versteckt gehalten. Ohne Verfallsdatum. Ohne Zeitgefühl. Als hätte ich mich nur für einen kurzen Moment umgedreht, nicht als wäre ich für Jahrzehnte weg gewesen.

Meine Hände streichen über Bildermappen, einem Aktendeckel, aus dem Papier quillt, über eine Schachtel, die ganz unten im Schrank steht. Überall verteilt liegen von Kinderhand gebastelte Dinge, Steine, alte Schuhe, Kinderbücher. Erinnerungsinventar. Ich nehme die Bilder aus ihren Hüllen und breite sie auf dem Boden aus. Düstere Bilder, in schwarzgrauen Tönen mit roten Sprenkeln gehalten, schwarze Menschen, denen die Augen fehlen und die durchgestrichen wurden. Es gibt keine Sonnen und auch keine Hoffnung. Die Bilder öffnen ein Wort in meinem Kopf: Trostlosigkeit. Ich suche nach Synapsen, die sich verdrahten lassen und ihren Inhalt ausspucken.

Die Stille des Kellerraumes ist von fasriger Konsistenz, mit Händen zu greifen, aber ich durchdringe sie nicht. Das, was ich mit meinen Sinnen wahrnehme, kommt nicht bei mir an. Es findet in einem Draußen statt, erreicht mich aber nicht. Es ist als hätte ich mich auf eine innere Sternwarte zurückgezogen, und sondiere mit scharfen Linsen die Lage. Die Schatten an den Wänden scheinen ein Eigenleben zu haben und schauen aus wie Scherenschnitte.

Der Griff nach den Papieren. Wie ferngesteuert öffne ich die Schlaufen und lege Blatt für Blatt auf die Bilder am Boden. Erst dann hebe ich sie einzeln auf und lese fett geschriebene Signalsätze. „Antrag des Jugendamtes beim Familiengericht auf Entzug des Sorgerechts." Ein weiteres Blatt. „Eilantrag: einstweilige Anordnung. Übertragung des Sorgerechts auf das Jugendamt." Das nächste Papier vom Familiengericht. Eine gerichtliche

Entscheidung im Namen des Volkes, die besagt, dass das Sorgerecht zum Schutz und Wohle des Kindes, auf das Gericht übergeht. Auf dem nächsten Blatt überträgt das Jugendamt das Sorgerecht auf einen Frank Gabler, Bruder der Mutter und somit Onkel des Kindes.
Frank Gabler? Onkel des Kindes? Mit offenem Mund lese ich den Namen noch einmal, ich kann es nicht fassen. Wieso weiß ich nichts von der Übertragung des Sorgerechts auf einen Onkel? Und wie komme ich dann in dieses Kloster? Ich dachte das Kloster und die Mutter Oberin, Schwester Agnes, hätten die Pflegschaft. Mit welcher Begründung hat man meinen Eltern das Sorgerecht entzogen? Ich greife nach dem ersten Blatt. Da steht es schwarz auf weiß. Misshandlung von Schutzbefohlenen. Ein weiteres Papier schiebt sich in mein Gesichtsfeld. Eine Strafanzeige der Staatsanwaltschaft: Körperverletzung nach §223 SGB und Misshandlung von Schutzbefohlenen nach § 225 SGB. Erschwerend kommt hinzu, dass der/die Täter die Schutzbefohlene durch die Tat in die Gefahr des Todes gebracht hat/haben und Gesundheitsschädigungen angezeigt sind. Die Staatsanwaltschaft fordert Freiheitsentzug nicht unter drei Jahren. Noch ein Blatt will meine Aufmerksamkeit. Ein psychologisches Gutachten darüber, ob meine Eltern, insbesondere mein Vater, als schuldfähig zu behandeln sind. Worte wie Alkoholkrankheit, Arbeitslosigkeit, Kriegsversehrtheit, und infolge des Alkohol Abusus Gesundheitsschäden. Und dann „Im Namen des Volkes", das Gerichtsurteil: 14 Monate Gefängnis ohne Bewährung für den Vater, eine einjährige Bewährungsstrafe für die Mutter, mit der Auflage für beide, eine Alkoholentzugstherapie zu machen. Ein letztes Blatt versteckt unter dem Urteil. Antrag auf Haftverschonung mit beigefügtem ärztlichen Attest: Diagnose Leberzirrhose.

Kein Papier mehr, das mir sagt, ob der Antrag abgelehnt oder angenommen wurde. Ich wühle im Schrank. Wo ist der Rest? Man hat mir erzählt, die Eltern seien gestorben. Schwester Agnes wusste die ganze Zeit Bescheid. Sie war informiert. Unter der Schachtel steckt noch ein flacher Aktendeckel, der sich beim

Herausziehen von selber öffnet, und seinen Inhalt auf den Boden streut.

Die Kartographie eines Tatortes. Bilder, die ein kleines Mädchen zeigen, deren Qualen aus unterschiedlichsten Blickwinkeln festgehalten wurden. Ein geschundenes Gesicht, gestriemter Körper, aufgeplatzte Lippen, verglühte Hautlöcher, überall Hämatome, einen gebrochenen Arm, in einer Schärfeneinstellung, die eindeutig ist. Mit dem heilen Arm hält es eine zerfranste Stoffpuppe. Ein Bild nehme ich zur Hand und falle in meine Augen. Das bin ich! Das sind mein Arm, meine Haut, meine Schmerzen, mein geschundener Körper, meine Puppe. Jetzt ist es um meine nüchterne Beobachtungsposition geschehen, zwei Schritte rückwärts, mit dem Rücken zur Wand. Ich lasse mich an der Wand zu Boden gleiten. Den Oberkörper wiegend wie ein an Hospitalismus leidendes Kind, gefangen in viel zu enger Haut. Ein roter Mantel legt sich um mich, sein Name ist Wut. Die Wucht der Erinnerungen, ich bestehe aus kaleidoskopischen Bildern, die mein übermüdetes Hirn ineinander schiebt. Schreie rennen wie gehetzte Schatten an den Wänden entlang. Das Hämmern meines Herzens gibt den Takt an. Kleine tanzende Funken explodieren vor meinen Augen, sie tropfen als rotkopfige Nadeln auf den Boden der Tatsachen. Wie viele Schreie verbirgt mein Körper? Schreie, die sich, wie in krampfartigen Brechschüben, in meinem Inneren lösen und ohne jedes Zutun verselbständigen. Das Bild fest an meine Brust gepresst. Was hat Zimtauge gesagt, ich solle mich zur Verfügung stellen und das Gefühl einladen? Gibt es denn eine Alternative?

Nach Äonen entlässt mich die Farbe Rot aus ihren Krallen. Vollkommene Erschöpfung und ein schweißnasser Körper sind das Ergebnis. Ein Nullpunkt, der alles Gegensätzliche in Nichts auflöst. Meine Gedanken haben einen Riss, durch den die ersten Tränen quellen, mein gefrorener Blick gerichtet auf das verbrannte Leben zu meinen Füßen. Es gibt keine Alternative, ich habe nicht die Wahl. Kann es nicht zurückgehen lassen, umtauschen oder entsorgen. Muss es in aller Schwere zu mir nehmen, es annehmen und Ich dazu sagen.

11

Wie ein aus dem Hut gezaubertes, hypnotisiertes Kaninchen, mein Körper zum Bogen gespannt, stehe ich im Zimmer der Mutter Oberin. Wie bin ich hierher gekommen? Einen Karton unter dem Arm, eine ausgefranste, staubige Puppe, die aus der Manteltasche herausschaut. Mit schlafwandlerischer Sicherheit bewege ich mich im Raum. Jeder einzelne seiner Gegenstände ist mir vertraut, als hätte hier die Zeit über Jahrzehnte keinen Zugriff gehabt. Im Lehnstuhl am Fenster, mit Blick auf den Park, sitzt Mutter Agnes, als wäre sie schon seit Urzeiten in die Konturen des Stuhles geschmolzen. Die Jahre haben sich in ihrer Haut verknittert, ihr einst voller Mund vergräbt sich, klein und schmal geworden, hinter einem üppigen Faltenwurf. Sie hat mich längst erkannt, tonlos streckt sie eine Hand nach mir aus. Ihre Augen auf mich gerichtet, als ginge es darum, eine fliehende Fata Morgana festzuhalten. Ich habe vergessen, wie geräumig ihre Augen sind, wie Methusalem, steinalt und zerbrechlich, Überbleibsel aus einer anderen Zeit, aber mit wachem, gütigem Blick.

„Clara!“, ein zittriger Appell an meine Synapsen, der mich in Bewegung setzt. „Da bist du also endlich?“

Worte sind Schlüssel, die zu jeweils anderen Wirklichkeiten und Wahrheiten passen. Sie öffnen die vergessenen Räume, hinter denen sich all die ungeliebten Erinnerungen verbergen, in die ich eingesperrt war. Welches Wort war es, das nach meiner Seele greift? Der Klang meines Namens? Die Art zu sprechen? Die Wahl der Worte? Ihre Augen? „Da bist du also endlich?“ Endlich? Hat sie denn auf mich gewartet? Mein Mund ist so trocken, als würde ich auf Löschpapier kauen. Ich fühle mich wie versteinert.

„Ich will alles wissen. Die ganze Wahrheit!“

Meine Stimme, die einem anderen Menschen zu gehören scheint, den ich nicht kenne. Als befände ich mich außerhalb meines Körpers. Der Boden, auf dem ich mich bewege, ist dünner Firnis, der Zeit enthoben. Hier gibt es mich in einem Bild der Vergangenheit, das ich wie eine alte Haut abgestreift und zurückgelassen habe, und vergessen wollte, in einer Wirklichkeit, die vor vielen Jahren zerfiel. Scheinbar.

Draußen steht der Tag wie eine steinerne Wand.

„Setz dich zu mir Clara, ich bin sehr alt und krank und habe nicht viel Kraft übrig. Beinahe 40 Jahre habe ich auf diesen Moment gewartet. Lass dich anschauen! Was ist aus dir geworden?"

Ihr Blick schmerzt, er treibt mir die Tränen in die Augen. Ich bin wieder sieben Jahre alt, zurückgeschleudert in eine schwarze Zeit, die überdimensionale Löcher bereithielt, ohne Ränder und ohne Hoffnung.

„Du willst die Wahrheit? Du erinnerst dich wieder? Nach so vielen Jahren! Ich habe schon nicht mehr daran geglaubt, dich in diesem Leben noch einmal wieder zu sehen."

Ich sitze auf ihrem Fußschemel und habe ihr meine Hände überlassen.
„Bitte, erzähl mir alles."

Die Sekunden verstreichen, ohne dass ein Wort gesprochen wird. Mutter Agnes hat die Augen geschlossen und schaut aus, als wäre sie in einem unsichtbaren Raum ein Stück nach hinten gerutscht. Vor dem Fenstersims streiten sich Meisen und Spatzen um einen Knödel, der dort von einem Ast baumelt. Ihre kleinen spitzen Schnäbel picken immer wieder an der Fensterscheibe und setzen so kleine akustische Signale in die Stille.
Was habe ich mir dabei gedacht? Überrenne rücksichtslos die klösterlichen Flure, fordere dies, will das, ohne auch nur einen

Moment daran zu denken, wie grausam es ist, den beschaulichen Alltag dieser alten Damen zu stören.

„Kurz nachdem ich als Priorin des Klosters eingesetzt wurde, das muss 1961 gewesen sein, habe ich von deinem Onkel, einem Priester und Mönch, einen Brief erhalten, in dem er unser Kloster gebeten hat, dich in Pflegschaft zu nehmen. Sein Kloster hat alle Kosten übernommen, er war dein Vormund. Letztlich nur auf dem Papier, denn er konnte oder wollte sich nicht um dich kümmern. In den ersten Jahren hat er sich hin und wieder nach dir erkundigt, aber mit deinem 18. Geburtstag ist der Kontakt abgebrochen."

Sie schaut mich nachdenklich an, verstummt für Momente, hält aber meine Augen fest, als wollte sie in ihnen lesen. Alle Äußerlichkeit zerfällt, der Versuch meine Gefühle der Angst und der Trauer zu tarnen. Das Ungesagte, das Verschwiegene sind an den Rändern des Bewusstseins abgelegt, die jetzt in den Fokus rücken.

„Ich habe die Situation damals wohl unterschätzt und ich kann nicht leugnen, dass ich zu Zeiten damit vollkommen überfordert war. Man hat dich damals deinen Eltern weggenommen, weil sie dich schwer misshandelt haben. Du warst ein so armes, kleines Mädchen. Als eine Ärztin des Jugendamtes dich zu uns gebracht hatte, war dein kleiner Körper übersät mit Hämatomen, eine Hand war gebrochen, dein Zustand war mehr als mitleiderregend. Du warst in dir verschlossen, wie verkapselt, hast niemanden angeschaut, kein Wort gesprochen, warst beängstigend dünn und hast dich an dieser Puppe festgeklammert, die da aus deinem Mantel herausschaut. Zieh doch deinen Mantel aus, hier drin ist es heiß genug!"

Den Mantel lege ich über einen Stuhl.

Es klopft an der Tür, bevor Schwester Beate mit einem Tablett mit Tee und Kuchen hereinkommt, das sie neben uns, auf einen kleinen Beistelltisch, abstellt. Sie lächelt mich an und ist auch schon wieder zur Tür hinaus.

„Du warst ein stilles Mädchen, das nur eins wollte: In Ruhe gelassen werden. Wehe, man kam dir zu nahe, wehe, man wollte dich berühren. Mit deinen sieben Jahren warst du erwachsen, du hast die Verantwortung übernommen, viel zu früh. Du hast dich unaufgefordert gewaschen, deine Zähne geputzt, bist selbstverständlich alleine zu Bett gegangen, hast dir das Lesen selber beigebracht. Du hast alles allein gemacht. Du hast nichts gefragt und nicht gesprochen. Du hast weder nach deinen Eltern gefragt, noch um irgendwelche Erklärungen gebeten. Es war als bräuchtest du nur diesen Schutzraum, mit sicheren Wänden um dich herum und etwas zu essen. Natürlich hat das Jugendamt eine Kinderpsychologin für dich bestellt, aber das war vergebliche Liebesmüh, denn du hast nicht mit ihr gesprochen. Deine Seele war ein Labyrinth aus unsichtbaren Mauern. Das ging so die ersten zwei bis drei Jahre. Es war eine schwere Zeit für uns alle. In Momenten, in denen du dich unbeobachtet glaubtest, hast du, mit deiner Puppe im Arm, den Körper hin- und herbewegt, in schnellem Rhythmus, wie in einer rituellen Pantomime, während du lautlos geweint und geschrien hast. Es hat mir das Herz zerrissen. Erst später habe ich gelesen, dass so etwas häufig bei schwer misshandelten Kindern vorkommt."

Mutter Agnes schließt wieder die Augen.

Ich gieße uns einen Tee ein, reiche ihr die Tasse, leere meine in wenigen großen Schlucken.

„Ich habe viel gelesen, damals, ich wollte dich unbedingt verstehen, dir unbedingt helfen. In der Psychologie kennt man das Phänomen der „Unzerbrechlichen", Menschen, denen Schlimmes passiert ist und die wie durch ein Wunder nicht kaputtgehen, die den traumatischen Horror von sich abspalten können. So etwas Ähnliches muss dir gelungen sein, du musst abgespalten haben,

was unerträglich war, du hast das alles vergessen. Was für ein Segen das sein kann. Drei Jahre lang hat das etwa gedauert, man durfte dich dabei nicht stören. Dann im vierten Jahr, das letzte Grundschuljahr, hast du dich auf die Bücher gestürzt, du hast in einem Tempo gelernt, als ginge es um dein Leben. Die Aufnahmeprüfung fürs Gymnasium war kein Thema. Es ist dir gelungen, ein komplett neues Leben zu beginnen. Ein paar Jahre später hast du eine Klasse übersprungen, du hattest es wahnsinnig eilig, wegzukommen, in ein neues Leben. Aber das weißt du ja alles. Dass du jetzt, nach 40 Jahren, plötzlich wieder in der Tür stehst, sagt mir, dass deine Erinnerungen zurückgekehrt sind. Ist es so?"
„Ja, mein Körper hat sich erinnert."
„Magst du darüber sprechen?"

Ihre Frage fällt in den Raum zwischen uns zu Boden. Ich hebe sie nicht auf. Den Blick von einem Bleilot nach unten auf einen imaginären Punkt gezogen, erstarre ich. Schweigen hat sich eingenistet, das immer dichter wird. Unter der Haut erwachen juckende Nester, ein paar Ameisen haben sich unter meine Augenlider verirrt und zwingen mich dazu unentwegt zu blinzeln.

„Clara?"

Ich bin nicht an irgendwelche Alltagsfloskeln gewöhnt. Mein Körper erinnert keine der kleinen Gesten, die man sagt oder tut. Meine Zunge ist leer. Wie gebannt schaue ich in Mutter Agnes dunkle Augen, die mich fragend festhalten. Ich habe keinen Namen für das Gefühl, das in zahllosen kleinen und größeren Wellen über mich hinwegläuft und jedes Mal ein Stück Selbstbeherrschung mitnimmt. Der Kloß im Hals wird weggeschwemmt, Schluchzer ersetzen ihn, und dann gibt es kein Halten mehr. Tränen, so viele Tränen. Ich beobachte sie von außen. Die künstlich errichtete Mauer zwischen mir und der Welt bröselt und bricht. Mutter Agnes zieht meinen Körper in ihren Schoß, ein Angebot, das ich heute, erstaunt zwar, aber widerstandslos, annehmen kann. Sie streichelt mein Gesicht, meine Haare, als wäre das die naheliegende Reaktion. Ich habe aufgehört zu denken, treibe dahin in einem namenlosen Zustand, der nicht benennt, bewertet oder urteilt. Meine Lebenszeit rinnt wie Sand in einem Stundenglas. Rückwärts. Bis ein kleines Mädchen mich mit großen Augen anschaut. Ein Abruf aus dem Gedächtnis, dessen frisch geknüpfte Assoziation mich an einen Ausgangspunkt zurückbringt. Als wäre keine Zeit vergangen, dringen früh erlebte, grausame Bilder ungebremst ins Bewusstsein.

„Ich wünschte, ich hätte mehr für dich tun können". Mutter Agnes' Stimme ist wie eine flauschige Decke.
„Ich konnte nicht", bringe ich unter Schluchzern hervor. „Es lag nicht an dir."
„Ach Clara, du warst ein kleines Mädchen, das sich nicht lieben ließ. Aber, weißt du, ich habe es trotzdem getan. Du warst wie eine Tochter für mich und meine Gebete haben dich an jedem einzelnen Tag begleitet. Ich bin sehr glücklich, dass ich diesen Tag noch erleben darf. Wer hätte das gedacht? Fast 40 Jahre. Erzähl mir von dir. Wie war dein Leben bis jetzt?"

Ich putze mir die Nase, wische mir die Tränen aus den Augen, schenke uns noch eine Tasse Tee ein. Dann schildere ich ihr meinen linearen Wettlauf mit der Zeit, einen Lebenslauf ohne Brüche, ohne Kanten und ohne Highlights. Harte Arbeit, Karriere und Erfolg. Keine Ehe, keine Kinder, keine Erinnerungen. Ich erzähle ihr auch die letzten Tage und Nächte und wie mich die Erinnerungen dann doch eingeholt haben.

„Du warst die ganze Zeit in München?"
„Ja, bis auf die Zeit in Paris, wo ich promoviert habe."
„Wer hätte das gedacht? Nicht, das ich dir das nicht zugetraut hätte, aber nach allem, was du erlebt hast, war so ein Werdegang doch eher nicht zu erwarten."
„Verzeih mir Mutter, es tut mir so leid", ich kann sie kaum mehr anschauen.

„Da gibt es nichts zu verzeihen, du hast dich nur konsequent verhalten, alles, was du für dein Überleben brauchtest, hast du getan. Hier gibt es keine Schuld. Und du hast einen hohen Preis dafür bezahlt. Ich kann dich sehr gut verstehen. Und jetzt? Was hast du vor?“

Wie müde sie ausschaut! Wahrscheinlich ist das alles zu viel, was ich ihr hier abverlange.

„Nach den letzten Tagen folge ich jetzt den frischen Spuren. Ich muss herausfinden, was genau geschehen ist und wie das alles zusammenhängt. In den Papieren im Keller bin ich über einen Onkel gestolpert, du hast auch von ihm als meinen Vormund gesprochen. Weißt du, wer er ist, welchem Orden er angehört oder wo er lebt?“
Sie bewegt nachdenklich ihren Kopf.
„War gar nichts in den Papieren?“
„Nur, dass er mit bürgerlichem Namen Frank Gabler hieß.“
„Ich meine, sein Kloster war in Wien. Sein Ordensname will mir nicht einfallen. Hast du alle Papiere durchgeschaut? Vielleicht hast du irgendein Blatt übersehen?“
„Ich weiß nicht, immerhin...“

Es klopft an der Tür, die sich anschließend sofort öffnet. Schwester Beate kündigt den täglichen Besuch des Arztes an, der hinter ihr bereits ins Zimmer kommt.

„Oh, entschuldige, ich hoffe, ich habe dich nicht über Gebühr beansprucht. Darf ich dich morgen noch einmal besuchen. Ich weiß noch nicht genau, wie ich weiter vorgehe.“
„Bitte, Clara, bleib noch ein Weilchen.“
„Ich komme morgen wieder. Ist das in Ordnung?“
„Ich freue mich darauf.“
Ich drücke ihr einen Kuss auf die knittrigen Wangen.

12

Ein böiger Eiswind treibt winzige Nadeln in mein Gesicht. Den Mantelkragen hochgezogen, stehe ich in weißer Stille und weiß nicht weiter. Was soll ich als nächstes tun? Die Bilder, die Dokumente, die Puppe, alles ist in meiner Tasche verstaut, die schwer an meiner Schulter hängt.

Ich stochere in meinem Leben wie in schlechtem Essen. Es kommt mir vor wie Buchstabensuppe, Buchstaben, die sich zu einzelnen Worten, Sätzen und Geschichten zusammenfügen und eine Geschichte erzählen. Eine Geschichte, die erklärt, warum die Dinge so sind, wie sie sind. Und ganz nebenbei mein zersplittertes Selbst irgendwie neu zusammensetzen. Ich weiß nicht mehr, wer ich bin. Wie kann man so leben? Dabei ist es völlig beliebig, wie sich die Buchstaben ordnen, welchen Sinn sie ergeben und welche Bedeutung sie tragen. Dieses Ich ist eine lose, treibende Insel und ich weiß nicht, ob ich dort leben kann oder will.

Wie viel Traurigkeit in all den Anstrengungen liegt. Ich will nichts als gegeben oder selbstverständlich nehmen, will aus diesem Schattendasein heraustreten, die dunklen Ecken ausleuchten und keine Geheimnisse mehr vor mir haben.

Ich setze mich in Bewegung, bin aufgewühlt und durcheinander, weiß nicht, was ich denken soll. Also laufe ich durch den Klosterpark, vorbei an abgestellten Autos und neuen Gebäuden, entlang der Mauer. Ich laufe um Abstand zu gewinnen, um Meter um Meter zwischen mich und die Welt zu bekommen, bis ich am äußersten Rand des Geländes stehe und zurück auf das Kloster schaue. Erst jetzt werde ich ruhig.

Mein Leben ist leer. Das ist es. Ich habe mir in all den Jahren allein gehört, mir genügt, habe nie daran geglaubt, dass es die anderen Menschen sind, die mich vervollständigen oder die ich brauche. Warum dann diese Bedürftigkeit, die sich wie Hunger anfühlt?

Auf der Südseite der Mauer finde ich ein schmales verrostetes Gartentürchen, das beinahe vollständig verdeckt ist von einem immergrünen Gewächs und das so ausschaut als wäre es schon seit langer Zeit nicht benutzt worden. Ich versuche es immer wieder zu öffnen, der Frost macht zusätzliche Probleme, aber schließlich gelingt es, begleitet von knarzenden Geräuschen, doch noch. Ich schlüpfe hinaus auf einen engen Schotterweg, der wahrscheinlich zwischen den beiden nebeneinander liegenden Klöstern als Fußweg gedacht war. Hier streut niemand Salz, so dass die gleichmäßig verteilten Eisplatten zur Vorsicht rufen. Ein Schleichweg zwischen den Klöstern, der mich aus dem Geviert der Klostermauern wieder zurück auf die Neuöttinger Strasse bringt.

Auf der gegenüberliegenden Seite die damals schon größte Buchhandlung des Städtchens. Manche Dinge verändern sich einfach nicht. Sie gehören zum Inventar des Ortes. Dies gilt nicht nur für die über 40 Jahre erhaltenen Läden, dies gilt auch für Gewohnheiten, für immer wieder gleich ablaufende Rituale, Gebräuche und Denkweisen. Solche Orte haben keine Elastizität, sie berufen sich auf Traditionen und auf die seit Generationen überlieferten, erstarrten Prinzipien. Besonders schlimm sind in dieser Hinsicht Pilgerstädte, denn sie haben ja einen die Zeit überdauernden Auftrag, der keine Überraschung in kleingeschriebenen Klauseln bereithält. Die Verlässlichkeit des immer Gleichen verspricht für so viele Menschen Sicherheit, aber Träume, sofern man welche hat, lassen sich hier nicht erfüllen.

Der Kauf des SPIEGEL in der Buchhandlung bedient mein Montagsritual. Auf dem Weg zum Papst-Benedikt-Platz klemme ich ihn mir unter den Arm.

Im Gewirr der Gassen und Strassen führt doch alles letztlich zurück auf die großen Plätze, als gäbe es diesen inneren Kompass, der auf den Kern eines Ortes zeigt. Ich füge mich dieser Führung und wundere mich nicht, dass ich plötzlich in einer kleinen Steinnische der Gnadenkapelle sitze, in die eine schmale Bank eingepasst ist. Mir gegenüber die Schwarze Madonna, eine etwa 30 cm große Figur mit Jesuskind. Wunderschön gearbeitet. In barocken Goldglitter eingehüllt. Eine unglaublich kraftvolle Aura. Die Wände der Kapelle sind übersät mit gerahmten Dankesbekundungen. Die Madonna hat geholfen. Der Glaube hat geholfen. Mir fallen Worte aus der Bibel ein. „Steh auf und geh, dein Glaube hat dir geholfen." Jesus hat sie gesprochen. Was hätte ich darum gegeben, diese Worte zu hören. Erinnerungen steigen wie Luftblasen auf. Ein wiegender Oberkörper, der lautlos Gebete rezitiert und sich im Flehen um Erlösung beugt. Die Gnade wurde nicht gewährt. Ich konnte nicht glauben, was man mir anempfohlen hatte. Wenn man glaubt, weiß man nichts. Ich wollte immer nur wissen. Es begreifen, mit Händen fassen, damit ich es als wahr gelten lassen konnte. Aber der überlieferte Satz lautet nicht: „Dein Wissen hat dir geholfen." Mit den daraus folgenden Konsequenzen musste ich klar kommen. Meine religiöse Erziehung, die meiner Mutter Agnes und den Schwestern so wichtig war, gestaltete sich daher sehr schwierig. Sätze wie: „Ein Kind hat zu glauben, was man ihm sagt, dass es glauben soll", waren mir gleichgültig. Auch das angedrohte Höllenfeuer und das unverzeihliche Register der mir zugesprochenen Todsünden, zeigten keinerlei Wirkung. Ich sei starrköpfig und stur, hochnäsig und verdorben, die Litanei der Adjektive ging an mir vorbei. Ich hatte eine eigene Welt mit eigenen Geboten. Gebot Nummer 1: ich wollte in Ruhe gelassen werden! Und irgendwann hatte das jeder begriffen.

Erst jetzt bemerke ich, dass sich die Kapelle nach und nach füllt. Nur ältere Frauen, wie ein verschworenes Treffen, zum Rosenkranzbeten. Eine Weile lausche ich dem Singsang ihrer hin- und herlaufenden Gebete. Obwohl ich nicht zu diesem kleinen Zirkel gehöre, berührt mich doch die Eindringlichkeit ihrer Stimmen. Ich meine ein Flehen zu hören, mit Inbrunst vorgetragen. Was sind denn Gebete eigentlich? Vielleicht nichts anderes als Bitten in monotone Formeln gepresst, die immer und immer wieder gesprochen werden, deren Inhalt vielleicht schon längst herausgefallen ist. Was eigentlich eine Zwiesprache mit dem Göttlichen sein sollte, frei von jeder Einschränkung oder Formulierkunst, scheint mir doch allzu fremdbestimmt. Ich löse mich aus meiner Nische, nehme aus dem Kerzenkasten neben der Madonna drei Kerzen und zünde sie zu ihren Füssen an. Das tue ich immer, wenn ich eine Kirche oder einen geweihten Ort besuche. Die Kerzen sprechen für sich, sie kommen ohne Worte aus und tragen meinen Dank für mein Leben dahin, wohin sie der Wind weht.

Mein Magen holt mich in die Gegenwart zurück. Er knurrt in seiner sehr eigenen Melodie und mahnt mich an das wieder einmal vergessene Essen. Dabei ist es schon nach fünf Uhr und die an den Straßenrändern aufgehäuften, grauen Schneeberge färben sich mit der hereinbrechenden Dämmerung in einen dunkleren Farbton. Nur wenige Menschen sind unterwegs. Es herrscht eine unwirkliche Stille. Der Himmel sieht aus, als könnte es jeden Moment wieder schneien.

Im Dritte-Welt-Laden, unweit der Kapelle, frage ich nach einem guten Restaurant. In breitem Bayrisch „i wois ah ned, do muas i ah frogn“, werde ich an zwei weitere Menschen weitergereicht. Schließlich ist man sich einig. Ich kann „boarisch“ essen oder aber „ausländisch“. Ich bedanke mich und gehe Richtung Hotel.

Alles keine weiten Wege, wenigstens nicht in diesem innersten Zentrum, in dem ich mich bewege. Einen Steinwurf von hier nach da, in Sichtweite, rechts um die Ecke, alles auf kleinstem Raum, wie zusammengekauert, in altgewohnter Enge, als wären die Häuser und die Menschen darin aneinandergenäht und in einem zeitlosen Reigen auf ewig verbunden.

Ich bin ganz froh endlich in dem hoteleigenen kleinen Restaurant bei einer Brotzeit mit einem Gemüseomelett, nebst einem Kännchen grünem Tee, in einem hinteren Erker zu sitzen. Das schwindende Grau des Tageslichts vor den Fenstern konkurriert mit dem gelben Licht des Gastraums. Wie dicht auch dieser Tag war! Überall liegen die gefundenen Teile eines großen Bilderrätsels herum. Meine Suche nach den Fakten, die Gier nach der Wahrheit, macht das wirklich alles Sinn? Was bezwecke ich damit? Was kann ich damit erreichen? Ob ich an einem Ende angekommen, zufriedener oder vollständiger sein werde?

Als ich den SPIEGEL durchblättere, bleibe ich an einem Artikel zur Gedächtnisforschung hängen, mit der Überschrift „Sie sind beste Kriegsware!“ Neugierig geworden, beginne ich aufmerksam zu lesen. Darin geht es um die Millionen deutscher Kriegskinder, die traumatische Erlebnisse der Kriegszeit verdrängt hatten. Jetzt im Alter, nach 50 oder 60 Jahren Verdrängung, kehren diese Erinnerungen mit großer Wucht zurück, weil, so die Aussage des Artikels, im Alter der hemmende Mechanismus des Gehirns versagt. Es sei ein Gesetz des Alters, gegen Ende des Lebens auf die Anfänge des Lebens zurückgeworfen zu werden. Dies sei einem Umbau im alternden Gehirn zu verdanken, da es die neuronale Sicherung verliert. Die neuronalen Netzwerke würden immer löchriger, mit immer weniger Kapazität seien die verdrängten Erinnerungen nicht mehr zu zähmen. Gerade die emotional geladenen Erlebnisse der frühen Kindheit ließen sich schlecht verdrängen. Sie seien elementar im Gedächtnis verankert, weil der Verstand sie noch kaum einordnen, bewerten oder zensieren könne. Der Abruf aus dem Gedächtnis sei grundsätzlich an Assoziationen geknüpft. Oftmals genügen Bilder, Gerüche oder Geräusche, oft lösen Nachrichten die bestürzenden Rückblenden aus.
Ich denke, dass es nicht darauf ankommt, welche Art von Trauma man erlitten hat. Trauma ist Trauma. Insofern ist dieser Artikel mit Sicherheit auf mich anwendbar. Was heißt, dass meine neuronalen Netzwerke löchrig geworden sind und mein Hirn inkontinent, neuronal gesehen.
Feine Aussichten sind das: ich bin alt und inkontinent, aber immerhin enthemmt.

Von einem Moment auf den anderen beginne ich zu frösteln, so als könnte die Temperatur um weitere fünf Grad gefallen sein. Ich bestelle einen neuen Tee, den alten habe ich während meiner konzentrierten Lektüre, ohne es zu merken, kaltgerührt. Genug der Information. Für heute brauche ich nicht mehr. Ich habe genug damit zu tun, das heute Erlebte zu ordnen.

Keine Stunde später sitze ich unter einer dicken Gänsehaut in meinem Bett. Kalte Füsse, kalte Nase und das Gefühl krank zu werden. Wenig später bringt mir der Zimmerservice den bestellten Kamillentee, zwei Aspirins und eine heiße Wärmflasche. Ich schließe die Augen, Bilderfetzen wirbeln auf der schwarzen Leinwand hinter meinen Lidern. In mir ein diffuses, schmerzhaftes Verlangen. Wie ein Papierschiffchen auf kleinen Wellen treibt es dahin, ziellos, wie Träume, die sich just in dem Moment auflösen, in dem ich nach ihnen greifen will.

Zeitlebens habe ich versucht mich zusammenzuhalten, meinen Körper, mein Leben, meine Arbeit, die Menschen unter Kontrolle zu halten, stark zu sein, mich keiner wie auch immer gearteten Bedrohung auszusetzen und mich damit zu schützen. Eine risikofreie Zone, in der ich mich innerhalb selbst gezogener Grenzlinien versteckt habe. Wohin ich auch schaue, überall gibt es sie. Über sie habe ich mich definiert, meine Selbstverständnisse, meine Freuden und Erwartungen begrenzt, meine Lebendigkeit reduziert und den engen Mauern einer gierigen Welt angepasst. Es hat mich überleben lassen, aber zu welchem Preis? Ich hatte nicht verstanden, dass ich mich dadurch selbst in kleine Kammern gesperrt habe, in denen ich ohnmächtig und allein vor mich hin dämmerte. Ich hatte mich mit dem Verschwiegenen, dem Verborgenen und dem Vergessenen der ersten Jahre arrangiert.

Und jetzt kulminiert das, was fehlt, in einem diffusen Verlangen. Eine vage Botschaft, dass etwas fehlt. Ein Phantomschmerz. Wann hat dieses Gefühl sich in mein Bewusstsein geschlichen und breit gemacht? Wann hat es begonnen?

Vielleicht ist es genau das. Ich habe keine anderen Menschen in mein Leben gelassen. Auch Simon nur begrenzt. Habe versucht mir selbst zu genügen, mir alles zu sein und Halt zu geben: ich war mir Freund und Partner, verlässlicher Vertrauter und alles, was ich an Familie hatte. Es klingt schrecklich. Kein Mensch war für mich zuständig. Und das ist ein wunderbar trotziger und klebriger Gedanke, der sich herrlich zum Selbstmitleid eignet.

Und heute, als mich Mutter Agnes mit dünnen, knochigen Händen auf ihren Schoß zog, da ist etwas in mir zerbrochen. Ein Widerstand, der Trotz, die Härte in meinem Herzen? Ich bin klein geworden, habe mich in ihre streichelnden Hände und in ihr Mitgefühl gelegt und den Halt angenommen, den sie mir bot. Damit bin ich eindeutig über meine Grenzen gegangen. Und noch etwas habe ich gespürt: die ungeheure Müdigkeit in jeder einzelnen Faser meines Körpers und die Sehnsucht danach, das alles einmal loslassen zu können, und sei es nur für ein paar kurze Augenblicke.

Vor vielen Jahren bin ich einmal an der französischen Atlantikküste am Meer gestanden, die nackigen Füße in den Sand gebohrt, und habe wie gebannt hinausgeblickt. Jetzt verstehe ich den Zauber, den das Meer auf mich ausübte. Die Weite war atemberaubend, so als käme sie ohne Horizont aus. Ein Gefühl der Grenzenlosigkeit, der Freiheit. Eingesperrt in einen engen Körper, umspannt mit einer Haut, die mir Nummern zu klein schien, ahnte ich damals, dass Menschen sein sollten wie das Meer oder wie der Himmel.

Mir fehlt das Gefühl der Grenzenlosigkeit, mir fehlen all die ungewöhnlichen Dinge, die man in einem Leben tun kann und die letztlich den Stoff für eine eigene, erzählenswerte Geschichte liefern. Am Ende meines Lebens will ich nicht die Dinge bereuen, die ich nicht getan habe. Welches Bekenntnis soll das sein: Ich habe nicht nach links oder rechts geschaut, habe nicht geliebt, habe nicht genug gelacht, habe keine Freunde gehabt, ich habe mich nicht lieben lassen und ich habe niemandem vertraut. Eintönigkeit beschreibt mein Leben, ohne Geschichten, ohne Farben. In einer wattierten Sicherheitszone. Andere Leben sind Teil eines kraftvollen Stroms, einer strotzenden Lebendigkeit, die Freude bringt und Freude schenkt. Mein Leben ist ein Traum oder Trugbild, bei dem man immer nur auf das Ende schaut. Mit einem Verfallsdatum vor Augen kann man nicht leben. Und ohne Freude auch nicht. Ich hoffe, es ist noch nicht zu spät, es muss einen Weg zurück geben, zurück zu dieser ungebrochenen Lebendigkeit, dahin, wo Meer und Himmel in mir sind, die vielleicht im Verborgenen meiner Zellen überdauert haben.

Die Melodie meines Handy's, für Elise, holt mich aus meinen Gedanken. Es ist Simon. Sein Anruf freut mich. Beinahe gleichzeitig zu seinen Worten habe ich es doch sehr eilig, ihm zu erzählen, was ich alles erlebt und entdeckt habe. Die Worte, die man denkt, unterscheiden sich von den Worten, die man spricht. Ihr Gehalt und ihr Gewicht sind anders.

„Was ist das Wichtigste, das du heute erlebt hast", fragt Simon.
Ein kurzes Nachdenken.
„Ich bin plötzlich hungrig auf Leben. Du denkst sicher, ich bin total durch den Wind, vielleicht bin ich das auch, aber ich bin entschlossen, neu anzufangen."
„Klingt wie eine wirklich gute Idee, solange du mir in deinem neuen Leben einen Platz einräumst. Ich glaube, wir haben eine Chance miteinander verdient. Ich könnte ein Urlaubsschild an meine Tür hängen und zu dir kommen."
„Ich freue mich, dass du das sagst. Und ja, ich möchte auch, dass du in meinem Leben bist. Aber ich denke, die nächsten Schritte muss ich noch alleine machen. Morgen oder übermorgen bin ich vielleicht schon unterwegs nach Wien. Ich halte dich auf jeden Fall auf dem Laufenden. Und morgen Früh schicke ich dir ein Päckchen mit ein paar Dingen, die ich in den nächsten Tagen nicht mehr brauche. Ist das für dich in Ordnung?"
„Ja, natürlich ist das o.k. Ruf an, wenn dir danach ist."

Der Tee und die Wärmflasche haben ihre Wirkung getan. Mit aufgewärmten Füssen steige ich aus meinem Bett, nur kurz, um die an der Badezimmertür abgelegte Tasche zu holen. Wieder in meine Decke gewickelt, ein dickes Kissen im Rücken, kippe ich ihren Inhalt aufs Bett. Die Bilder, die Dokumente, die Schachtel, die Puppe, alle eingesammelten Dinge des Archivs liegen verstreut in meinem Blickfeld. Ich fasse noch nichts an, lasse meine Augen schweifen. Ein Sammelsurium aus Kindertagen.

Es ist, als habe ich jetzt endlich einen Anschluss an das Wesentliche aus längst vergangenen Tagen gefunden, als sei die Zeit und das Leben dazwischen nur eine Überbrückung gewesen, ein Füllsel, ein Lückenbüßer. Kein wahres Leben, nur das Davonlaufen aus einer unerträglichen Kindheit. Die Sehnsucht jetzt öffnet eine Tür, die Rückkehr und Aufbruch in ein neues Leben sein kann. Ich will wieder teilhaben am Austausch der Lebendigkeiten, ohne das in die Vergangenheit zurückschnellende Gummiband zu spüren, an dem ich über die Jahre zu hängen schien.
Gleich unter der glatten Oberfläche zeigen die Dinge ihre Unterseite, dort werden sie weich, gleiten weg in eine Tiefe, die amorph scheint. Ich muss das alles wahrhaben wollen, sonst erübrigt sich der nächste Schritt. Muss das Erlittene in die Gegenwart holen, es verknüpfen mit dem Gegenwärtigen und damit erlösen. Es ist als müsste ich ein endgültiges, ein mächtiges Wort hören, das Startsignal, den Segen. Ich bin bereit dafür. Aber wer sollte ihn mir geben? In unserer routinierten Alltagssprache sind solche heilbringenden Worte nicht vorgesehen. Gäbe es nur genug Worte um in der Tiefe die Seele zu greifen! Um die Feinheiten, die Details, die Neuheiten, die filigranen Netze eines Gefühles zu beschreiben. Wir bedienen uns scheinbar empfindungslos und kalt geworden immer nur der alten Floskeln. Als verkalkte Sprachhieroglyphen traumtänzeln so viele abgegriffene Worte in scheinbar absichtsvoller Verbundenheit um eine Mitte, die leer ist. Die Sprache des alltäglichen Lebens passt nicht zu den Worten der Seele. Diese Alltagssprache, so reichhaltig und bunt sie auch sein mag, auch sie hält, gleich unter der dünnen, brüchigen Oberfläche, einen

Abgrund bereit. Das falsche Wort ist schnell gesagt, einmal geäußert, kann man es nicht umkehren oder ungesprochen machen. Der Schaden ist zugefügt, ist Wirklichkeit geworden. Das unheilbringende Wort wandert wie ein Fluch umher. Wer schafft es aus der Welt? Manchmal entwischt ein grobes Wort, unüberlegt durch allzu groß gewirkte Maschen des Bewusstseins. So viele Worte sind grau und eng, sie lassen kaum die nötige Luft zum Atmen. Mit allzu vielen dieser grauen Worte hat man mir gesagt, wer ich sein soll, wie ich leben soll, was ich sagen oder denken soll, was gut oder schlecht für mich ist. Ich sollte mich nur in diese verordnete Wirklichkeit fügen. Und genau das wollte ich nicht. Nicht fügen, nur nicht dieses ohnmächtige, stille Fügen. Meine zähe, vergebliche Rebellion gegen diese Flut der Verordnungen, der Maßregeln und unbeschränkten Lieblosigkeiten, ja Rohheiten, ist aktenkundig. Ich habe gekämpft um ein eigenes Leben, doch erst jetzt kann es vielleicht beginnen.

Alle Papiere und Bilder sind ausgebreitet, die Schachtel ausgeleert, die Puppe sitzt, über die Maßen schmutzig, an ein eigenes Kissen gelehnt, an der Wand. Jedes einzelne Papier nehme ich nochmals zur Hand, lese, lasse auf mich wirken, betrachte die gemalten Bilder, das Psychogramm einer geschundenen Seele. Diesmal bleibt es bei dem Betrachten, es bricht mich nicht in Hälften.

Die Schachtel enthält ein paar Bilder, die mich als Baby und als kleines Mädchen zeigen, mit sehr ernstem Gesicht und mit um den eigenen Körper geschlungenen Armen, ein Hochzeitsbild der Eltern, das mitten in den Kriegstagen des 2. Weltkrieges entstanden sein muss, eine abgegriffene Bibel, ein kleines Kästchen, das ich für eine spätere Untersuchung beiseite lege und einen Brief, den ich auseinander falte und lese.

Liebe Martha,

unter diesen Umständen von dir zu hören macht mich zutiefst betroffen. Dass ihr eure schwere Alkoholabhängigkeit nicht in den Griff bekommt, ist eine Sache, in die ich mich nicht einmischen will und auch nicht kann, aber dass das Jugendamt mit mir Kontakt aufnimmt und mich fragt, ob ich bereit wäre das Sorgerecht für eure Tochter Clara zu übernehmen, ist etwas anderes. Es wurde ein Verfahren gegen euch in die Wege geleitet wegen schwerer Kindesmisshandlung. Wegen Kindesmisshandlung!!! Was ist geschehen? Wie lange geht das schon so? Wenn eure kleine Tochter Clara für das zerstörte Leben ihres Vaters, für seine Krankheit, oder die unbewältigten seelischen Konflikte mit so viel eigenem Leiden bezahlen musste, dann frage ich dich, warum hast du das zugelassen, warum hast du sie nicht geschützt, warum bist du nicht weggegangen? Wie kannst du all das geschehen lassen, ohne auf irgendeine Weise einzugreifen? Was bist du nur für eine Mutter, was für ein Mensch geworden?

Ich habe mit meinen Ordensbrüdern und meinem Prior über das mir angetragene Sorgerecht gesprochen und mit deren Einverständnis beschlossen, es anzunehmen. Clara wird im Kloster der Englischen Fräulein in Altötting eingeschult, sie ist dort schon angemeldet und wird nächste Woche erwartet. Die Pflegschaft hat die Mutter Oberin, Schwester Agnes, übernommen, Clara wächst also bei den Klosterschwestern auf. Die Mutter Oberin wird mir regelmäßig über ihre Entwicklung berichten. Die Kosten werden von meiner Ordensgemeinschaft getragen. Clara ist meine Nichte, ich wünsche ihr von ganzem Herzen ein gutes Leben, kann mich aber persönlich nicht um sie kümmern, da ich meiner Gemeinschaft verpflichtet bin.

Ich kann nichts weiter für dich tun als zu beten.

Vielleicht solltest du das auch tun.

Dein Bruder Frank

Auf der Suche nach einem Absender schaue ich noch einmal alles genau durch. Keine Adresse, kein Briefumschlag, kein Absender. Immerhin eine neue Information. Ich weiß jetzt wie und warum Mutter Agnes zu ihrer Pflegschaft kam. Ich blättere in der Bibel, entdecke zahllose Sterbebildchen, darunter auch die meiner unbekannten Großeltern, Katharina und Franz Gabler, das Primizbild meines Onkels, Dr. Frank Gabler, das einen Endzwanziger, einen ernsten und sympathisch blickenden Mann zeigt, der ebenso glaubhaft hinter einem Schreibtisch des Finanzamtes sitzen könnte. Das Bild eines Fremden, der, nach seinem Brief zu schließen, nicht fern war. Ich muss herausfinden, ob und wo mein Onkel lebt und welchem Orden er angehört. Wenn er noch lebt, müsste auch er bereits über 80 Jahre alt sein.

Das Kästchen lässt sich leicht öffnen. Es ist mit bunten Glasperlen verziert, eine Schatzkiste, wie sie Kinder gerne haben. Ein kleiner Ring, mit einem rosa Steinchen, wie man sie aus Kaugummiautomaten gezogen hat, Haarspangen, mit Blumen oder wilden Tieren beklebt, eine paar Kieselsteine mit den unterschiedlichsten Sprenkeln und Maserungen. Erst jetzt fällt mir das kleine goldene Herz auf, das zwischen all den anderen Dingen liegt. Ich erkenne es sofort, drehe es in meinen Händen und freue mich. Alles schien in diesen ersten Jahren meines Lebens verloren gegangen zu sein. Dass es jetzt das Herz ist, das wieder auftaucht, ist mir doch in ihrer für mich eindeutigen Symbolik von Bedeutung. Ich nehme noch einmal die Bilder aus der Schachtel zur Hand. Auf den wenigen Bildern, die das kleine Mädchen zeigen, gibt es diese Kette um meinen Hals mit drei kleinen Anhängern. Ganz deutlich zu sehen. Drei Anhänger: ein Kreuz, ein Anker und ein Herz. Glaube, Hoffnung und Liebe. Woher kam diese Kette, wer hatte sie mir geschenkt? Ich erinnere mich daran, wie wichtig mir diese Kette und ihre Anhänger waren. Als wären sie eine Gabe aus Feenhand, die einen Zauber für mich bereithält.

Bis auf das Herz lege ich alles in die Schachtel zurück. Ein voller Tag lässt sich nicht weiter füllen. Wie Zimtauge schon sagte, entscheidet der Körper, wann es genug ist. Und jetzt ist es genug. Das alles muss sich setzen und sortieren, interne Abläufe, die ich nicht weiter beeinflussen kann und auch nicht will. Ich stehe auf und stelle alles auf den Schreibtisch, mixe mir einen Kalziumdrink auf dem Weg ins Bad und versinke keine fünf Minuten später in der Wärme meines Bettes.

Aber der Schlaf kommt nicht. Meine Hirnschleifen treiben mich von einer Seite auf die andere. Ich habe mich auf die Suche nach meiner Vergangenheit gemacht, das macht nur Sinn, wenn ich auch bereit bin, eine Zukunft zu finden. Picasso hat das schon formuliert: „Je ne cherche pas, je trouve." Ich suche nicht, ich finde. Nur, wenn das Finden von neuen Zusammenhängen, von Fakten, von Bildern und emotional geladenen Blitzen in diesem Tempo weitergehen, muss ich mit weiteren unruhigen Tagen und Nächten rechnen. Was soll's? Habe ich doch jahrzehntelang nichts als meine Ruhe gepflegt. Und ich will nicht weiter einen vollautomatisierten Lebensplan verfolgen, der mir eine nicht vorhandene Sicherheit vorgaukelt. Nur eines kann mir in dieser Situation weiterhelfen: dieses neu hinzugekommene Gefühl der Neugierde. Das Neue, das mir begegnet, mit Hunger bejahen, weil es mich in eine Richtung weist oder einen nächsten Schritt tun lässt, weil es mich Dinge finden lässt, die mein Leben wieder froh machen. Darauf muss ich einfach vertrauen. Darauf, dass das alles einen inhärenten Sinn hat, dem ich folgen kann.

13

Mit geschlossenen Augen beginnt ein neuer Tag. Der aufgewühlte Bodensatz meiner Seele treibt verwelkte und versteckte Traumblüten an die Oberfläche. Ich bin noch nicht bereit. Noch nicht ganz. Hinter meinen Augenlidern schweben Ballons vorbei, große und kleine, durchsichtige Luftblasen, die auf Papierstreifen geschriebene Worte enthalten. Wie schön sie ausschauen. Aus einem zu Ende gegangenen Leben herausgelöste Worte, die sich aufmachen, ein neues zu finden. Eine Arche Noah der Worte, die an neuen Ufern ankert, die Blasen öffnet und die Worte an Land lässt. Einen Neuanfang, einen Abschied, einen Anfang und ein Ende. Ich scheine wichtige Worte in Sicherheit zu bringen, sie vor dem Vergessen zu retten. Einen Schatz übersiedeln, einen Wortschatz. Ich lächle mit den Traumaugen und hänge den Worten nach, die mir gehören. Mit Gedankenhänden greife ich in die Blasenlandschaft und öffne eine von ihnen. Das Wort „Freude" fällt heraus, auf anderen Streifen sehe ich die Worte „Lachen" und „Vertrauen". Es sind meine Worte, mit ihnen baue ich mein neues Leben. Ich lache laut und öffne die Augen. Und strecke mich genüsslich. Es ist mein Leben, das sich da streckt und dehnt. Es gehört mir und die Freude daran auch.

Ich habe lange geschlafen, es ist schon nach zehn Uhr. Mal sehen, ob ich überhaupt noch ein Frühstück bekomme.

Als ich endlich im Gastraum stehe, ist es elf Uhr und der Frühstücksraum verständlicherweise abgeschlossen. Das stört mich nicht weiter, denn hier in Altötting hat man keine langen Wege. Das dem Hotel gegenüberliegende Gebäude, ein rotes, an einer Seite mit Eternitplatten verkleidetes Haus aus den fünfziger Jahren, beherbergt einen Uhren- und Schmuckladen. Das ist mein erster Gang. Ich will eine Goldkette, an die ich das gefundene Herz hängen kann. Mein zweiter Gang braucht keine zwei

Minuten auf die gegenüberliegende Seite zur Post. Hier wird ein Teil der Wäsche nebst dem Inhalt der Schachtel in eine andere verpackt und an Simon geschickt. Nur die gefundenen Unterlagen behalte ich bei mir. Neben der Post gibt es einen Bücherladen mit integrierter Schreibwarenabteilung. Hier kaufe ich einen Briefblock und Umschläge, die ich kurz darauf auf meinen Caféhaustisch im ersten Stock der Bäckerei Stieff lege, nachdem ich einen Cappuccino und Croissants bestellt habe. Jetzt ist erst einmal Ruhe und ich bin schon wieder müde. Oder immer noch.

Ich lege mir Papier und Stift zur Hand, schiebe mir das restliche Croissant in den Mund und beginne zu schreiben.

Lieber Simon,

auf den paar Bildern, die ich von mir als kleines Mädchen im Archiv fand, hatte ich ein Kettchen um den Hals, mit drei Anhängern: Anker, Kreuz und Herz. Im Betrachten der Bilder kam die Erinnerung zurück. Ich will dir, wie versprochen, die kleinen und großen Geschichten, aus denen sich mein Leben zusammensetzt, erzählen. Ich weiß nicht, woher dieses Kettchen mit seinen drei Anhängern kam, aber es war mein Schatz, mein Talisman, mein unverzichtbarer Begleiter und Beschützer.

Dann eines Tages verlor ich das Kreuz. Ich war untröstlich, denn dieser Verlust bedeutete viel mehr als nur ein leerer Ort an einer Kette. Ich hatte meinen Glauben verloren, den Glauben daran, dass es das Gute gab, dass ich das Kind meiner Eltern war, ich glaubte nicht, was sie mir sagten, noch dass sie es gut mir mit meinten und mein Bestes wollten. Ich glaubte auch nicht daran, dass sie mich liebten oder für mich sorgten, und damit war ich immer auf der Hut, ich war allein und musste auf mich aufpassen. Den fehlenden Glauben ersetzte ich durch Wachheit und Eigenverantwortung.

Später fehlte über Nacht der Anker. Auch er unauffindbar. Meine verzweifelten Tränen rührten niemanden. Aber wieder hatte ich mehr verloren als nur einen Anker. Es war die Hoffnung, die sich aus meinem Leben schlich. Der Anker war der Schlüssel, der meine Käfigtür hätte aufsperren können. Ich ersetzte die Hoffnung durch einen eisernen Willen und durch Tatkraft. Aber der Gedanke, dass ich auch noch das Herz verlieren könnte, ließ mir keine Ruhe. Also nahm ich es von der Kette, legte es in eine kleine Bonbondose und versteckte sie ganz hinten in meinem Wäscheschrank. So überdauerte die Liebe, ich versteckte sie vor der Welt in dieser kleinen, engen Dose und dort habe ich sie wohl vergessen.

Und letzte Nacht, Simon, habe ich das Herz wieder gefunden, in einer alten, vergessenen Schachtel, die über viele Jahre in den Archivräumen eines Klosters lag. Vorhin habe ich mir ein Goldkettchen gekauft, an dem es jetzt hängt und ich freue mich darüber wie ein Kind. Das Versteckspiel hat ein Ende.

Ich bin meinem Leben auf der Spur. Mal sehen, was der Tag heute bringt. Weitere Geschichten werden folgen. Danke, dass es dich gibt.

Deine Clara

Mein Blick geht hinaus auf den Markt. Vereinzelte Stände halten jetzt kurz vor Mittag noch die Stellung. Marktfrauen hauchen ihren warmen Atem auf ihre fingerlos behandschuhten Hände. Es ist wieder kalt geworden. Schneeregen verwandelt das Tageslicht in graue Schatten, über schmutzige Schneeränder staksen nur wenige Menschen.

Für den Moment brauche ich nicht mehr. Vor mich hinsinnend meinen Kaffee genießen, meinen Bedürfnissen folgen, nachdenken.

Es ist so viel geschehen. In dieser neuen, anderen Haut kenne ich mich noch nicht sehr gut. Ich bin durch die Zeit geirrlichtert wie eine einsame, verirrte Sternschnuppe. Ein Zaungast im eigenen Leben, unbeteiligt, traumatisiert, wie betäubt. Eine perfekte Darstellerin hinter einer glatten Maske. Ohne Einsatz des Herzens. Wenn ich die Menschen da draußen in ihrem steten Auf- und Abgehen, in ihrer zeitweise unbeseelten Gehetztheit, ihren stumpfen, verbrauchten und müden Schritt betrachte, dann kommt es mir vor, als wären sie in ihrem Körper und in ihrem Leben eingesperrt oder als folgten sie einer ferngesteuerten Trance. Einer Lebenstrance. Wie ich. Ich nehme mich da nicht aus. Die Zwischenräume, die Einschübe, die Pausen, die Stille, die allesamt einen Blick von außen auf die Szenerie erlauben würden, werden in den Rädern einer größeren Pflichtübung zerrieben. Was bedeutet es zu leben? Vielleicht in erster Linie wach zu sein. Die tiefen Rillen der vorgezeichneten Spuren zu verlassen und bar jeder zugewiesenen Rolle, jeder Pflicht und jeder Geste sich neu zu denken. In jedem Moment Leben neu zu erfinden, auf der Suche nach Interesse, Freude oder Lust.

Primum vivere! Vivre d'abord. Zuerst einmal leben.

Niemand kann mir dabei helfen, die traumatisierenden Ereignisse meiner Kindheit in ihrer bizarren Nacktheit, in ihrer grausamen Präsenz wahrzunehmen, zu sortieren und anzunehmen. Niemand, außer mir, kann die Perspektive auf das Erlebte um die paar Grade, die es braucht, verschieben. Den Kurs verändern, die gesicherten Gewohnheitsrituale beenden. Das, was zwischen dem Leben und mir steht, beseitigen.

Ich bin aus einem viel zu lange dauernden Traum aufgewacht, unsicher, zittrig und verwundbar, aber auf wunderbare Weise auch wach. Vor allen Dingen macht mir die Unsicherheit zu schaffen. Wenn ich mich da draußen zwischen den vielen drängenden Menschen bewege, fühle ich mich fremd, wie ein gehäutetes Relikt aus der Urzeit. Jeder trägt seine Wissens- und Glaubenssätze auf der Zunge, jeder beurteilt die Welt und die Menschen darin auf seine Weise und nach seinen Erfahrungen, jeder trägt seinen Charakter wie eine Bürde durch die Welt und färbt damit unentwegt die verbliebene Zwischenmenschlichkeit. Es gibt keine Orientierung, keine Landkarte, nur das eigene Maß.

Gegen zwei Uhr öffnet Schwester Beate die Tür. Diesmal habe ich den Weg durch die labyrinthischen Klostermauern ohne Mühe gefunden. Vom Bäcker habe ich einen ganzen Kuchen mitgebracht, ich weiß wie gerne die Schwestern Süßes essen. Die alte Gewohnheit wird sich nicht geändert haben.

Schwester Beate nimmt ihn mir mit einer Hand ab, mit der anderen öffnet sie die Tür zur Mutter Oberin. „Sie ist heute nicht so gut beinander", sagt sie, während sie mir bedeutet ich solle durchgehen. Die Tür schließt sich. Mutter Agnes liegt wie schlafend in ihrem Bett, beide Hände auf der Bettdecke. Wie dünn und zerbrechlich sie ausschaut, wie ein Bild von Dürers Mutter. So etwas wie schlechtes Gewissen befällt mich, hoffentlich bin ich nicht die Ursache für ihren heutigen Zustand.

Sie winkt mich heran, streckt ihre Hand nach mir aus und lächelt. „Schau doch nicht so verschreckt, Clara. In meinem Alter gibt es gute und schlechte Tage, heute ist eben ein nicht so guter Tag. Wie es Gott gefällt." Ich setze mich auf die Bettkante und nehme ihre Hand. „Habe ich dir gestern mit meinem Besuch zu viel zugemutet, das täte mir sehr leid?" Sie winkt ab: „Freude ist nie eine Zumutung. Sag mir Clara, wie geht es dir heute und was hast du jetzt vor?"

„Soweit geht es mir ganz gut. Ich treibe durch allerlei seltsame emotionale Zustände und mir bislang unbekannte Gefühle. Aber wenn ich mich nicht dagegen wehre und sie annehme, kann ich damit umgehen.
Ich wollte dich noch einmal sehen, bevor ich abreise. Du hast mir von meinem Onkel erzählt, in den Unterlagen habe ich auch einen Brief von ihm an meine Mutter gefunden, aber es gibt weder einen Ordensnamen, noch einen Ort, an dem ich suchen könnte."

„Ich meine, es war Wien. Aber vielleicht gibt es noch eine Möglichkeit, das herauszufinden." Sie zieht an einer grünen Kordel, die in Reichweite ihrer rechten Hand in einer Quaste endet, die ich jetzt erst zur Kenntnis nehme. Draußen bimmelt deutlich hörbar ein Glöckchen. Wie in alten Schlössern aus dem letzten Jahrhundert, denke ich, oder wie eben in einem alten Kloster.
„Sehr praktisch!" Mutter Agnes scheint mich denken zu hören. Ein paar Sekunden später steht Schwester Beate in der Tür.
„Bitte Schwester, frag doch den Rektor, Herrn Wohlleben, ob er für mich etwas herausfinden kann. Es müssten im Archiv noch Akten aus den 70er Jahren sein. Er soll bitte nachsehen, woher die Zahlungsanweisungen für die Schülerin Clara Stiller kamen. Und er soll bitte eine Kopie vom Absender machen."

Dann sind wir wieder allein. Ich gieße uns beiden Wasser in die vorhandenen Gläser, meines reichere ich mit einer weiteren Kalzium-Ration an, das andere reiche ich Mutter Agnes.
Ihre Augen halten die meinen fest. Als Mutter Agnes wieder spricht ist ihre Stimme nur noch ein Flüstern.
„Clara, wir wissen nicht, wann oder ob wir uns noch einmal wieder sehen. Ich bin eine alte Frau und wenn das unsere letzte Begegnung in diesem Leben sein sollte, dann möchte ich es nicht versäumen, mich von dir zu verabschieden. Komm doch etwas näher, dann strengt mich das nicht so an."
Ich rutsche vor dem Bett auf die Knie und beuge meinen Oberkörper so, dass sich meine Hände und mein Gesicht in Reichweite ihrer Hände befinden. Eine zittrige Hand legt sich auf meinen Scheitel. Mein Herz rast.
„Ich segne dich, Clara, das hätte ich schon viel früher tun sollen. Ich segne dich von ganzem Herzen und wünsche dir, dass du Frieden findest am Ende deiner Suche, und Glück und Freude in deinem Leben."

Ihre Worte schaffen eine weihevolle Aura. Die entstandene Melodie der Stille hat einen betäubenden Klang. Es ist als ob die Welt atmet, sich ausdehnt und wieder zusammenzieht. Mit großen, offenen Augen und weichem Blick lasse ich die Worte versickern. Mein Kopf ist leer. Etwas hat sich verändert.

Mutter Agnes hält mein Gesicht in ihren Händen, streichelt sanft meine Haut, meine Haare, verwischt das Rinnsal meiner Tränen. „Du bist meine Tochter, Clara. Ich liebe dich wie eine Tochter. Ich will, dass du das weißt."

Mein Kopf liegt auf der Bettdecke, ich habe mich ihren Worten und ihren Händen ergeben, ein seliges Gefühl unter der Haut. Eine rotierende Schleife mit eingravierten Worten zieht in meinem Kopf die Runde: - ihrer Hände Licht - ihrer Hände Licht. Genau so fühle ich mich. Als hätten ihre Hände mich heller gemacht. Mit einem Lächeln auf meinen Lippen möchte ich mich nach innen fallen lassen, frei und unbeschwert, wie an einer Nabelschnur gehalten, gleitend, schwebend und sorglos. Ein Gefühl der Geborgenheit. Ein Geschenk.

Als ich die Augen öffne, blicke ich direkt in ihr Gesicht, das in Farbe badet. Orangefarbene Schlieren, lindgrüne Sprenkel, ein schmaler pulsierender Kranz, blaue Tupfer. Sie mag mit Falten überzogen sein, sie mag alt und verbraucht sein, aber sie ist wunderschön.
„Ich bin so froh, dass du da bist. Wie fühlst du dich, Clara?"
„Danke Mutter, danke sehr. Ich fühle mich, als hättest du mir eben ein Leben geschenkt."
Schon wieder stehen meine Augen unter Wasser.
„Ach Clara, ich hätte liebend gerne mehr für dich getan. Doch das hast du nicht zugelassen."
Sie hüstelt vor Müdigkeit, die nicht mehr zu übersehen ist.
„Ich danke dir für alles, was du für mich getan hast. Und es tut mir so leid, dass ich all die Jahre vergessen und verdrängt habe. Du bist meine Mutter, du warst es immer, jetzt begreife ich das, ich wehre mich nicht mehr. Mit dem Segen hast du mich ins Leben zurückgeholt. Ich habe plötzlich das Gefühl, nicht mehr

das frei herumschwirrende Füllsel zu sein, sondern einen eigenen Stand zu haben. Danke sehr."
Ich habe ihre Hand in meine beiden Hände genommen und zum Mund geführt, hauche ihr kleine Küsse darauf.
„Du wirst schon sehen, alles wird gut."
Sie schließt die Augen, gleich darauf öffnet sie sie wieder. „Ich bin so müde heute, Clara. Vielleicht sollte ich ein wenig schlafen."
„Dann gehe ich jetzt besser und lass dich schlafen, auf Wiedersehen, Mutter."
Ich weiß nicht, ob sie mich noch gehört hat. Als ich die Türe von außen schließe, habe ich alle Geräusche des Zimmers mitgenommen.

Draußen sitzt Schwester Beate mit drei weiteren Mitschwestern an dem gedeckten Kaffeetisch. Als mich alle vier einladend herbeiwinken, setze ich mich kurz dazu, trinke eine Tasse Kaffee, esse ein Stück Kuchen.

„Es ist so gut, dass Du da bist, Clara. Du machst Mutter Agnes damit eine riesengroße Freude. Wie lange kannst Du bleiben?"
„Morgen Früh wollte ich weiterfahren. Ich weiß nur noch nicht wohin. Das hängt davon ab, was Herr Wohlleben herausfindet."
„Ach ja, natürlich, ich hab es ganz vergessen. Frau Stocker hat vorher das gewünschte Papier vorbeigebracht, ich hole es schnell."

Ich krame in meiner Handtasche bis ich die Visitenkarten gefunden habe. Zwei davon ergänze ich mit meinen privaten Nummern, gebe eine davon Schwester Beate, mit der Bitte die andere Mutter Agnes zu geben.

„Und bitte rufen Sie mich an. Auf dem Handy bin ich nahezu immer erreichbar. Ich möchte wissen wie es Mutter Agnes geht. Hat sie oft so schlechte Tage wie heute?"
„Na ja, immer öfter. Mit 94 Jahren ist sie nunmal nicht mehr die Jüngste. Der Arzt kommt jeden Tag, um nach ihr zu sehen. Aber insgesamt hält sie sich sehr wacker. Sie ist ja nicht wirklich krank,

sie ist nur alt und schwach, aber hier“, sie deutet auf ihren Kopf, „ist sie immer noch auf der Höhe.“
„Gibt es für Ihre privaten Räume hier eine eigene Telefonnummer, oder muss man immer über das Sekretariat der Schule verbunden werden?“
„Es gibt eine eigene.“

Schwester Beate schreibt die Nummer auf das Blatt, das sie mir geholt hat. Mein Blick fällt auf die Adresse. Mutter Agnes hatte Recht. Es ist Wien, mein Onkel war oder ist in Wien. Und die Überweisung kam aus dem Kloster der Dominikaner.

Ich bedanke mich sehr und verabschiede mich von meiner Kaffeerunde, Schwester Beate umarmt mich. Ja, wir hören sicher wieder voneinander, und ja, ich werde auf mich aufpassen.

14

Mit meiner Abreise habe ich nicht bis zum nächsten Morgen gewartet. Es ist jetzt sechs Uhr am frühen Abend und ich sitze bereits in einem Intercity von Salzburg nach Wien. Das war nicht weiter ein Problem, der Lokalexpress von Altöttting nach Salzburg fährt stündlich. Ganze drei Stunden dauert die Fahrt nach Wien, wobei die gefühlte Entfernung wesentlich größer ist. Ein Abteil erster Klasse ganz für mich allein, die Schwärze hinter der Scheibe spiegelt nur mich. Ich lächle mir zu. Dann drücke ich mich mit verschränkten Armen, übergeschlagenen Beinen und geschlossenen Augen in die gepolsterte Ecke. Ich schließe das Draußen aus, will mit mir alleine sein, dem Tag hinterherschauen, dem Echo der Worte hinterherlauschen, nichts Neues aufnehmen, sondern das Vorhandene erspüren, es drehen und wenden und es irgendwie in mein Leben einpassen.

Ich erinnere mich an das Gespräch mit Simon in meiner Wohnung, das ist ein paar Tage her, in dem ich ihm von der Kraft der Worte erzählt habe. In dem Bibelzitat, „... und sprich nur ein Wort und meine Seele wird gesund", hängt alles von diesem Wort ab und dass es gesprochen wird. Ich wollte auf dieses erlösende Wort warten, bis es sich mir schenkt. Heilende Worte, die Ordnung herstellen, die an unbesetzte, verletzte oder kranke Orte fallen. Solche Worte sind gnädige Wesenheiten, die mit eigener Kraft in das Leben eingreifen, sich öffnen und verströmen. Worte, die wie Feuer brennen.

Hat Mutter Agnes dieses Wort gesprochen? Hat sie mit ihrem Segen mein Leben geheilt? Wie ist es möglich, dass gesprochene Worte so eine Wirkung haben? Und was ist überhaupt ein Segen? Irgendetwas ist geschehen. Als hätte sich ein fehlendes Puzzleteil ins Bild geschlichen. Als wäre ich plötzlich mit neuer Kraft versehen, die alles möglich macht.

Ich liebe es, ohne Zutun, dahinzugleiten, zu einem Ziel hin getragen zu werden. Das Rattern des Zuges, die Stille des Abteils, die Bilder und Worte in meinem Kopf. Ein irreales Gefühl im Bauch. Eine umschriebene, kleine Welt.

Abrupt stehe ich auf meinen Beinen, gehe die zwei bis drei Schritte auf und ab, das Handy an meinem Ohr. Ich habe die Nummer von Lena Lenz gewählt, warte und lasse mir bis zum Ende der Ansage erzählen, dass der gewünschte Teilnehmer nicht zu erreichen ist. Ich lasse ihr eine Nachricht.

Was passiert, wenn uns jemand segnet? Dass ein Segen in der Kirche gesprochen wird, dass Priester ihn als spirituelle Formel für die ihm anvertrauten Menschen benutzen, das weiß ich, dennoch kam der Segen in meinem bisherigen alltäglichen Vokabular nicht vor. Als Gott die Welt und den Menschen erschaffen hatte, segnete er sie. „Und er sah, dass es gut war." Bedeutet denn dann der Segen nicht auch, dass man einer göttlichen Kraft oder Gnade anteilig wird, dass man für lebenswert oder wertvoll gehalten wird? Das Wort signare aus dem Lateinischen bedeutet „mit dem Zeichen versehen", in kirchlicher Hinsicht meint das wohl, mit dem Zeichen des Kreuzes versehen. Ich habe heute einen Segen erhalten. Es fühlt sich an wie ein Ritterschlag. Sollte den nicht jedes Kind beim Start ins Leben erhalten? Wie ein Geschenk?

Verhalten habe ich mich zeitlebens allerdings wie jemand, der ein Zeichen anderer Art erhalten hat und es für alle sichtbar durchs Leben trug. Ein Stigma. Ein Schandfleck. Ein lebender Beweis für zwischenmenschliche Abgründe. Ein Kind, an dem gezogen und gezerrt wurde, das neu geeicht werden musste, resozialisiert, neu definiert und mit neuer Identität versehen. Klammheimlich bin ich davon ausgegangen, dass mein Leben nur in einem Zwischenraum, einem Vorhof zum richtigen Leben stattfinden darf, in dem ich mich verstecken muss, und in dem ich nicht erwarten kann, jemals dazuzugehören. Ich bin sozusagen aus der Vermeidung heraus erwachsen geworden. Es ist schon merkwürdig, dass so viele wohlmeinende, aber fremde Augen ihre Bilder auf mich projizierten. Rollenzuweisungen, die mir zugefügt wurden wie Schmerzen. Das ist wohl, was man Sozialisation nennt, aber hat das denn etwas mit mir zu tun? Ich glaube nicht mehr an die Zuweisungen der anderen, für die ich meinen Namen trug, zu denen ich „Ich" sagte oder „Clara". Damit habe ich automatisch die Sichtweise oder den Standpunkt anderer Menschen übernommen und damit auch deren Lebensgewohnheiten und Glaubenssätze. Was man Kindern angedeihen lässt, nennt man Erziehung. Dabei implantiert man pausenlos nur die Selbstverständnisse der Erwachsenen. Eine Fortpflanzung der Selbstverständnisse, eine Spiegelung des bereits Vorhandenen. Ich will mich nicht länger mit diesen Fremdbildern, Erwartungen und Definitionen meiner Person aufhalten, mit einem Segen ausgestattet kann ich jetzt meine eigenen Bilder orten und nach außen tragen. Jetzt habe ich einen eigenen Stand. Ich will wissen, was jenseits der Projektionen auf mich wartet.

Das Rattern des Zuges rezitiert die Worte des Segens, ein gedanklicher Refrain, wie ein Mantra. Ob dieser Segen sichtbar oder spürbar ist? Ich glaube schon.

Wenn ich sage, ich sei aus der Vermeidung heraus erwachsen geworden, so meint das auch, dass ich alles das, wovon ich annahm, es schwächt mich, vermieden habe. Ich habe mich hart gemacht, Gefühle galten nicht für mich. Und an die Liebe konnte ich nicht glauben, für alle anderen ja, aber nicht für mich. Ich konnte mich nicht lieben lassen. Und genau genommen ist das das Problem. Die Augen der Anderen machten mir Angst, Gefühle machten mir Angst, die Gedanken und Urteile der Anderen über mich machten mir Angst. Ich wollte mich ihrem Sog, ihrer Wirkung auf mich nicht aussetzen. Ich hatte keinen Ort, an dem ich lebensfähig war, keinen eigenen. Die Menschen, mit denen ich zu tun hatte, wollten mich auf ihre Seite ziehen, jeder auf seine eigene. Wieder war es ein Gezerre und Geziehe. Jeder wußte, was gut für mich war und wie ich werden sollte. Ich habe mich verweigert,

nahm nichts mehr an, wollte nichts mehr hören, verkapselte mich, tauchte ab, schlug Haken, wenn man nach mir griff, nutzte jeden Schleichweg oder versteckte mich.
Alles war mir recht.

Was um Gottes Willen sieht denn Simon in mir? Er war immer in meiner Nähe, liebevoll um mich bemüht. Aber ich war nicht darauf gefasst, geliebt zu werden. Ach Simon, wenn diese Liebe eine Chance haben soll, müssen wir dann einander nicht neu erfinden? Wir existieren bereits im jeweils anderen Hirn als Bild, werden dort weitergedacht und in fremde Träume versponnen. Ich weiß nicht, wie das möglich sein wird. Haben wir nicht schon in diesem ständigen Wechsel von Annäherung und Zurückweisung unsere Herzen verbrannt?

Es sind einfach zu viele Fragen und keine Antworten in Sicht. Immer alles alleine mit mir ausmachen, die Zähne zusammenbeißen, die Fäuste ballen, meinen Rücken in Drahtseile verwandeln, auch das sind nur alte Gewohnheiten. Es lag eine unglaubliche Anstrengung darin, stehen zu bleiben und den Glauben an den nächsten Tag nicht zu verlieren. Alleine, immer nur alleine. Aber das muss ja nicht wahr sein. Diese Gedanken müssen gar nicht wahr sein, aber solange ich daran glaube, sind sie es.

Hinter Amstetten öffnet sich die Schiebetür des Abteils. Herein kommt eine Frau mit ihrer kleinen, etwa zweijährigen Tochter.
„Guten Abend“, sie lächelt mich an, hebt ihre Tochter und setzt sie mir gegenüber auf den Fensterplatz.
„Guten Abend“, erwidere ich freundlich, schaue dabei aber ausschließlich das kleine Mädchen an. Ein entzückendes Kind, blonde Ringellöckchen, große blaue Augen, mit einer pinkfarbenen Latzhose bekleidet, darunter ein in weiss und pink gehaltener Ringelpullover. Kaum hat ihr die Mutter Jacke, Mütze und Schal ausgezogen und an den Haken gehängt, rutscht die Kleine von ihrem Sitz. Ein paar Schritte geht sie auf und ab, bleibt vor mir stehen, schaut mich an. Dann geht sie wieder ein paar Schritte an

die Tasche ihrer Mutter, patscht mit ihren Händen darauf herum, bis ihre Mutter die Tasche öffnet. Das gefundene Bilderbuch legt sie freudestrahlend in Mutters Schoß „Da", sagt sie. „Danke schön", sagt die Mutter. Dann gibt sie ihr das Buch zurück. „Das ist dein Buch Leonie". Die Kleine nimmt es mit beiden Händen entgegen, die Trinkflasche hält sie mittlerweile mit den Zähnen fest. „Mein Buch", sagt sie und lacht, wobei ihr die Flasche aus dem Mund rutscht. „Lesen, Mama", und wieder legt sie ihr Buch in die Hände der Mutter. Die Mutter hebt die Flasche auf, tauscht sie gegen eine andere aus, zieht ihre Tochter auf den Schoß, die sich an sie kuschelt, öffnet das Buch und liest:
„Die Geschichte heißt: Kannst du nicht schlafen, kleiner Bär? Es waren einmal zwei Bären. Der große hieß großer Bär, und der kleine hieß kleiner Bär. Den ganzen Tag über spielten sie draußen im Sonnenschein. Wenn die Sonne unterging und der Abend kam, ging der große Bär mit dem kleinen Bären nach Hause in die Bärenhöhle......"

Meine Augen sind geschlossen, ich lausche der Geschichte, sehe die Bären in einem Winterwald vor einer großen steinernen Höhle in der Sonne spielen. Ich höre ihr Lachen, das strahlende Gesicht der kleinen Leonie schiebt sich in die Bärenlandschaft. Ihre Arme und Hände, die sich ihrer Mutter entgegenstrecken, schieben sich dazwischen. Und plötzlich weiß ich es: beides gehört zusammen. Die ausgestreckten Arme und das Lachen. Geben und Nehmen. Ich war Zeuge eines kleinkindlichen Rituals, habe gesehen wie wenig es braucht, einen anderen Menschen glücklich zu machen, wie einfach es sein kann, Liebe und Nähe ins Leben zu bringen. Das Geben muss erwidert werden. Erst dann kann die Liebe fließen.
Ein anderes Bild wandert über meine Netzhaut. Die eigenen Kinderarme strecken sich Menschen entgegen, finden keine Erwiderung, bleiben rudernd in der Luft stehen. Das, was ich zu geben hatte, wollte niemand, folglich wollte man auch mich nicht haben. Kein Geben und Nehmen. Keine Liebe. Kein Lachen. Die trotzige Konsequenz dieses Bildes: Geben und nehmen wurden

eingestellt. Ich wollte nichts mehr haben und nichts mehr geben, wollte nicht mehr enttäuscht werden.

„Kann ich Ihnen irgendwie helfen?“ Die sanfte Mutterstimme von gegenüber. Ich öffne mein Gesicht und schaue in ihre lächelnden Augen. Ich habe nicht gemerkt, dass mir Tränen über die Wangen laufen. Das sollte nicht zur Gewohnheit werden. Die kleine Leonie ist eingeschlafen, eng an den Körper ihrer Mutter gekuschelt.

Meine spontane Antwort im Normalfall wäre eine Abfuhr. “Nein danke, sehr freundlich, geht schon wieder.“ Die Worte liegen in meinem Mund bereit. Dann überlege ich es mir anders. Ich will nicht diesem alten Muster folgen, das alles abblockt und Ruhe einfordert. Jetzt werde ich diesem Lehrstück von Geben und Nehmen folgen und mich mutig über meine Vergangenheit hinwegsetzen.
„Sie haben mir schon geholfen“, sage ich lächelnd. „Diese kleine Szene zwischen ihrer süßen Tochter und Ihnen hat etwas in mir bewegt. Wie sie miteinander umgehen ist unbeschreiblich schön.“
„Es ist nicht gerade alltäglich, dass sich Menschen von so kleinen Szenen berühren lassen. Es würde mich sehr interessieren, und ich hoffe, ich trete Ihnen dabei nicht zu nahe, warum das in Ihrem Fall anders ist.“
Ein kurzes Zögern. Ich weiche ihren Augen nicht aus. Ich werde etwas tun, was ich noch nie getan habe: Einer Fremden den Inhalt dieser Seelenblase erzählen. Ein riskantes Unterfangen, aber was habe ich denn schon zu verlieren? Noch etwa eine Stunde Zugfahrt, ich weiß noch nicht einmal wie sie heißt oder ob ich sie wieder sehen werde. Aber warum sollte das eine Rolle spielen?
„Es ist erst ein paar Tage her, da habe ich quasi über Nacht erfahren, dass ich an einer Amnesie leide, die die ersten sieben Jahre meines Lebens umfasst. Seither bin ich auf der Suche nach dieser Zeit. Was ich bisher gefunden habe, ist sehr schmerzhaft und quälend, manchmal auch überfordernd. Aber ich schlage mich ganz wacker. Und jetzt bin ich unterwegs nach Wien, in der Hoffnung

ein nächstes Teilstück für mein Puzzle zu finden. Ach übrigens, ich habe mich noch gar nicht vorgestellt, ich heiße Clara Stiller und komme aus München."
„Mein Name ist Berta Silbermann und ich lebe mit Mann und Kindern in Wien." Wir reichen uns die Hände und lächeln uns freundlich an.
„Haben Sie Unterstützung und Hilfe bei dem, was Sie da alles durchleiden und erfahren müssen? Es ist einfach unglaublich wichtig, dass man damit nicht alleine bleibt."
„Ja, ich habe zwei Helfer, auf die ich mich verlassen kann."
„Ich habe viel über die Thematik gelesen, berufsbedingt, ich bin Heilpädagogin und arbeite in einer Förderschule mit auffälligen, lernbehinderten und auch traumatisierten Kindern. Es ist unglaublich faszinierend und spannend, welche seelischen Klimmzüge, emotionale und rationale Anpassungsleistungen diese Kinder bewerkstelligen, nur um zu überleben. Wenn es zu viel wird, überleben sie in einem Schockzustand oder in einer überdauernden Traumatisierung, oder sie spalten das Erlebte ab und vergessen es. In jedem Fall ist es einigermaßen schwer an das Kerngeschehen heranzukommen und es aufzuarbeiten. Es gibt einfach zu viele chronische Fälle, in denen das gesamte Leben sich um das Trauma oder die Amnesie herumlegt und erstarrt. Sie sagen, Sie hätten das spontan, über Nacht erfahren, es wird dadurch nicht einfacher, aber wenigstens führen die erlittenen Schmerzen Sie zurück ins Leben."
„Eine Psychologin hat mir in etwa dasselbe gesagt. Nur wenn Sie mitten drin stecken, dann fällt der Glaube daran sehr schwer."
„Wenn Sie heute nicht stark genug wären, die Flut dieser schlimmen Dinge auszuhalten, würde Ihr Unbewusstes sie nicht schicken."
„Auch das ist nicht wirklich tröstlich." Wir schauen uns an und lachen beide.
„Immerhin haben Sie noch nicht verlernt zu lachen."
„Es sieht so aus."
„Sagen Sie, wo in Wien sind Sie denn untergebracht und wie lange bleiben Sie? Wir sind bald da und in dem Trubel, der

nachher ausbricht, möchte ich nicht, dass wir sang- und klanglos verschwinden."
„Ich bin im Sacher, für wie lange, weiß ich nicht. Ich schätze, ein paar Tage."
„Darf ich Sie anrufen?"
„Ja gerne, ich würde mich freuen."
Eine Lautsprecherstimme kündigt den nahen Hauptbahnhof an. Berta Silbermann weckt ihre kleine Tochter, was der gar nicht gefällt. Sie fängt an zu weinen und will partout nicht auf die Beine gestellt werden.
„Lassen Sie Ihre Tochter doch da, wo sie ist. Ich nehme Ihren Trolli und begleite Sie zum Ausgang. Ich habe ja auch keinen anderen Weg."
„Sehr lieb, danke."

Am Ende der Gleise wartet ihr Mann, er kommt winkend auf sie zugelaufen, küsst sie und nimmt ihr Leonie aus den Armen. „Papa, Papa", sagt die Kleine und streckt ihre Ärmchen nach ihm aus. „Papa", noch einmal, dann legt sie ihren Kopf auf seine Schulter.
„Hannes, ich möchte dir jemanden vorstellen, den ich im Zug kennen gelernt habe. Das ist Clara Stiller", mit der Hand auf mich deutend, „und das", die Hand auf ihren Mann zeigend, „ist mein Mann, Hannes Silbermann." Wir geben uns die Hände und nicken uns freundlich zu.
„Können wir Sie nicht zum Sacher mitnehmen, das liegt ja so gut wie auf unserer Strecke?" Berta Silbermann fragt mich.
„Machen Sie sich keine Umstände, ich kann auch ein Taxi nehmen."
Doch Bertas Mann will davon nichts wissen.
„Ich stehe am Seitenausgang."
Es ist wirklich kein Problem. Er fährt eine geräumige Limousine, ich sitze hinten neben der kleinen Leonie, die in ihrem Kindersitz gut verstaut wird. Sie ist jetzt putzmunter und strahlt von einem Ohr zum anderen. Wenn sie die paar Worte, die sie schon sagen kann, mit dem Mund formt, sprechen ihre Hände mit. „Papa,

Loni Buch, Papa." Ihr Vater greift es auf. „So, du hast ein Buch geschenkt bekommen. Von wem? Von Oma?" „Ja, Oma."

Wildfremde, freundliche Menschen, die mir für eine kurze Zeitspanne ein kleines, warmes Plätzchen in ihrer Mitte anbieten, das ich gerne annehme. Es geschehen noch Zeichen und Wunder. Wir sind nur ein paar Minuten unterwegs. Herr Silbermann fragt, was mich nach Wien führt. Ich sage: „Ich bin auf der Suche nach der Vergangenheit", was ihn nicht zu beunruhigen scheint, was ihn auch nicht zu einer weiteren Frage veranlasst. Das Schweigen im Auto ist nicht laut, es ist angenehm. Er fährt den direkten Weg, Opernring, Kärntnerstrasse, dann hält er auch schon an, direkt vor dem Sacher.
Ich streichle der kleinen Leonie die Wange. „Auf Wiedersehen kleine Leonie, du bist ein liebes Mädchen." Ich strecke meine Hände nach vorne. „Machen Sie sich keine Mühe, Sie müssen nicht aussteigen. Auf Wiedersehen und vielen Dank."
Ich steige aus, Herr Silbermann ebenfalls, er lässt es sich nicht nehmen, mir den Koffer herauszuheben.
„Haben Sie vielen Dank. Gute Nacht."

Ich bin auf der Suche nach einer verlorenen Zeit, denke ich, nach einer Zeit, in der ich ein so kleiner Mensch war wie dieses Mädchen Leonie. Das ist der Stoff, aus dem meine Tränen sind. Dieses Mädchen spiegelt etwas, was nie war und was ich nie mehr sein werde. Dennoch ist es wunderbar, dass es möglich ist, dass es so etwas überhaupt gibt.

Man kennt mich hier. Seit vielen Jahren steige ich im Sacher ab, wann immer ich in Wien zu tun habe. Es ist ein Fin-de-siècle-Haus mit Geschichte und Stil und einer sehr persönlichen Atmosphäre, großzügig, weitläufig und lichtdurchflutet. Die Zimmer sind mit herrlichen Antiquitäten ausgestattet, meinem Zuhause sehr ähnlich. Ich denke, es ist das erste Mal, dass ich mich hier privat aufhalte.

Zwei Portiers in weinroter Livrée öffnen die verglasten, grüngerahmten Türen.
„Guten Abend, gnädige Frau, schön Sie wieder einmal im Sacher begrüßen zu dürfen."
Mein Gepäck wird mir von einem anderen diensteifrigen Menschen abgenommen. Er folgt mir zur Rezeption.
„Guten Abend, Frau Dr. Stiller."
„Guten Abend, Herr Wawra." Wir reichen uns die Hände. Auch wir sind uns schon viele Male begegnet und dieser freundliche Mensch hat es immer gut mit mir gemeint.
Er legt den Schlüssel auf die Theke. „Wie immer, gnädige Frau, die Bernstein Suite."
„Danke Herr Wawra, sehr freundlich."
„Wie viele Tage werden Sie diesmal unser Gast sein?"
„Ich weiß noch nicht genau, vielleicht vier oder fünf Tage."
„Einen schönen Aufenthalt, Frau Dr. Stiller."
„Danke."

Als ich die Tür zu meinen Räumlichkeiten hinter mir schließe, merke ich wie anstrengend dieser Tag doch war. Dabei sind nicht Fülle oder Dichte der aufeinander folgenden Ereignisse ausschlaggebend, sondern eher die Intensität der emotionalen Befindlichkeiten und das Tempo, mit dem sie wechseln. Mein ohnehin geschwächter Körper fordert sein Recht. Ein Kalziumdrink beendet das feine Zittern meiner Hände und das Rauschen in den Ohren. Ich muss mich dringend ausruhen und das alles langsam angehen. Nicht zu schnell, nicht zu viel. Vor allen Dingen, nicht zu viel auf einmal wollen. Sondern eher ein weitläufiges Horchen auf das, was von selber will und auf mich wartet. Erst einmal etwas essen, ich ordere den Zimmerservice: Getrüffeltes Perlhuhn mit Fenchel-Couscous gefüllt, ein Glas Weißwein und Wasser. Ich habe Hunger. Mit dem Laptop auf den Beinen sitze ich in einem der grünen Fauteuils. Die E-Mails sind schnell gelesen und beantwortet. Zwei aus der Kanzlei, Frau Holzner, die mich auf dem Laufenden hält. Simon, der sich nach meinem Befinden erkundigt, mir alles Gute wünscht und am liebsten bei mir sein will.

Ich lasse mir gerade ein Bad ein, als es an der Tür klopft. Das Wasser drehe ich sofort wieder ab, erst einmal essen. So ein Durcheinander in meinem Kopf, es wird Zeit da wieder Ordnung reinzukriegen. Eine Sache auf einmal. Essen. Es schmeckt köstlich. Als hätte ich seit Tagen nichts Gutes mehr gehabt. Mit Appetit und Heißhunger widme ich mich meinem Teller. Im Sacher ist es eigentlich ein Muss die Spezialitäten des Hauses zu bestellen. Tafelspitz, Mehlspeisen, Sachertorte und vieles mehr, darum kann ich mich ja in den nächsten Tagen kümmern. Es ist schon merkwürdig, wie räumlicher Abstand zu Menschen und Dingen die Perspektiven verschiebt. So viele Ereignisse liegen hinter mir, müssen nicht mehr zwingend Bestandteil meines Lebens sein, Rangordnungen, Wichtigkeiten haben sich verschoben. Der Moment ist wichtig geworden. Was brauche ich jetzt, was interessiert mich, worauf habe ich Lust und woran habe ich Freude? Und die Neugierde auf morgen. Aber es gibt da jemanden, der in meine Gegenwart hineinreicht, und das ist Simon. Ich räume ihm Platz ein, sehr merkwürdig, mir das einzugestehen. Ich denke anders an ihn als noch vor ein paar Tagen. Kein funktionales Ordnen, keine rationalen Planspiele, eher ein körperliches Denken, eine amorphe Erinnerung aus längst vergangenen Tagen. Ich hänge versonnen den flüchtigen Bildern nach, die wie Schatten über meine Haut huschen. Wir werden sehen. Alles hat eine Zeit. Und morgen ist ein neuer Tag.

Es ist noch nicht elf Uhr als ich schlafbereit im Bett liege. Ich habe Lust auf nichts. Nicht mehr lesen, nicht mehr fernsehen, nicht mehr telefonieren. Bin müde. Aber der Schlaf kommt nicht. Mit geschlossenen Augen ist der Blick auf mich ein anderer. Wie verwirrend das doch alles ist. Man erzählt sich Geschichten über das Leben, über Menschen, über sich selber. Man kreiert Bilder von sich selber, Selbstbilder, schickt sie hinaus in die Welt und macht die anderen Menschen da draußen glauben, dass man so ist, nennt es Charakter oder Persönlichkeit, gibt dem ganzen einen Namen. Et voilà. Dabei geht es doch immer nur darum, dass ich das eigene Bild im Spiegel ertragen kann und dass ich „Ich" dazu sagen will. Wie wollte ich mich sehen? Wer bin ich denn unter all den Schichten des Selbstbetrugs oder der Not? Vielleicht auch nur der Not? Der jahrzehntealte innere Kampf hat mich nur scheinbar hart und kalt gemacht. Diese äußere Schale ist gesprengt, das darunter liegende Weiche ist aufgebrochen. Woher kommt das Bedürfnis alles zu verstehen, zu erklären, zu rechtfertigen? Immer noch der Zwang mich in Sicherheit zu bringen, mich zu schützen?

Und dann sind da die Gefühle. So viele Gefühle. Auf einmal. Vorsichtig strecken sie ihren kleinen Hals aus dieser Suppe. Wenn ich mir vorstelle, wo ich sie über die Jahrzehnte versteckt habe, wie sie in meinem Unterbewusstsein, in meinem Körper herumgeschlichen sind, von einer übermächtigen Angst in den letzten Winkel getrieben, um dort ungelebt zu verkümmern. Und dann aus heiterem Himmel gerate ich in chaotische Turbulenzen, über Nacht taut mein erstarrtes, vereistes System auf, verkrustete Strukturen brechen auf, vergessene Tränenkanäle treten über die Ufer, Sicherungen knallen durch, knarzende Achsenverschiebungen in meinem Kopf, synästhetische Überlappungen der Sinne. Plötzlich bin ich aufgewacht. Und ertrinke in Gefühlen. Mein Selbstbild stimmt nicht mehr. Zeit, es zu akzeptieren. Ich bin nicht mehr nur die toughe, kalte, intelligente, funktional und sachlich denkende Clara Stiller, sondern vielleicht auch eine warme, einfühlsame, zarte und sinnliche Frau. Irgendwie gefällt mir der Gedanke, ich drücke ein Lächeln ins Kopfkissen. Vielleicht ist ein gutes Wort.

Morgen Früh muss ich unbedingt Mutter Agnes anrufen, Zimtauge und Simon. Ob ich nicht Simon frage, ob er für das Wochenende nach Wien kommt? Es ist weit nach Mitternacht und ich kann nicht aufhören zu denken, mein Kopf ist angefüllt mit Buchstaben. Ich versuche es mit Entspannung, schüttle Arme und Beine, rolle meinen Körper von links nach rechts und von rechts nach links in einem sanften Rhythmus. Aber ich bin wie im Rad, das sich immer weiter dreht und an meinen Übungen keinerlei Interesse zeigt. Kannst du nicht schlafen kleiner Bär? Nein, kleiner Bär kann nicht schlafen. Ich muss lachen.

Zuguterletzt stehe ich doch wieder auf und öffne eines der Fenster. Ich bin im dritten Stock, schaue auf die Turmspitze der Kapuzinerkirche und links davon die Albertina, die Geräusche einer kalten, windigen Februarnacht liegen mir zu Füssen. Zurück in meiner grünen Suite, alles ist in grün gehalten, sogar die Tapete, wandere ich durch meine Räume, inspiziere nochmals das Bad, freue mich an der runden Badewanne. Schließlich wickle ich mich auf einer zarten, antiken Chaiselongue fröstelnd in eine Wolldecke, stopfe mir ein Kissen in den Rücken, schalte den Fernseher ein und zappe durch die Programme. Liz Taylor wird zur Katze auf dem heißen Blechdach, eine Pariser Modeshow zeigt Haute Couture, ein Dokumentarfilm über Ufos, Gesprächsrunden über aktuelle Themen mit prominenten Gästen. An einem Westernklassiker bleibe ich hängen, „Spiel mir das Lied vom Tod", dessen Titelsong ein jammernder Ohrwurm ist, den ich sehr mag. Einfach unglaublich, dass man sich die ganze Nacht vor der Flimmerkiste um die Ohren hauen kann. Bei der Hälfte des Filmes schalte ich wieder aus.

Wieder zurück in meinem Bett, das Fenster gekippt, liege ich im Dunkeln, horche auf die Geräusche der Strasse, das scheppernde Echo eines Lachens irgendwelcher spätheimkehrenden, vielleicht angeheiterten, jungen Leute, ein kalter, pfeifender Wind, der den Vorhang aufbauscht, schlagende Autotüren und davonfahrende Autos. Ich verliere mich in diesen Geräuschen, die frühen Stunden des nahenden Morgens drängen nicht mehr. Ist es nicht vollkommen egal, wann mein Körper sich den nötigen Schlaf holt? Ich stehe nicht unter Aufsicht, mein Timer ist leer, zum ersten Mal in meinem Leben kann ich tun und lassen, was ich will. Ich wehre mich nicht mehr gegen die Wortlawinen in meinem Kopf, lasse einfach laufen.

Und dann bin ich doch noch eingeschlafen.

15

Es ist dunkel, als ich von den eigenen Schreien aufwache. Meine Atmung geht schwer, Herzklopfen in den Augen, ich kann mich kaum beruhigen. Farbblitze explodieren im Kopf, ein schauriges Nachbeben meiner Träume. Ein Traumbild kann ich noch fassen. Ich liege schlafend in einem Kinderbett, ein Schatten nähert sich dem Bett, es ist mein Vater, er ist betrunken und will mich umbringen. Die Bedrohung, die von ihm ausgeht, legt sich wie eine wabernde Glocke auf mich.
Ein anderes Bild fällt mir noch ein. Ein Steinmetz bei der Arbeit. Er bearbeitet vorsichtig, mit Hammer und Meißel, einen großen, schillernden Stein, will den Kern freilegen. Ich bin in diesem Stein gefangen und schaue ihm interessiert bei seiner Arbeit zu.

Ich schaue auf die Uhr. Kurz nach sechs Uhr, d.h. ich habe circa drei Stunden geschlafen. Meine Beine hängen über die Bettkante, ich betrachte minutenlang meine Zehen, als gäbe es im Moment nichts Wichtigeres zu tun. Fühle mich wie ein gerädertes Gespenst. Vielleicht hilft ein Kalzium. Gedacht, getan. Mit dem Glas in der Hand ziehe ich die Vorhänge vom Fenster und schaue in das beginnende Dämmerlicht. Der Tag klopft ans Fenster, während die Bruchstücke der Nacht in Schleifen kreisen. Ein ungemütlicher Zustand.

Während ich mir ein Bad einlasse, gehe ich online, schreibe Lena Lenz ein E-mail, in dem ich von dieser anrührenden Situation im Zug erzähle. Die kleine Leonie im Kontakt mit ihrer Mutter. Ich schreibe, als füllte ich die Seite eines Tagebuches. Berichte auch meine Begegnung mit Mutter Agnes im Kloster und den Segen, den sie mir gegeben hat. „Was bedeutet eigentlich ein Segen?", frage ich sie.

Dann tauche ich ins sehr heiße Badewasser ab, inklusive Haare und Gedanken. Die Traumkrusten der Nacht wegspülen, die alte Haut von gestern loswerden, den Kopf leeren. Ankommen, in Wien und in diesem Tag. Nicht das Gestern und das Vorgestern in das Heute zerren. Ich weiß nicht wie lange ich schon in diesem Wasser liege, zweimal habe ich heißes Wasser nachlaufen lassen, meine Hände sind schrumpelig, wie die eines Greises, aber so nach und nach habe ich meinen diesigen Zustand ins Wachsein geschoben. Jetzt geht es mir gut. Mit heißer, geröteter Haut steige ich aus der Wanne, wickle mir das große, weiße Frotteetuch um den Körper und mache mich fertig für den Tag. Mein kleiner Koffer birgt nicht mehr viele Möglichkeiten. Eine zimtbraune, feine Cordsamthose, einen Seidenpullover im gleichen Braunton, aber mit schwarzem, afrikanischen Dekor. Ich denke, ich werde den Inhalt meines Koffers in ein Paket stecken und es nach Hause schicken und mir heute einen Shopping-Gang gönnen. Weil es mir plötzlich schwindlig ist und schwarz vor Augen, lege ich mich nochmal kurz aufs Bett. Vielleicht reagiert mein Kreislauf auf das sehr heiße Bad. Mittlerweile ist es beinahe acht Uhr, also war ich doch für gut eine Stunde im Wasser.

Ich döse vor mich hin, staune über die Vielfalt der Geräusche. Nicht nur das erwachende Haus mit seinen Stimmen, Türen, die sich öffnen und schließen, ein Knarzen hier, ein Rauschen dort, Wasser, das in Wannen oder aus Duschköpfen läuft, das Motorengeräusch der Strasse, Worte, die mit Laufschritten zerfallen. Man könnte meinen, dass sich Großstädte identisch anhören und anfühlen. Aber dem ist nicht so. Wien hat einen anderen Rhythmus, einen anderen Klang, Wien riecht anders. Ich bin nicht fokussiert auf ein spezielles Geräusch, es ist mehr ein weiches Lauschen auf die Melodie aller Einzelteile. Darüber muss ich nochmal eingeschlafen sein.

Als ich wieder zu mir komme, fühle ich mich ausgeruht und frisch. Jetzt kann der Tag beginnen. Ich springe aus dem Bett, noch einen kurzen Blick in den Spiegel, bürste noch einmal die

Haare, lege ein wenig Parfum auf. Dann schnappe ich mir Handtasche und Zimmerschlüssel, hänge meinen Cashmere Mantel über den Arm und bin aus der Tür.

Es ist schon bald zehn Uhr, d.h. es sind nur noch wenige Gäste beim Frühstück. Ist mir ganz recht. Ich habe einen Tisch im Marmorsaal, an einem der großen Fenster zur Strasse hin und genieße mein reichhaltiges Frühstück. Soll ich meinen Tag planen oder mich einfach treiben lassen? Während ich genüsslich die noch warmen, hausgemachten Butterbrioches kaue und mir einen weiteren Cappuccino bestelle, schweift mein Blick über die Plakate, die großflächig auf der anderen Seite der Strasse, an der Rückseite der Oper, angebracht sind. Vernissagen, Ausstellungen in der Albertina, Termine der Spanischen Hofreitschule. Im Museumsquartier muss man die große Egon-Schiele-Kollektion gesehen haben. Fest steht: ich muss gar nichts. Also werde ich einfach aus der Tür gehen und schauen, was will. Na ja, ich weiß ja, wofür ich da bin, die Dominikanerbastei ist einen Katzensprung vom Sacher entfernt, höchstens zehn Minuten Fußweg. Bei dem Gedanken wird mein Gefühl flau. Vielleicht doch lieber erst flanieren?

Ich erlebe den Beginn dieses Tages wie einen Stummfilm im Zeitlupentempo, zu dem ich die Untertitel liefere. Als ich endlich aus der Tür des Hotels auf die Strasse trete, eingepackt in dicke Winterkleidung, inklusive Handschuhe und Mütze, bin ich nicht mehr unsicher oder ängstlich. Die Sonne scheint bei einem eisigen Ostwind und mir ist leicht ums Herz.

Keine zehn Minuten später stehe ich in dem Vier-Personen-Lift, der mich auf den Nordturm des Stephansdoms bringt. Ich brauche jetzt den Blick auf die Stadt. Außerdem wohnt dort oben die wuchtige Glocke namens Pummerin, die Lieblingsglocke der Wiener, aus dem Erz türkischer Kanonen gegossen, die ich noch bei jedem Aufenthalt der Stadt besucht habe. Ich bin ganz allein dort oben, gehe rundherum und genieße den Ausblick. Aber die

Perspektive, die ich von hier oben habe, bedeutet mir mehr. Als hätte ich mich aus dem Trubel da unten, dem Tempo und dem Eingebundensein in der alltäglichen Abfolge der Handlungen herausgeschält. Hier ist freies Atmen leichter, ich fühle mich kraftvoller und das immer wieder spürbare, flaue Gefühl in meiner Magengrube verschwindet. Hier oben ist der Morgen dem bereits fortgeschrittenen Tag am Boden zeitlich hinterher, ein verzögerter, träumender Blick auf das geschäftige Treiben da unten. Gleich werde ich Teil des Tages werden, werde mich dem Rhythmus der Strasse fügen und meinem Plan folgen.

Im Schatten des Stephansdoms dringt man in ein Labyrinth aus eng verschlungenen, mittelalterlichen Gässchen. Die Atmosphäre dieser alten, dicken Gemäuer, der Geruch der Stiegenhäuser, des Asphalts und der Mauern ist sehr speziell und mit nichts zu vergleichen. Eine Brise Kohl, ein Hauch Moder, der aufdringliche Gestank nach Urin, um die nächste Ecke Küchendüfte nach Knoblauch und frischen Kräutern. Olfaktorische Nuancen in alle Richtungen. Durch die Schulerstrasse in die Wollzeile, wieder links in die Dominikanerbastei. Ich trete in die Dominikanerkirche ein, gehe ganz nach vorne in die erste Bankreihe, setze mich hin. Vermutlich ist das die Kirche, die mein Onkel seit 50 Jahren besucht hat, in der er gebetet und gepredigt hat. Vielleicht hat er ja auch für mich gebetet? Die Kirche riecht alt und nach Resten von Weihrauch, der vor Tagen, Wochen, Monaten und Jahren in Räucherfässer verbrannt wurde und wie kalter Rauch als Note im Raum bleibt. Ich versuche aus den Augen eines Onkels zu schauen, den ich nicht kenne. Beim Hinausgehen breche ich das Eis im Weihwasserbecken, tupfe mir mit nassen Fingerspitzen auf Stirn und Herz. Gewappnet für den nächsten Schritt?

Was erhoffe ich mir von einem nächsten Schritt und einem übernächsten? Und wenn ich dann an einem vermeintlichen Ziel ankomme, wenn es das überhaupt gibt, was werde ich dann wissen? Oder sind die Schritte zum Selbstläufer geworden und wollen nicht mehr hinterfragt werden? Die Tage laufen so dahin, ich folge einer Spur, eile den Indizien hinterher, suche eine Lösung. Vielleicht gibt es keine Lösung. Was dann? Irgendwie muss ich damit klar kommen, dass ich in längst vergangenen Tagen herumstochere und ein Ergebnis nicht zwingend ist.

Als ich das schwere Holzportal aufdrücke, stehe ich in einem weiten Säulengang. Das dunkle Grau der Wände schluckt alle Schatten. Die Stille ist so überwältigend, dass mein eigener Herzschlag mir wie ein dröhnendes Motorengeräusch vorkommt. Und ich mir wie ein Störenfried oder Eindringling. Diese Mauern haben nichts Willkommendes oder Warmes. Und als mich dann auch noch eine laute Stimme anspricht, zucke ich unwillkürlich zusammen.

„Grüß Gott", sage ich, und stelle mich linkerhand vor die Empfangsscheibe der kleinen Portierstube, hinter der ein dickbauchiger Mönch im weißen Habit dabei ist ein großes Stück Schokoladentorte zu verdrücken.

„Entschuldigen Sie, ich bräuchte eine Information. Ich suche den Kontakt zu einem Dominikaner, dessen Geburtsname Frank Gabler ist. Wären Sie so freundlich für mich herauszufinden, wie sein Ordensname lautet, ob er noch lebt und ob er zu sprechen ist."

„Da muss ich gar nicht lange suchen. Hier in Wien ist er der älteste Bruder des Ordens, sein Name ist Pater Clemens. Er ist vor ein paar Tagen in Begleitung von zwei Mitbrüdern nach Kärnten abgereist, wo sie die bald beginnenden Einkehrtage vorbereiten und Seminare halten. Wie sie vielleicht wissen, beginnt in den nächsten Tagen die Fastenzeit."

Während er spricht, sucht er unter seinen Papieren einen Prospekt heraus, den er mir schließlich unter der Trennscheibe durchschiebt.

„Unter dieser Nummer", er deutet mit seinem Finger auf die Telefonnummer, „können Sie sich noch anmelden."

„Wie lange sind die Brüder denn unterwegs?"

„Das weiß ich nicht genau, die Einkehrtage werden während der gesamten Fastenzeit wiederholt, und ich weiß nicht, ob sie in den Tagen dazwischen zurück nach Wien kommen. Ich denke nicht."

„Danke sehr für die Information. Auf Wiedersehen."
„Gottes Segen auf Ihrem Weg."

Das Prospekt in der Hand, ein Lächeln auf den Lippen. Erst ein karges, einsames Leben ohne Segen und dann der Segensspruch gleich zweimal in zwei Tagen. Doppelt hält besser!
Was mache ich jetzt. Schon wieder Koffer packen und meiner Geschichte hinterher reisen? Oder erst einmal ein paar Tage Auszeit und mich hier verwöhnen lassen? Mein Onkel läuft mir ja nicht davon, wenn er sich tatsächlich die nächsten Wochen in Kärnten aufhält.
Unschlüssig stehe ich vor der mächtigen Holztür und blinzele in die Sonne.
Mein Onkel lebt noch und scheint für sein Alter bei guter Gesundheit zu sein. Ein Gefühl der Erleichterung stellt sich ein, noch einmal einen kleinen Aufschub vor der drohenden Konfrontation. Noch einmal Zeit für Überlegungen. Was will ich denn eigentlich von ihm? Er ist ein alter Mann, er hat ein Leben gehabt, das ihm gehörte, das er gewählt hat. Wie wird er reagieren, wenn ich plötzlich vor ihm stehe, mich zu erkennen gebe? Wieso hat er niemals Kontakt zu mir gesucht? Ich kann ihm ja kaum mein traumatisiertes Leben anlasten. Oder doch? Ist es nicht wichtig, dass man einen Adressaten hat, bei dem der eigene Müll Platz findet? Was bezeichne ich denn als Müll? Mein Leben?

Zu viele Fragen ziehen ihre Kreise. Keine Antworten.

Ganz in Gedanken versunken laufe ich durch enge Gässchen und über Plätze, merke kaum, wie Kopfsteinpflaster in Asphalt wechselt, wie Wolken sich vor die Sonne schieben und wieder verschwinden. Ganz unvermittelt stehe ich im Stadtpark, ein liebevoll gepflegter Ort, der um diese Jahreszeit beinahe verwaist und still auf den Frühling, und mit ihm, auf Tausende Besucher wartet. Der unterirdisch verlaufende Wienfluss tritt durch ein Jugendstilportal hier wieder zu Tage, flankiert von Pavillons, Mauern und Stiegen. Zahlreiche Denkmäler erinnern an Berühmtheiten, wie Schubert, Makart und Lehar. Vor dem in Marmor und Gold gehaltenen Monument für Johann Strauß Sohn setze ich mich auf einen Poller, der, in einer Reihe mit vielen anderen, den anschließenden Kursalon von den Parkflächen abgrenzt, und freue mich am barocken Schnurrbart von Johann Strauß und seiner goldenen Lockenmähne. Beinahe meint man ihn auf seiner Geige spielen zu hören, da aus dem Restaurant des Kursalons Operetten- und Walzerklänge heraus dringen. Die Akustik im Rücken, der Blick auf den Goldjungen.

Ohne dem viel Beachtung zu schenken, habe ich die ganze Zeit das Prospekt in Händen gehalten, es gedreht, gerollt und geknickt. Und genau so sieht es jetzt auch aus. Glattstreichen und retten, was zu retten ist. Die Sonne scheint auf eine vorfrühlingshafte, sanfte und unentschlossene Art. Mit blinzelnden Augen hebe ich mein Gesicht ins Licht, will ich einfach noch ein bisschen sitzen, tranig und nervös zugleich. Es riecht nach feuchter Erde, ich fühle mich beklommen in meiner Haut. Was habe ich denn erwartet? Dass ich nach Wien fahre und tags drauf die Antworten auf die offenen Fragen in den Händen halte, dass sich Türen öffnen und all die wichtigen Informationen ausspucken? Ich öffne das Prospekt. „Das Stift St. Georgen am Längsee will die Botschaft Jesu vom ‚Leben in Fülle' in das Leben der einzelnen Menschen hinein buchstabieren. Der Gast soll etwas vom ‚Geist des Hauses' spüren. Das Stift soll ein Ort sein, wo man die Werte, die sich aus einem christlichen Welt- und Menschenbild ableiten, auch in einem umfassenden Sinn erfahren kann. Der kirchliche Auftrag zur Erwachsenenbildung steht im Dienst des gelingenden Lebens des Einzelnen." In diesem Sinne lädt man wohl auch alljährlich die Dominikaner ein. Hier steht es. Einkehrtage, die Zeiten, die Kosten, die Dauer, die Namen der Brüder samt Bild unter dem Text. Ein etwas unscharfes Bild allerdings, auf dem nicht klar ersichtlich ist, welche Kutte meinem Onkel gehört. Wenn ich Montag fahre, ist das früh genug. So kann ich noch ein paar Tage hier herumstreunen und mich treiben lassen.

Hunger zieht mich ins Restaurant des Kursalons. Es ist zwar schon weit über die Mittagszeit hinaus, aber irgendeinen Imbiss kriegt man hier immer. Das Restaurant ist ziemlich voll, trotzdem finde ich noch einen Platz an der zur Strasse liegenden Glasfront. Durchgehend warme Küche, kein Wunder ist hier so viel los. Die Bestellung ist schnell aufgegeben. Zeit für ein Kalzium, ich will endlich die flirrenden Farbtöne aus meinem Gesichtsfeld haben. Schließlich sitze ich vor meinem Kaiserschmarren mit Apfelmus, schaue hinaus auf die Strasse, werde ruhiger. Als der Kellner mir meinen Espresso bringt, fühle ich mich insgesamt wieder kräftiger.
Der Himmel hat sich zugezogen. Graue Wolken schicken Schneeflocken, die noch während des Fallens flüssig werden. Ich ziehe mir die Kapuze meines Mantels tief ins Gesicht. Die Johannesgasse führt direkt auf die Kärntner Strasse, ich muss nicht lange suchen. Auf halber Strecke bleibe ich vor einer Litfasssäule stehen, lese die Ankündigungen. Ich freue mich immer über Litfasssäulen, es gibt nicht mehr so viele. Konzerte, Zimmersuche, Unterricht, behördliche Verordnungen. Ein paar Schritte nach links sehe ich die Einladung zu einem Vortrag des Wiener Psychotherapeuten Dr. Leonhard Ehrenfried mit dem Titel „Körpererinnerung". Er will über Traumata, ihre Weitergabe an die nächste Generation und die späte Verarbeitung im Alter sprechen. Veranstaltungsort ist das Schottenstift, das an der Nordseite der Freyung liegt, einen Katzensprung vom Judenplatz, und vielleicht zehn Minuten Fußweg vom Sacher. Heute Abend, 19 Uhr. Das werde ich mir anhören. So etwas wie Zufall gibt es nicht. Als hinge dieser Zettel für mich da.
Als ich in die Kärntner Strasse einbiege, hört der Schneeregen auf. Wonach ist mir? Reicht die Kraft für einen kleinen Bummel auf der Kärntner Strasse?

Rechterhand liegt eine Edelboutique, die sehr ausgefallene, schräge und trotzdem elegante Kleidung führt. Beim Betreten des Ladens nimmt mir eine Servicekraft den feuchten Mantel ab und bietet mir Kaffee und Wasser an. Mit beinahe unterwürfiger

Höflichkeit will man hier an mein Portemonnaie. Heute ist mir das egal. Ich lasse mir Zeit, trinke einen Kaffee und schaue mich in Ruhe um. Als ich nach fast zwei Stunden den Laden verlasse, trage ich schwer an der erstandenen Ausbeute. Ein kleines Schwarzes, ein buntes Kleid in einer Mischung aus Seide und Viskose, eine taillierte Jacke, die an ihren Rändern mit einem gerollten Satinband eingefasst ist, eine Hüftjeans, eine hautenge schwarze Lederhose, einen kornblumenblauen Cashmere-Pullover, einen anderen Cashmere-Pullover, der auf hellem Untergrund große bunte Drachen zeigt, zwei Blusen und noch ein paar andere Dinge mehr.

Die Feuchtigkeit hängt kalt und schwer über der Stadt. Der schwarze Asphalt glänzt spiegelglatt, als hätten ihn emsige Hände mit Öl abgerieben. Meine Absätze klingen darauf metallisch. Der Nachmittag ist vorangeschritten, es ist schon nach fünf Uhr. Bis zum Vortrag bleibt mir nicht mehr viel Zeit. Es hat in großen Flocken zu schneien begonnen. Das Wetter macht, was es will. Keine fünf Minuten später öffnen sich die Türen zum Sacher. Mit meinem Zimmerschlüssel händigt mir Herr Wawra eine Telefonnummer aus. Berta Silbermann, meine Zugbekanntschaft, hat angerufen.

In meiner Suite gibt es eine große Schale frisches Obst und eine Flasche Champagner, eine Aufmerksamkeit des Hauses. Meine Einkäufe lege ich auf einen Fauteuil, ebenso Mantel, Schal und Handschuhe, ich entledige mich meiner Schuhe, hole den Laptop aus seiner Tasche, gehe online und stecke meine kalten Füße unter eine Wolldecke.
Lena Lenz schreibt: „Ich freue mich, dass Sie Zeit finden, mir von Ihrer Abenteuerreise zu berichten. Sie haben Recht, einen Segen sollte jeder Mensch bekommen, sozusagen als Startkapital fürs Leben. Leider ist das nicht so. Ich denke, dass unzählige Menschen ihr ganzes Leben daran leiden, ihn nicht erhalten zu haben. Ein Segen sind Worte der Liebe, des Respekts und des Vertrauens. Worte, die gut heißen, dass es Sie gibt, die mit Wohlwollen darauf

schauen, dass es Ihnen gut geht, und dass das Potenzial, das in Ihnen angelegt ist, sich auch entwickeln kann. Es gibt eine Stelle in der Bibel, in der der Himmel aufreißt und Gott Vater zu seinem Sohn spricht. ‚Du bist mein geliebter Sohn, an dem ich mein Wohlgefallen habe.' Ich freue mich sehr, dass Mutter Agnes das für Sie getan hat. Was sie über die kleine Leonie erzählt haben, ist sehr schön. Wenn die Liebe fließen darf, wenn Geben und Nehmen ausgeglichen sind, dann ist der Kontakt zur Mutter bzw. zum Vater intakt. Das macht Beziehung aus. Wenn nicht, kann der Kontakt nicht zustande kommen und macht alle Beteiligten unglücklich. Vor allem Kinder leiden sehr. In der Psychologie nennt man dieses Phänomen eine ‚unterbrochene Hinbewegung.' Das ist nur schwer umkehrbar bzw. heilbar, weil es das Grundvertrauen eines Kindes zerstört.
Ich bin gespannt, wie Ihre Reise weitergeht und wünsche Ihnen alles Liebe."

Dann rufe ich im Kloster an, um den versprochenen Anruf einzulösen. Nach dreimaligem Klingelton hebt Schwester Beate ab.

„Hallo Schwester Beate, hier ist Clara Stiller. Ich wollte mich erkundigen, wie es Mutter Agnes geht."
„Heute hat sie einen guten Tag. Sie hat gerade Besuch vom Arzt. Willst Du noch einmal anrufen oder soll ich ihr etwas ausrichten."
„Ich muss jetzt gleich weg, ich ruf die nächsten Tage wieder an. Aber wenn Sie ihr was ausrichten wollen, sagen Sie ihr doch bitte, dass ich in Wien bin, dass der Onkel noch lebt, dass er aber zu der beginnenden Fastenzeit in einem Stift in Kärnten Einkehrtage vorbereitet. Das heißt, ich werde in ein paar Tagen dorthin unterwegs sein. Ganz liebe Grüsse von mir. Ich rufe wieder an."
„Alles Gute Clara, ich richte es ihr aus."

Ich nehme mir einen Apfel aus der Schale und beiße genüsslich daran herum, taste mich mit den Augen durch die Stille des Raumes. Das entstandene Dämmerlicht setzt scharfkantige Zwischenräume. Entgegen allen Erwartungen war der Tag gar nicht so übel und er ist noch nicht zu Ende. Ich rapple mich aus meiner Sofaecke, widerstehe dem Gefühl nach innen abzurutschen, will aufstehen bevor mich die Müdigkeit und die aufkommende Trägheit niederzwingen. So ganz spurlos geht so ein Tag doch nicht mehr an mir vorbei. Ich hole mir die Haarbürste aus dem Bad, löse so ganz nebenbei ein Kalzium auf, stecke meine Füße in gefütterte Schuhe und beginne meine langen Haare ausgiebig zu bürsten. Noch schnell einen Blick in den Spiegel. Was ich sehe, gefällt mir nicht wirklich. Zu blass, die hohen Wangenknochen etwas zu kantig, ich könnte ein paar Kilos mehr vertragen. In meinem Alter in eine 36er Konfektionsgröße zu passen, ist vielleicht nicht wirklich gesund.

Zeit zu gehen. Als ich in die Hotellobby komme, öffnet Berta Silbermann gerade die Glastür. „Als wären wir verabredet", strahlt sie mich an. „Ich bin auf dem Weg zu einem Vortrag, ich wollte Sie fragen, ob Sie Lust haben mitzukommen. Das Thema könnte Sie interessieren."
„Merkwürdiger Zufall, ich bin auch unterwegs zu einem Vortrag, den ich heute auf einer Litfasssäule angekündigt gesehen habe."
Irritiert schaue ich sie an.
„Sind Sie unterwegs zum Schottenstift?"
„Ja."
Jetzt lachen wir beide.
„Na, dann haben wir ja den gleichen Weg."

Eine Viertelstunde später, wir sind schnurgerade durch die Augustinerstrasse und die Herrengasse gekommen, fädeln wir uns in den doch beachtlichen Menschenstrom ein, der an der Freyung, einem der elegantesten Plätze der Stadt, gesäumt von prachtvollen, aufwändig renovierten Palais, in einem Torbogen verschwindet, der zum Innenhof des Schottenstifts führt. Der Tagungsraum ist voll besetzt, Stühle werden an die bestehenden Reihen angerückt, wir setzen uns nach vorne.
„Mein Gott, wer rechnet denn mit solchen Massen?"

Ich drehe mich um und studiere Gesichter. Mit wenigen Ausnahmen sind ältere oder alte Menschen anwesend. In solchen Ansammlungen fühle ich mich nicht wohl, das bringt meinen Fluchtinstinkt nach oben. Aber wenn alle diese Menschen da sind, weil sie mit der Thematik in irgendeiner Weise befasst oder selber traumatisiert sind, dann bin ich mit meinem Gefühl nicht allein.

Ans Mikrofon tritt ein etwa 65-jähriger Mann, distinguiert, ernst, in Anzug und Krawatte. Als Psychotherapeut hat er sich seit vielen Jahren auf Kriegstraumata spezialisiert, er war nicht nur im alten Jugoslawien und in Bosnien im Rahmen von Studien unterwegs, sondern arbeitet in seiner Praxis am Judenplatz um die Ecke und in der psychiatrischen Universitätsklinik Wien mit traumatisierten Menschen und posttraumatischen Belastungsstörungen. Er outet sich als Betroffener, „das eigene Schicksal zwingt zur Auseinandersetzung mit der Materie", sagt er, „die Berufswahl, die Charaktereigenschaften, die Lebensmodi, sind durch den Krieg geprägt. Das Erlebte erzeugt Erregungszustände, die der Körper abspeichert, die man nicht mehr bewusst erinnert, der Körper vergisst sie aber nicht. Wir nennen das Körpererinnerung." Er spricht ruhig und mit einem Lächeln in der Stimme. Er sucht die Augen seiner Zuhörer, er wirkt glaubhaft. „So gibt es ältere Menschen", sagt er, „die an einem sonnigen Tag auf das Brummen eines Flugzeuges mit Panik reagieren, ohne zu wissen warum. Der Krieg ist längst vorbei, aber ihr Körper erinnert sich. Im Alter werden die Menschen gleich zweifach von ihrer traumatisierten Vergangenheit eingeholt. Die neuronale Vernetzung wird durchlässiger, neurophysiologische Prozesse verändern sich, plötzlich erinnert man sich wieder an lang verschüttete Ereignisse. Zum anderen ist das Alter jenseits der 50 eine Lebensphase, in der langsam wegbricht, was jahrzehntelang Halt gegeben hat. Damit bricht dann auch die mentale Abwehr zusammen. Die traumatisierten Menschen leiden unter den vielfältigsten Symptomen, z.B. unter Depressionen, Angstzuständen, psychosomatischen Beschwerden, besonders häufig tauchen Krämpfe, Herzrasen oder chronische Schmerzen auf. Andere Auffälligkeiten, derentwegen kaum jemand zum Arzt geht. Etwa das Gefühl großer Leere, oder das Gefühl fremd im eigenen Leben zu sein, die Schwierigkeit die eigenen Bedürfnisse ernst zu nehmen, die Überzeugung für die Last anderer Menschen zuständig zu sein und für den eigenen Kummer keinen Raum zu haben oder aber die Eigenart, ständig in Eile zu sein, wie auf der Flucht. All das sind Merkmale einer ganzen Generation. Die Erlebnisse werden von jedem anders verarbeitet. Die einen schaffen sich eine Idylle, eine gesicherte Fluchtburg, oder engagieren sich sozial. Die anderen resignieren unter ihrer Bürde und gehen in die Isolation. Auch die Bereitschaft, sich mit der Vergangenheit auseinanderzusetzen, ist sehr unterschiedlich ausgeprägt. Die Traumata, die Narben, sie verschwinden nicht einfach, aber es ist nie zu spät, mit Hilfe von Therapien und Selbsthilfegruppen ein neues Selbstverständnis zu entwickeln, und der nächsten Generation Empathie und Verständnis entgegenzubringen, denn die Traumata, die über lange Zeit verdrängt oder totgeschwiegen wurden, sind als Lebensgefühl längst an die nächste Generation weitergegeben worden, wenn auch in verdünnter Form."

In ähnlicher Form habe ich zum Thema ja schon in Altötting gelesen. Aber dass Charaktereigenschaften oder Lebensmodi gleichermaßen von Traumata geprägt sind, gibt mir jetzt zu denken. Immer wieder höre ich Worte oder Satzfetzen, „individueller Leidensdruck", „posttraumatische Störung", oder „Angstträume", „jedes zehnte Kriegskind gilt als traumatisiert", aber mein Fokus hat sich bereits nach innen verlagert. Die für mich gesprochenen Worte haben mich erreicht, der Rest muss für die anderen sein. Die Stille des Raumes ist greifbar. Berta Silbermann sitzt andächtig lauschend neben mir. Gott sei Dank sitze ich ganz außen, meine Augen suchen dennoch den Raum nach Fluchtwegen ab. Rechts hinter mir, ein Notausgang! Die recycelte Luft zum Atmen ist nach einer Stunde Vortrag dünn. Voilà, er ist beim letzten Teil seines Vortrages angekommen. „Gibt es noch Fragen?"

Als wir schließlich auf der Strasse stehen, ist es kurz vor neun Uhr. So bereichernd solche Vorträge sein können, ich habe doch immer wieder große Mühe durchzuhalten. Es wäre nicht das erste Mal gewesen, wenn ich heute Abend aus dem Saal gerannt wäre. Ähnlich ging es mir bei Meetings oder Konferenzen. Was hat er gesagt? Es sei nie zu spät ein neues Selbstverständnis zu entwickeln? Genau das ist es! Ich fange an, mich selber zu überraschen. Gewohnheiten aufbrechen, anders als üblich reagieren und handeln, ein neues Leben entwerfen, von dem ich irgendwann einmal sagen kann, es ist meines. Noch bin ich nicht sicher, ob ich tatsächlich in meiner Haut stecke, oder in einem ererbten, fremden Leben.

„Entschuldigen Sie, was haben Sie gesagt?" Berta Silbermann hat mich etwas gefragt, während ich so vor mich hin sinniere. Sie lacht. „Ich will nicht ihre Kreise stören, Sie schauen so beschäftigt aus. Hätten Sie Lust noch was trinken zu gehen?"
„Ja, auch, aber ich bin hungrig, ich habe heute Mittag nur einen Kaiserschmarren gegessen. Kann ich Sie ins Sacher einladen?"
„Ich möchte Sie gerne einladen. Ok.?"
„Ok."
Jetzt lache ich. Ich habe wohl schon damit begonnen alte Selbstverständnisse über Bord zu werfen. Ich lasse mich einladen.
„Ich habe gerade darüber nachgedacht, dass ich mein Leben neu entwerfen muss. Ein Leben lang vermeide ich andere Menschen zu nahe an mich herankommen zu lassen, abhängig zu sein, mich einladen zu lassen, oder was sonst noch alles in diese Rubrik passt. Ich musste immer die Fäden in der Hand halten. Und jetzt tue ich genau das Gegenteil. Ich lasse mich zum Essen einladen, ich erzähle Ihnen mein Seelenleben und um dem Ganzen noch eins draufzusetzen, wollen wir uns nicht duzen?"
„Ja, gerne, ich bin Berta", sie reicht mir die Hand, „ich freue mich darauf, dich kennen zu lernen."
„Das trifft sich gut, ich lerne mich auch gerade neu kennen." Ich reiche ihr die Hand. „Ich bin Clara."

Berta hat die Führung übernommen. Unter dichtem Schneetreiben, die Kapuze tief ins Gesicht gezogen, laufen wir bis zum Bauernmarkt, in ein kleines, neu eröffnetes Restaurant, das bis vor kurzem ein vegetarisches Bistro gewesen ist. Hinter zwei großen, einladenden Schaufenstern isst und trinkt man an kleinen, runden Tischen, Jugendstil-Atmosphäre, Klassikklänge im Hintergrund. Wir warten eine Viertelstunde auf einen Tisch in der Ecke, das lässt uns Zeit für einen Prosecco an der Bar. „Worauf trinken wir?", will Berta wissen. „Auf die erste Freundin in meinem Leben?", sage ich spontan. „Darauf trinke ich gern."
Unser Tisch wird frei. Wir bestellen: Kürbiscremesuppe, Lauchquiche mit einem Tomatencoulis, in dem schwarze Oliven duften und einen Rucolasalat mit Parmesan. Für mich ein Kalzium-Cocktail als amuse-gueule. „Nervennahrung vorweg", erkläre ich, „seit meinem Zusammenbruch bin ich auf Kalzium."

„Und wie geht es Dir jetzt, nach diesem Vortrag? War etwas Neues für dich dabei?" Berta schaut direkt in meine Augen.
„Ich habe den Eindruck Dr. Ehrenfried hat über mich gesprochen. Alle aufgezählten Auffälligkeiten bei Traumata kann ich vorweisen. Eigentlich bestätigt das nur, was ich schon wusste. Aber eine Information hat mir zu denken gegeben. Er sagte, dass Charaktereigenschaften und Lebensmodi von Traumata geprägt seien. Das macht auch Sinn, wenn ich mir das richtig überlege. Dass sich Umstände oder Eigenschaften um die erlittenen Leiden herum ausbilden und die Erinnerung daran aussparen."

Inzwischen kommt das Essen und während wir weiter sprechen, greifen wir hungrig zu.

„Welche Eigenschaften kannst du in deinem Fall den Traumata zuordnen?"
„Zum Beispiel, dass ich immer schnell war. Was mir den einen oder den anderen Spottvers eingebracht hat. Ich sei so schnell unterwegs, dass ich mich eines schönen Tages selbst überhole. Zum anderen, dass ich mich, bis auf meine Arbeit und meinen guten

Freund Simon, isoliert habe. Ich dachte, das gehört irgendwie zu mir. Oder der Umstand, dass ich mich so fremd anfühle."
Tränen steigen mir in die Augen, ich stiere mein Wasserglas an, das ich in meiner rechten Hand drehe.

Ich kann das Wort Prozess nicht leiden. Heutzutage ist jeder irgendwie in einem Prozess. Nicht in einem juristischen, sondern eher in einem alltagstauglichen, philosophischen oder psychologischen Sinn. In einem Prozess des Findens oder des Suchens. In einem Prozess des Abschieds oder des Wandels. Berta kann ja nicht wissen, wie ich darüber denke, also beantworte ich einfach ihre Frage.

„Seit ein paar Tagen, noch nicht einmal eine Woche."
„Eigentlich eine blöde Frage, wenn schon ein Moment ausreicht das ganze Leben über den Haufen zu werfen und alles zu verändern. Ich finde es erstaunlich mit welcher Entschlossenheit du das angehst, ein bisschen Selbstmitleid finde ich dabei ganz legitim."
„Schon, aber es hilft nicht."
„Hast du eine Idee, was dir hilft?"
„Ich bin ja nach Wien gekommen, um einen Onkel zu finden, von dem ich nichts wusste, der mir vermutlich bei der Suche nach meinen Wurzeln helfen kann. Ich war bei den Dominikanern, und er lebt tatsächlich dort, ist aber zurzeit in Kärnten zu den alljährlichen Einkehrtagen in der Fastenzeit, die nächste Woche mit dem Aschermittwoch beginnen. Ich war beinahe erleichtert das zu hören, denn ich fürchte mich auch ein wenig davor ihm zu begegnen. So habe ich noch ein paar Tage Galgenfrist, in denen ich mich ablenken und auf andere Gedanken kommen will. Vielleicht kannst du mir ja dabei helfen, mich abzulenken?"
„Wann fährst du weiter?"
„ Ich weiß noch nicht genau."
„Mir wird da schon etwas einfallen! Für Morgen ist buntes Fastnachtstreiben angesagt, das ist hier aber nicht wirklich von Bedeutung. Spontan fällt mir nichts Aufregendes ein, ich müsste die Ankündigungen des Kulturamtes studieren. Morgen Vormittag

habe ich noch zu tun, bevor die Faschingsferien beginnen, wie wär's wir treffen uns so gegen eins für ein Mittagessen. Oder hast du eigene Pläne?"

„Ich wollte meine heutige Shopping-Tour morgen fortsetzen, alles, was der Graben und die Gässchen um ihn herum hergeben, ich habe einfach zu wenig eingepackt und es schadet mir gar nichts, wenn ich mal durch die Strassen flaniere und nach schönen Dingen Ausschau halte. Mach einen Vorschlag, wo wir uns morgen treffen können."

„Wie wär's mit dem Orpheus in der Spiegelgasse, das liegt etwa mittig zwischen Sacher und Graben?"

„Okay, also um ein Uhr."

16

Der große Vorteil im Sacher zu wohnen ist, abgesehen vom hohen Wohlfühlstandard, seine Lage. Man tritt aus der Tür und ist bereits da. Keine lange Vorbereitung, keine Anfahrten, kurze Wege für Besorgungen und Spaziergänge. Und der spontane Besuch eines Vortrages, der sozialverträgliches Verhalten zutage fördert und eine neue Blöße. Ist das auszuhalten? Sehr neu, sehr unvertraut, risikoreich, aber aushaltbar. Ich bin dabei mich neu zu erfinden und neu kann nur sein, was ich nicht kenne, nicht vorab konzipieren oder planen kann. Das bedeutet, mich selbst zu überraschen. Bin ich bereit?

Berta und ich haben einander umarmt, Bussi links, Bussi rechts, sind in unterschiedliche Richtungen in die Nacht entschwunden, ein Lächeln auf meinen Lippen, auf das verirrte Schneeflocken fielen. Ich war nicht darauf gefasst, auf Freundlichkeit und Freundschaft zu stoßen. Ich weiß nicht, was mich mehr erschreckt, allein zu bleiben und mir selbst zu gehören, oder in Beziehung zu sein, mich lieben zu lassen, Freude zu brechen wie Brot und vertrauensvoll zu teilen. Kann ich das? Will ich das? Kann der Halt, den ich mir seit so langer Zeit selbst gebe, von jemand anderem übernommen werden?

Müssen soziale Gebärden immer so anstrengend sein? Ich bin müde, als hätte ich einen Achttausender bestiegen. Erschöpft, genau genommen. Ich lasse die Tür zu meiner Suite laut ins Schloss fallen, werfe meine Tasche, den Mantel auf grüne Polster, die Schuhe bleiben auf grünem Teppichboden stehen, die restlichen Kleider verteilen sich unbeachtet auf dem Boden, ich schlüpfe unter kühle Laken und überlasse mich ohne Gegenwehr meiner Müdigkeit.

Gnädiger Schlaf, der die Realität fallen lässt und in samtiges Dunkel taucht. Gedanken, schnell wie Pferde, rennen durch die Nacht, wild und ungebunden, finden spielerisch neue Orte, neue Koordinaten, bewegen sich, wandern umher, keinem Willen, keinem Gesetz und keinen Regeln unterworfen. Frei. Alles hat einen Namen, ein Gedanke hat viele Namen, sie sind wie Kleider, mit denen Blöße und Nacktheit bedeckt werden. Im Schlaf werden sie neu gemischt, geordnet und verteilt, es entstehen andere Formen und Farben.

Blitze im Kopf, die mich immer wieder in die Abgründe einer Wirklichkeit locken, Schreie im Körper. Menschen schweben vorbei, wie Schatten, ihre Gesichter zu starren Mienen und leeren Mündern verzerrt, quälende Traumgebilde, die wie Wellen über mir zusammenlaufen. Jemand leert einen kornblumenblauen Farbeimer in die Bilder der Nacht und verstreicht die Farbe in die brachen Ecken. Erodierte, bunte Blinklichter auf der Haut, die Buchstaben absondern, die sich zu einer Geschichte sammeln. Lallende Bruchstücke eines gelben Lachens. Ist die Seele ein Ort, den man irgendwann erreichen, trösten oder heilen kann? Woran merkt man, dass man angekommen ist?

Als ich im Zwielicht eines neuen Tages die verklebten Augenlider anhebe, bin ich orientierungslos. Graues Licht liegt auf meinem Bett. Mein Körper steif und verkrampft, die Muskeln schmerzhaft verzogen. Unbehagen in der Magengrube, das sich zu Übelkeit auswächst. Vielleicht habe ich wirklich einen Achttausender bestiegen?
Mein Wille steht still. Anders als in den zurückliegenden Horrornächten, steht mir jetzt mein Körper zur Verfügung. Ohne Adrenalinstöße, ohne Ameisen, ohne Angst. Ein bewusstes Wachkoma, eine unbegrenzte Stille. Bisher war auf meinen Eigenwillen Verlass. Er war selbstverständlich, die darin liegende Kraft immer nutzbar. Was für ein mutiertes Wesen bin ich jetzt?

Der Motor meiner über Jahrzehnte funktionierenden Welt ist ins Stolpern geraten, hat gespuckt und geächzt, hat den Dienst quittiert und mich in eine neue, hinterfragende Zerbrechlichkeit entlassen. Die Wachheit und Schnelligkeit, die uneingeschränkte Geistesgegenwart, die Alertheit der vielen Jahre, die Qual, sich innerlich stets selber überholen und übertrumpfen zu müssen, haben sich erschöpft. Eine unbekannte Bedürftigkeit bleibt, mich bei irgendeinem Menschen von diesem hitzigen Galopp auszuruhen. Es ist als hätte die letzte Nacht mir noch einmal Bremsklötze unter die Sohlen geschoben, abrupt und unbarmherzig. Gestern, vorgestern, die Stunden, die Tage, die Jahre, falten sich in meinem Rücken, ich stemme mich dagegen, um nicht vornüber zu fallen. Abschied ist wie das Treiben auf einer Eisscholle. Alles, was sich nicht ins Morgen fügt, bricht ab, noch bevor es begonnen hat. Ich lasse mich in diese Stille hinein zerfließen.

Zum ersten Mal in meinem Leben habe ich Zeit. Farblose, geruchlose Zeit. Zeit mit einer anderen Dimension. Ein großes Nichts, in dem ich mit einem vagen Gefühl der Unwirklichkeit still sitze, während die laute, schnelle Welt an mir vorüberzieht. Eine atmende Stille, in der alles geschehen kann und in der alles wichtig ist, weil alles möglich ist. Ich glaube, man nennt das Gegenwart. Vielleicht hat sie mich jetzt aufgenommen. In dieser Gegenwärtigkeit gibt es einen inneren Raum, der weit und gläsern ist, präsent und kraftvoll. Ein Ort, der nicht bedacht oder bewertet werden muss, der einfach nur sein darf. Eine wache, innere Stille, die das So-Geworden-Sein des eigenen Lebens akzeptiert. Schon Jesus sagte, dass man sich selbst verlieren muss, um sich zu finden.

Ich bin aus einer durch mein Denken fragmentierten Wirklichkeit herausgelöst, fühle mich ganz. In mir ist etwas zum Stillstand gekommen. Schnelligkeit und Effizienz haben sich herausgekürzt, sind ersatzlos gestrichen. Einfach so, ohne Anstrengung. Der große Zeiger der Turmuhr, die ich vom Bett aus sehe, zeigt auf die volle Stunde. Mein Leben schaut aus wie die perlmuttern schillernde Haut einer Seifenblase. Wie die Stille weit wird, wie sie die Fragmente eines zersplitterten Lebens einsammelt und zusammensetzt. Und auf einmal purzelt dieses Lachen aus meiner Kehle, erst zaghaft, beinahe schüchtern, dann, begleitet von kleinen krampfartigen Spasmen meines Zwerchfelles, glucksend, anschwellend, kräftig, ansteckend. Ich halte mir den Bauch, Tränen laufen über die Wangen, die Luft wird knapp. Und nach einer Weile, wieder Stille. Als wäre nichts gewesen. Wie ein vorbeieilender Windhauch. Es ist die Beliebigkeit, die mich fasziniert. Alles ist möglich an diesem Ort. Es ist nicht wichtig, woher ich gekommen bin oder wohin ich gehe. Nicht wichtig, wie schnell und wie weit ich gerannt bin. Wichtig ist nur, wie ich geworden bin. Wer ich jetzt bin. Und wie ich mit diesem Leben umgehe. Der Blick zurück rechnet ab, erklärt und klärt die Dinge, versucht zu verstehen. Der Blick zurück zerrt längst Vergangenes ins jetzige Leben, hält daran fest und verankert es neu. Immer wieder dieselbe Geschichte wird erzählt und wie schlimm das alles war. Auch die Flucht nach vorne, blind und verbissen, in eine Zukunft, die weit genug von den schwarzen Tagen einer lieblosen Kindheit entfernt ist, hat sich erübrigt. Viele Tränen später, viel Leid später, plötzlich ist es mir klar: Das alles hat keine Bedeutung mehr. Ich habe die Wahl. Mit dem gespendeten Segen kann ich frei in einem eigenen Leben stehen. Das muss es sein, was ein Segen bedeutet. Jetzt stehe ich still, das ist mein Nullpunkt, wie im Auge eines Hurrikans, wo mich die Turbulenzen da draußen nicht berühren, ein Ort, von dem aus ich mein Leben neu vermessen kann. Und genau das werde ich tun. Von diesem neuen Ort aus werde ich mein Leben und meine Bedürfnisse wieder ernst nehmen. Das ist kein guter Vorsatz, den ich morgen wieder vergessen habe, das ist eine Erkenntnis, eine Einsicht oder ein Beschluss. Es soll gelten.

Macht es dann überhaupt noch Sinn nach meiner Vergangenheit zu suchen? Muss ich noch einmal kräftig in dieser Zeit rühren, meinen Onkel finden, ihn womit auch immer konfrontieren? Und muss ich mich von Berta ablenken lassen? Wovon ablenken? Wenn ich tue, was ich mir vorgenommen habe, dann muss ich

das mit einer anderen Haltung tun. Nicht um etwas zu erreichen, nicht um irgendwo schnell anzukommen, kein zweck- oder zielorientiertes Suchen, bei der am Ende eine klar definierte Lösung oder ein Abschluss stehen, sondern ein eher absichtsloses Finden, nicht hart, abrechnend oder bitter, sondern offen, verzeihend und friedlich. Ich will mich nicht neu beladen und alte Geschichten neu auflegen, sondern Frieden schließen und für die verbleibende Zeit ein gutes Leben haben, das ganz und gar meines ist. Mich einlassen auf Leben und selber lebendig sein, nicht effizient und kalt funktionieren, sondern auf den Puls des Lebens horchen.
Ich dachte immer, wenn ich nur schnell genug liefe, dann könnte mich nichts und niemand einholen. Jedem Problem davonlaufen, niemand würde mit mir Schritt halten können. Und da, in der Ferne, vermutete ich das Glück, dort gab es ein Ziel, eine schmerzfreie Zone, eine Zukunft oder ein Leben. Es war mir nicht klar, dass ich alles verlieren würde, nicht nur die bösen Erinnerungen, sondern auch die achtlos beiseite getretenen bunten Bilder einer schillernden Lebendigkeit, weil niemand mein Tempo durchhalten würde. Die Menschen an den Rändern meines Weges, denen ich davongelaufen bin. Es war mir nicht klar, dass dieser Turbogang direkt in die Einsamkeit führen würde. Aber jetzt, da ich still stehe, weiß ich, dass die Zeit mir davongelaufen ist. Unwiederbringlich. Ich war so damit beschäftigt, Zeit zwischen mich und meine Kindheit zu bringen, dass ich nicht bemerkt habe, dass es Lebenszeit war. Meine Lebenszeit. Unwiederbringlich.

Draußen leuchtet ein neuer Tag. Vögel sitzen auf den Fenstersimsen und zwitschern kleine Tonfolgen. Alles hat einen verträumten Anstrich. Irgendwo schlägt eine Uhr, keine Ahnung wie spät es ist. Das ist mir im Moment auch vollkommen egal.
Heute ist ein neuer Tag, vielleicht der Erste, der nicht unter dem Zeichen von Getriebensein steht. Ein gemächlicher, stiller Tag, der mir erzählen wird, wie er sein will. Noch habe ich keine Lust aufzustehen, also bleibe ich einfach liegen.

Ein nächster Impuls lässt mich den Zimmerservice ordern. Kaffee mit viel Milch, Brioches, Crèpe orange, Schinken, Käse. Und die Tageszeitung. Ich bitte darum alles auf dem Tisch im Salon anzurichten, ohne mich zu stören. In einer halben Stunde. Dann sage ich Berta für das Mittagessen ab, ich sei ruhebedürftig. Sie lädt mich für Freitag Abend zu einem Abendessen bei sich zu Hause ein. Ob ich komme? Ich sage zu.

Gähnend strecke ich die Glieder, schüttle die Beine und Arme aus, bewege meine Knochen in alle Richtungen, dehne Sehnen und Muskeln und drehe mich noch einmal auf die Seite, rolle mich in weiche Kissen und döse noch ein bisschen, lasse mich sehr bereitwillig davontreiben. Schaue einem Traumsteinmetz bei seiner Arbeit zu. Wie er aus dem toten Stein ein beseeltes Wesen herausschält, das da auf ihn gewartet hat. Unter seinem Blick entsteht Leben. Ein Spiel von Licht und Schatten. Ohne Licht gibt es keine Schatten und die Schatten zeigen sich erst, wenn Licht darauf fällt. Erst die Schatten bringen Tiefe und Kontur. Sind es die Schatten, die mich geformt haben? Das, was die Traumatisierung in mir angelegt hat? Kann ich die Schatten so beleuchten, dass sie mich ins Leben zurückbringen? Wer ist mein Steinmetz?

Ich habe die Zimmertür nicht gehört, höre aber das leise Klappern von Geschirr. Köstlicher Kaffeeduft macht sich breit. Das bringt mich auf die Beine, ich werfe mir den Sacher-eigenen Bademantel über und mache mich über das Frühstück und die Zeitung her. Was für ein freundlicher, sanfter Morgen! Was macht ihn denn so anders? Keine neuen Attribute, die dazugekommen sind, wohl eher sind es Dinge, die weggefallen sind. Heute Morgen bin ich ameisenfrei, ich fühle mich frisch und leicht. Diese unsägliche, bleierne Müdigkeit ist verschwunden. Und was diesen Tag besonders macht, ist dieses beinahe vergessene Gefühl der Neugierde und der Freude. Mit einem Grinsen im Gesicht esse ich alles, was die Teller bieten. Ich brauche die Kraft, ich will diesen Tag erobern und einatmen, vielleicht ist es der Erste in meinem neuen Leben.

Meine runde Badewanne muss bis heute Abend warten, im Moment tut es die Dusche auch.
Mit den neuen Lederhosen, einem schwarz-grauen Rautenpullover und warmen Stiefeletten angetan, gekämmt, gestylt, den knallroten Lippenstift aufgetragen, werfe ich meine Utensilien in die Handtasche, die warme Jacke über den Arm und verlasse die Suite. Es ist schon nach elf Uhr, aber für wen spielt das eine Rolle?

Herr Wawra sortiert an der Rezeption die eingegangene Post, hält in der Bewegung inne und schaut mir dabei zu, wie ich die Treppen herunterkomme.
„Guten Morgen, Frau Dr. Stiller“, er schaut mir zögernd in die Augen, „geht es Ihnen gut, gnädige Frau?“
„Guten Morgen, danke der Nachfrage, ja, es geht mir gut, ich glaube, mir ist es noch nie besser gegangen. Aber wieso fragen sie?“
„Weil...verzeihen Sie mir, weil Sie heute irgendwie anders ausschauen.“
„Danke sehr für Ihre Freundlichkeit, aber es geht mir gut.“
Ich lache ihn an, irgendwie froh, dass er gefragt hat.
„Sagen Sie, Herr Wawra, könnten Sie mir heute Abend einen Tisch im Restaurant reservieren, so gegen 19.00 Uhr?“
„Wo wünschen Sie zu speisen? In der Roten Bar oder im Anna Sacher“.
„Gerne die Rote Bar.“
„19.00 Uhr, Rote Bar, ist für Sie reserviert.“

Die Rote Bar hat einen absolut französischen Touch, erinnert mich an die großen Belle-Epoque-Brasserien an den Boulevards von Paris. Die sehr kreative Gourmetküche bedient aber eher die österreichisch-böhmisch-ungarische Tradition. Gutes Essen freut mich immer, egal welcher Provenienz.

Als ich aus der Tür trete, bin ich doch eher überrascht, wie mild der Tag sich zeigt. Ich bewege mich wie in einer Traumblase, gemächlich und interessiert an allem, was mir begegnet. Planlos treibe ich durch die Strassen, freue mich an der Gunst der kleinen Dinge. Wie ein Kind, denke ich.

In der Dorotheergasse, eine der Gassen, die auf den Graben zuläuft, stöbere ich in den Antiquitätenläden, kaufe mir in einem kleinen und feinen Laden, in dem es auch zu vernünftigen Preisen hübschen Jugendstil- und Art Déco-Schmuck aus Bakelit gibt, einen antiken Goldring, der fünf, wunderschön gefasste Perlen trägt, und eine kleine, ovale Silberdose, auf deren graviertem Deckel der heilige Georg einen Drachen besiegt. Ich bin nicht auf der Suche, ich lasse mich finden. Wie in Trance höre ich die Türglocken der kleinen Läden. Ein Buchantiquariat, zwei Häuser weiter, lädt mich mit weit geöffneter Ladentür ein. Ich stolpere zwei Steintreppen tiefer in eine Welt, in der ich mich zuhause und geborgen fühle. Ich habe zeitlebens mit Büchern gelebt, habe mir ihren Frieden, ihr Glück und ihre Freiheit geborgt. Der Geruch ist genauso wie er sein muss. Altes Leder, ein bisschen staubig, leicht muffig, kleine Staubpunkte, die in den wenigen hereinfallenden Sonnenstrahlen tanzen. Unzählige Bücherrücken in gefüllten Regalen bis unter die Decke. Ein Ohrensessel am Fenster im Nebenraum. Ein kleiner, runder Herr mit Glatze tritt aus dem hinteren Raum.
„Kann ich Ihnen helfen, gnädige Frau?"
„Danke sehr, ich würde gerne stöbern."

Ich mache mich über die Reihen her. Mit den Fingern streiche ich über die Rücken, lese mich durch Autoren und Titel. Geschichte, Philosophie, Kunstgeschichte, Religionswissenschaften. Im hinteren Raum werden hinter Glas die Kostbarkeiten eingeschlossen. Signierte und nicht signierte Erstausgaben, Raritäten, altehrwürdige, guterhaltene, angegilbte und brüchige Seiten.

„Jetzt können Sie mir vielleicht doch helfen", sage ich zu dem freundlichen, runden Herrn. „Haben Sie ein Buch über Ordensgemeinschaften, oder ganz speziell über die Dominikaner?"

„Über die Ordensgemeinschaften ganz allgemein habe ich nichts, vielleicht finden Sie im Bereich der Religionswissenschaften die eine oder andere Information. Aber hier habe ich ein Buch“, er zieht es aus einem hinter ihm liegenden Regal, er scheint sehr genau zu wissen, wo er was stehen hat, „das Sie vermutlich nirgendwo mehr finden werden. „Das Vaterunser der Liebenden“, von einem Dominikanerpater geschrieben, Diego Hanns Goetz, wurde 1952 veröffentlicht. Wenn Sie mich fragen, ein begnadeter Prediger, die Menschen kamen von nah und fern, aus allen Himmelsrichtungen sind sie herbeigeströmt, nur um ihn zu hören. Er hat hohes Ansehen genossen und wird bis heute verehrt, ich glaube, er ist in den Achtzigern gestorben.“
Als die Ladenglocke zu hören ist, geht er, mit einem „Sie entschuldigen mich“, zur Tür. Nachdem ich das Buch flüchtig durchblättert habe, bezahle ich es und bedanke mich für die Beratung. Wir geben uns noch freundlich die Hand und mein Gang durch die Gassen kann weitergehen.

Wie mein Leben ist, wie es sein wird, hängt einzig und allein davon ab, wie ich es wahrnehme, ob und wie viel davon ich ausgrenze, wie viel ungeschöntes, nacktes Leben, wie viel Lebendigkeit ich ertragen kann. Ich bin es nicht gewohnt aus dem Vollen zu schöpfen, meine Perspektive war eng, ich habe mich dieser Enge gefügt und die Lebendigkeit beschränkt, die Flamme auf Sparmodus gedreht. Jetzt weiß ich das und ich will nichts dringlicher, als aus diesem Käfig ausbrechen, wieder will ich es schneller, als es der Lauf der Dinge erlaubt. Den Fokus weiten, die Perspektive wechseln, Zeit haben in andere Augen zu schauen, zu träumen. Das volle Programm. Alles.

Auf der anderen Seite entdecke ich einen Kinderbuchladen. Meine Jacke ziehe ich auf dem kurzen Weg dorthin gar nicht wieder an, die Sonne hat es durch die Wolken geschafft, wer weiß für wie lange? Vom Graben herüber hört man lautes Lachen, Hupen, Tröten, Klappern, dann sehe ich sie auch, eine kleine Ansammlung bunt geschminkter, schrill verkleideter Frauen. Weiberfastnacht

in Aktion. Offensichtlich hat man es in Wien nicht gerne, solchen Umtrieben ausgesetzt zu sein. Abwertende Bemerkungen von vereinzelten Menschen, die aus dem Fenster schauen oder aus Läden getreten sind, lassen nicht lange auf sich warten. Das müssen Touristen sein, Piefkes, Deutsche, die hier ihr Unwesen treiben.
Im Laden bin ich schnell fündig geworden. Ein Buch, das ich unbedingt haben will, ist „Kannst du nicht schlafen, kleiner Bär?" Ich muss es in Händen halten und zu Ende lesen. Eins der Bilderbücher kann ich der kleinen Leonie mitbringen. „Die dumme Augustine", ein entzückend gemaltes Buch für die ganz Kleinen. Das andere ist schon beinahe ein kleines Kunstwerk und auf jeden Fall braucht es für die Geschichte ein Kind, das ein paar Jahre älter ist. „Die Werkstatt der Schmetterlinge." Und es beginnt so: „Schmetterlinge wiegen fast nichts. Sie sind ganz leicht. So leicht, wie wenn die Sonne mit den Wimpern zuckt, als ob sie vom Licht geblendet sei und ihre Augen rot und gelb blinzelten. Schmetterlinge sind wie das Niesen des Regenbogens..." Jedes einzelne Wort klingt leicht, zart, filigran und entfaltet im Lesen, Freude und Schönheit, die mich anwehen und berühren. Und dazu ist es ein Buch mit einer unglaublich schönen Bebilderung. Vielleicht behalte ich es selber, vielleicht schenke ich es Simon. Was er wohl gerade macht? Ob er gelegentlich an mich denkt? Ich hätte ihm schon längst wieder schreiben oder ihn wenigstens anrufen sollen. Das kann ich ja heute Abend nachholen. Ich sehne mich nach ihm, nach dem Blau seiner Augen, seinem Lachen und seiner Fürsorge. Es geschehen noch Zeichen und Wunder. Ich hätte nie gedacht, dass es eine Zeit geben wird, in der mir mein Alleinsein nicht genügt.

Über den Graben laufe ich die Spiegelgasse hinauf und rechterhand durch die Braunerstrasse zurück zum Graben. Es geht mir gut. Heute habe ich noch kein Kalzium geschluckt und noch habe ich keine Entzugserscheinungen. Der milde Tag weckt meine Lebensgeister. Ich habe beinahe in jeder Boutique links und rechts der Gassen gestöbert, meine Tüten vermehren sich zusehend und mit ihnen die erstandenen Schätze. Die kleine Blusenboutique in der Spiegelgasse habe ich gleich um fünf Exemplare erleichtert. Den Schuhladen an der Ecke zur Habsburgergasse um drei weitere Paare. Seidentücher, Unterwäsche, Strümpfe, eine elegante Handtasche sind in meinen Besitz übergegangen und in einer atemberaubenden Lederboutique habe ich eine sportliche, glatte und kurze Lederjacke in einer undefinierbaren Farbe erstanden, die sich „taupe" nennt. Langsam trage ich schwer und bei jedem Neuzugang wird es schwerer. Wie ferngesteuert bringen mich meine Beine zum wohl bekanntesten Wiener Caféhaus, das Demel, am Kohlmarkt. Die Hofzuckerbäckerei aus der k.u.k.-Zeit bietet das Nonplusultra der Wiener Tortenkunst. Wenn man durch die straßenseitig gelegenen Salons, die jetzt die Verkaufsräume für die weltberühmten Süßigkeiten sind, nach hinten ins eigentliche Café durchgeht, steht man auf Glas, durch das man in die Kellerräume schauen kann, in denen die Zuckerbäcker die süßen Kunstwerke des Hauses herstellen. Auf einen frei gewordenen Platz lasse ich mich fallen. Eine Tasse Kaffee, ein Stück Kuchen. Keine Eile. Ich nehme mir eine Zeitung vom Ständer, lese ein wenig, schaue mir die Menschen an, freue mich. Alles keine aufregenden Geschichten, die dieser Tag erzählt und trotzdem bin ich froh. Eine kleine, stille Freude darüber, dass ich lebe.

Als ich das Demel verlasse, kaufe ich kandierte Veilchen und ein zuckerverziertes Marzipanherz. Keine Ahnung, warum ich das tue, ich mag Marzipan nicht besonders. Schwer beladen wie ich bin, betrete ich schräg gegenüber die Michaelerkirche, eine dreischiffige Pfeilerbasilika, die zu großen Teilen aus dem 13. Jahrhundert stammt. Alle Tüten hängen an meiner linken Seite, weil ich meine rechte Hand für das Weihwasserbecken und das Kreuzzeichen brauche und für die Kerze, die ich gewohnheitsmäßig und abergläubisch in jeder Kirche anzünde. Mit jeder Kerze würdige ich den Ort, den ich betrete, und dann ist es die Kerze, die das Gebet spricht. Es käme mir wie Frevel vor, beträte ich die Kirche ohne dieses kleine private Ritual. Mein Eintrittspreis ist beglichen, also laufe ich bis vor den Altar, schaue alles genau an, zuguterletzt steige ich in die Katakomben, wo etwa 4000 Menschen bestattet sein sollen. Ein merkwürdiger Ort, dort sind Hunderte bemalter Särge und mumifizierter Leichen zu sehen, die zum Teil mit barocken Gehröcken und Perücken ausgestattet sind. Teile dieses Ortes sind weniger gepflegt als andere, so gehe ich jetzt gerade auf verscharrten Knochen, über deren aus der Erde herausragenden Enden ich dauernd stolpere, oder stehe unvermittelt vor auseinandergebrochen Särgen, aus denen Arme und Beine oder Köpfe hängen, deren leere Augenhöhlen in alle Richtungen schauen und deren weit aufgerissene Münder noch immer Zähne zeigen. Ein schrecklicher Anblick.

Als ich aus der schweren Eichentür wieder ins Freie trete, inhaliere ich in tiefen Zügen die frische Luft. Keine Ahnung, wieso ich mir diese Düsternis angetan habe. Verknittert blinzele ich ins Licht. Wozu habe ich jetzt Lust? Ich bin schon Stunden unterwegs, die aufsteigende Müdigkeit kann ich nicht ignorieren. Auf der anderen Seite des Michaelerplatzes, am Beginn der Herrenstrasse, finde ich einen Steineladen, von Afghanen betrieben. Im Schaufenster eine gigantische Amethystdruse, die so gut wie den ganzen Platz einnimmt. Aber was mich den Laden betreten lässt, sind die zahllosen, in allen nur denkbaren Größen und Formen verstreut liegenden Lapislazulisteine. Ich liebe ihr Blau. Als das Ladenglöckchen ertönt, kommt mir auch schon ein älterer Mann mit dunklerem Teint in einem traditionellen, afghanischen Gewand entgegen. Ich lasse mir die Lapis-Steine zeigen, bin fasziniert von ihrer Schönheit. Als ich nach einer Stunde immer noch einzelne Steine betrachte und mich nicht entscheiden kann, lädt der alte Afghane mich auf einen Tee ein, den er im hinteren Teil des Ladens auf einem kleinen Kocher in Arbeit hat und dessen Duft den Raum erfüllt. Er erzählt mir vom Lapisabbau in den großen Steinbrüchen seiner Heimat. Je dunkler und reiner das Blau dieser Steine, desto teurer sind sie. Die Türe geht auf und wieder zu, plötzlich sind aus dem Nichts weitere Männer gekommen, die er mir vorstellt als Sohn, Bruder und zwei Neffen. Noch nie in meinem Leben wäre ein solch spontanes Unterfangen möglich gewesen. Ich sitze als Frau mit fremden Afghanen im schummrigen Hinterteil eines Ladens, scherze, trinke Tee und führe letztlich Verkaufsgespräche. Also gut, ich habe zuguterletzt ein paar Steine mehr gekauft als geplant, aber ich muss gestehen, es hat mir Spaß gemacht.

Mein Gang durch die Strassen ist noch langsamer geworden, am Feinkosttempel Meinl am Graben komme ich nicht vorbei, ohne ein paar Leckereien mitzunehmen, für die stillen Stunden am Abend und als Mitbringsel für die Esseneinladung morgen Abend bei Berta.
Dunkle Wolken haben die Sonne geschluckt, es ist wieder kühl und schattig geworden. Ich trete langsam den Heimweg an, durch den Graben über den Stephansplatz in die Kärntnerstrasse zum Hotel. Weit ist es nicht, trotzdem lasse ich mir Zeit. Warum sollte ich mich beeilen?
Als ich vor den Türen des Kaufhauses Steffl stehe, beginnt es zu nieseln. Also nehme ich das als Fingerzeig und laufe durch die Stockwerke des Hauses. Ich mache ein Spiel daraus, aus jedem Stockwerk kaufe ich etwas, im Parterre ein Parfum, im ersten Stock ein Manteltuch aus Cashmere und Seide, in allen nur denkbaren Brauntönen, eine chinesische Szene zeigend, im nächsten Stock einen mittelgroßen, roten Trolli, in den ich beherzt all meine Tüten und Päckchen lege, in der Papeterieetage eine elegant gefertigte Schachtel, im obersten Stock gibt es eine modern gestylte, große Bar, die Sky-Bar, dort genehmige ich mir, an der Terrasse sitzend, einen Aperitif vor meinem baldigen Abendessen. Ich habe schon wieder Hunger. Der Nieselregen ist in einen launigen Graupel übergegangen und dann in großflockigen Schnee. Für einen Moment schließe ich die Augen und werde still. Ein guter Tag, an dem ich so etwas wie Normalität üben konnte. Ein Tag, an dem mich bis jetzt die Ameisen in Ruhe gelassen haben. Obwohl ich müde bin, obwohl ich den ganzen Tag auf den Beinen war, freue ich mich.

Keine halbe Stunde später liege ich in meiner runden Badewanne, Lavendelduft liegt auf dem Wasser und in der Luft, Dampf legt sich als Nebelvorhang auf die verspiegelten Flächen, ich lasse mich aufweichen, will nur den Moment genießen und nicht einem Gestern nachhängen oder ein Morgen planen. Schaue den Sekunden zu, wie sie zur Vergangenheit werden.

Heute soll ein Tag zum Feiern sein. Mir ist danach. Wenn das Leben ein Buch wäre, will ich mich darin versenken und ablesen, wer ich bin. Ich will eintauchen in diesen Lebensfluss, will ein Stück für mich beanspruchen, will meine Lektion am Leben lernen, so lange, bis es zu einer Normalität heranreift, die ich handhaben kann. Ich will am Leben der anderen teilhaben und mein Leben teilbar machen.

Mit einem Lächeln auf den Lippen steige ich aus meinem Bad, wische mit dem Ellbogen den Dampf vom Spiegel und betrachte das darin auftauchende Bild. Es ist immer wieder seltsam, wie fremd mir das eigene Gesicht erscheint, fast so, als müsste ich mich erschrecken.

In einer Viertel Stunde lade ich mich zum schicken Abendessen ein. Ein Rendez-vous mit mir selbst. Das neue, elegante Seidenkleid, das kurze schwarze Jäckchen, hochhackige, schwarze Lackschuhe im Retrolook, der Lidstrich ist schnell gezogen, die Wimpern getuscht, dezent angemalte Lippen, Parfum aufgetragen, die Haare gebürstet. Nicht schlecht! Ohne Anlass, ein bisschen übertrieben. Was soll's?

Als sich die Aufzugtüren öffnen, ist Herr Wawras Blick auf mich gerichtet. Er lächelt mich an, ich nicke ihm zu. „Ich wünsche Ihnen einen schönen Abend, gnädige Frau. Wenn ich mir eine Bemerkung erlauben darf, Sie sehen bezaubernd aus“. „Danke, Herr Wawra.“
Auf dem Weg ins Restaurant bleibt sein Blick auf mir haften. Ein lächelnder, im Smoking herausgeputzter Oberkellner kontrolliert

die Reservierungen und bringt mich zu meinem Tisch. Ein runder Ecktisch für zwei Personen unter dem Porträt vom Kaiser Franz Joseph. Die Rote Bar ist bereits gut besucht, jeder Tisch ist besetzt, so wie es aussieht, auch meiner. Mit dem Rücken zu mir sitzt ein Herr. Im ersten Moment bin ich enttäuscht, ich habe so gar keine Lust auf Konversation mit einem mir fremden Menschen. Doch als dieser Mensch sich aus seinem roten Fauteuil schält und mir sein Gesicht zuwendet, kann ich einen Aufschrei kaum unterdrücken.
„Simon!"
Er grinst spitzbübisch, nimmt mich in die Arme, küsst mich wie selbstverständlich auf den Mund, schiebt mir dann, ganz der Kavalier, den Lehnstuhl zurecht.
„Du siehst sensationell aus, mit wem bist du verabredet?"
„So wie es aussieht, mit dir. Wann bist du angekommen?"
„Vor etwa einer Stunde. Herr Wawra, der Chefportier, hat mir verraten, dass du einen Tisch bestellt hast. Et voilà, hier bin ich. Ich habe die Praxis heute früh zugesperrt und mir auch noch die nächste Woche freigeschaufelt. Was hältst du davon?"
„Sieht aus wie eine sehr gute Idee."

Wir blättern in der Speisekarte und werden schnell fündig. Ein Menü muss es sein, denn ich habe richtig Hunger. Wir bestellen Kürbisschaumsuppe mit Zucchinitatar, das Forellenquartett für den Zwischengang, den Tafelspitz mit klassischen Beilagen und zum Dessert Panna Cotta mit Passionsfruchtsorbet. Das amusegueule lässt nicht lange auf sich warten. Wir bedienen ein in Gang gesetztes Ritual. Schritt für Schritt gehorchen wir einer Abfolge einzelner Formalien, die Tischordnung, die Speisenfolge, das Ambiente, der Blumenschmuck, der Raum, alles Einzelteile eines zusammengesetzen Bildes. Ich kann das heute genießen.

Wir schauen uns an, Simons Lächeln berührt mein Gesicht und legt mir ein kleines Rouge auf die Wangen. Er nimmt meine Hände, legt seine Lippen darauf und spricht in meine Hände hinein.

„Die Wahrheit ist, ich wollte dir nahe sein."

Seine Worte berühren meine Haut in kleinen Funken. Ich bin wie elektrisiert. Etwas hat sich verändert. Ich muss nicht schlagfertig sein, nicht vorsichtig, ich muss mich nicht verteidigen, mich nicht verängstigt in Sicherheit bringen. Es ist kein Spiel. Seine Worte dringen in mein verletzliches Leben und machen sich dort breit. Purpurfarbene Stille bewegt sich zwischen uns.

„Die Wahrheit ist, ich will dir auch nahe sein."

Simons blaue Augen leuchten. Er macht den Mund auf und wieder zu und sagt gar nichts. Schweigend essen wir den kleinen Gaumenkitzler, suchen und finden aber immer wieder die Augen des anderen, so als müssten wir die gesprochenen Worte in ihrer Tragweite erst ermessen.

Der Oberkellner serviert die bestellten Köstlichkeiten. Das Restaurant ist bis auf den letzten Platz gefüllt. Das gedämpfte Auf- und Abwogen der Stimmen, das kaum hörbare Hantieren mit Besteck und Geschirr, die heimelige, weichgepolsterte Stimmung im rotgeschwängerten Ambiente. Simon und ich füllen einen Raum im Raum, wir sind uns genug und blenden die Geräuschkulissen der Nachbartische aus. Kleine Lichtpunkte tanzen zwischen unseren Augen, ich bin in ihren Bann gezogen, unbeholfen lächle ich, es ist, als ob die Luft knistert. Ein Auftakt. Als würde ein imaginärer Dirigent den Taktstock heben, einen ganz kurzen Moment innehalten, in die aufbrechende Stille lauschen und den ersten Ton empfangen.
Wir haben den ersten Ton gehört. Ich bin gespannt auf die Musik.

Nach dem Zwischengang stoßen wir mit unseren Weingläsern an.

„Was hast du in den letzten Tagen erlebt? Du schaust irgendwie verändert aus. Energievoller, nicht mehr so zerbrechlich."

„Ich wollte dich heute Abend anrufen. Dass du hier bist, ist besser. Ich weiß nicht, wo ich anfangen soll. Es ist mein erster Tag ohne Kalzium, ich bin heute Morgen aufgewacht und mein Leben hat sich neu angefühlt. Ich war still, nicht mehr am Rennen, alles war irgendwie in ein anderes Licht getaucht. Meine Welt stand still und auf einmal hatte ich Zeit. Es gab, wie in all den Tagen vorher, Flashbacks, dieselben schlimmen Bilder und Gefühle, aber sie hatten nicht mehr dieselbe Bedeutung. Es hat sich angefühlt wie der Beginn von etwas Neuem. Also habe ich angefangen, Leben zu proben, Normalität zu üben, einfach um einen Ausgangspunkt zu haben, von dem aus ich zu einer neuen Identität finden kann. Ich war mit Berta, meiner Zugbekanntschaft, bei einem Vortrag, habe ihr das Du angeboten, war mit ihr beim Essen, habe wahnsinnig viel Geld gelassen beim Shoppen, habe mit alten afghanischen Männern in einem Hinterzimmer eines Ladens Tee getrunken, habe in der Krypta einer Kirche die in offenen Särgen sitzenden Skelette bestaunt und habe mich schließlich in Schale geworfen, um mit mir diesen Tag zu feiern. Wie schön, dass die Einladung zu dieser Feier bis zu dir vorgedrungen ist. Ach übrigens, morgen Abend haben wir eine weitere Einladung bei meiner neuen Freundin Berta."
Simon lacht.
„Dann bin ich ja gerade rechtzeitig gekommen. Wenn das dein Neubeginn ist, ist er es vielleicht auch für mich, mit dir, Clara. Wenn du willst?"
„Ja, ich will."
Jetzt lachen wir beide. Die Stimmung wird ausgelassen und leicht.
„Was meinst du eigentlich mit Normalität proben?"
Ich schaue ihn einen kurzen Moment stumm an.
„Ich bin nicht ganz sicher. Vielleicht all die Dinge tun, die „man" tut, die ich aber nie in mein Leben gelassen habe. Banale Dinge wie durch die Stadt bummeln und einkaufen, mit Leuten, die ich nicht kenne, in Kontakt treten, maßlos Geld ausgeben, unvernünftig sein, wichtige Dinge, wie eine Freundin haben, das Du anbieten, mein Leben wieder ernst nehmen oder mich auf eine Beziehung einlassen..."

„Das hört sich an, als wärst du wieder im Kontakt mit deiner Kraft und deiner Lebensfreude?"
„Ich glaube, das kann man so sagen. Ich bin neugierig geworden und hungrig auf Leben."

Mittlerweile sind wir bei unserem Dessert angekommen, das wir mit einem Espresso genießen. Der Oberkellner bringt mir ein Billett, das ich unterzeichne, was das Essen auf die Zimmerrechnung setzt.

Alles Schwere ist jetzt vergessen. In mir ist es hell und leicht, die jetzigen Momente wollen erlebt und erinnert werden. Wir haben uns von unserem Tisch erhoben, Simon nimmt halb meine Hand, halb strecke ich sie ihm entgegen. Im Foyer, vor dem Eingang zum Restaurant zieht er mich wortlos in seine Arme. Für einen Moment stehen wir dort wie Gussfiguren. Eng umschlungen der Weg zum Aufzug, wir halten einander fest, endlich, das darf nicht wieder in einem unbedachten, ängstlichen Moment verloren gehen. In mir ein vages, beinahe schmerzhaftes Verlangen. Simon ist es, der die Tür zur Suite öffnet und wieder verschließt. Im stillen Einverständnis der Körper ziehen wir einander aus. Nur ein karges Mondlicht beleuchtet die Bewegung der Schatten. Es gibt keine Verlegenheitsgebärden, nichts Linkisches oder Furchtsames. Jede Bewegung erscheint mir langsam, weich und warm. Simon küsst mich zärtlich, seine weichen Lippen öffnen meine Seele. Noch immer stehen wir auf flauschigem Teppichboden, unsere Körper in einem wogenden Tanz der Berührungen gefangen, Simons andächtige Hände sind überall, sinnliche Verlängerungen seiner Augen.
„Du bist wunderschön", sagt er mit belegter Stimme.
Meine Hände streicheln ihn, jeden Millimeter seiner Haut will ich berühren, alles will ich kennen und umfassen. Nach dem Takt eines unsichtbaren Dirigenten tanzen wir den Blues in Richtung Bett. Erst liegen wir Seite an Seite, lassen unsere Hände und Lippen sprechen, atmen ineinander, erregt und lustvoll. Wir atmen dieselbe Luft, es ist als hätten wir uns im Körper des anderen

verteilt, wir dringen ineinander vor bis zu den äußersten Rändern des Anderen. Simon ist wie ich, denke ich lautlos, und werde von einer Woge von Glück ergriffen. Dann darf es plötzlich keinerlei Abstand mehr geben, ich giere nach seiner Haut, seinem Körper, Simon liegt über mir, ist tief in mich hineingeglitten. Ich verliere mich in seinem Körper, wir tanzen diesen Tanz zu Ende, mein Körper antwortet lustvoll dem seinen, schließlich erreichen wir einander. Und die einzelnen Töne ergeben eine Melodie.

Als es vorüber ist, liege ich still und mit geschlossenen Augen in seinen Armen. Er hält mich fest, seine Nähe ist wie ein Kokon, in dem ich mich zuhause fühle. Ich hatte recht, das war ein Tag zum Feiern und noch während ich darüber nachdenke, was ich Simon sagen will, schlafe ich ein.

17

Als ich am nächsten Morgen die Augen öffne, sind Simons hellblaue Augen auf mich gerichtet. Er hantiert an einem Frühstückstablett, das mit gut riechenden Dingen beladen ist.
„Guten Morgen, meine Schöne."
„Guten Morgen. Wie spät ist es?"
„Fast Mittag!"
„Oh! Warte, ich hab was geträumt..."
Ich schließe nochmals die Augen und vergegenwärtige mir die letzten Traumbilder. Ich, als erwachsene Frau, habe die Wohnung betreten, in der meine Eltern mit der kleinen Clara lebten, habe die Eltern in ihren Misshandlungen gestoppt und zurechtgewiesen, die kleine Clara in den Arm genommen und hinausgetragen, weg von diesem Ort, zu mir. Das macht mich froh, denn ich fühle mich kraftvoll dabei.
Jetzt öffne ich meine Augen ganz, setze mich aufrecht, stopfe mir ein Kissen in den Rücken, erzähle Simon meinen wiedergefundenen Traum, derweil ich ihn dabei beobachte, wie er das Tablett quer über meine Beine platziert. Dann küsst er mich lächelnd und setzt sich im Schneidersitz zu mir ins Bett.
„Du siehst aus als seist du bereits startklar für den Tag?", sage ich zu ihm.
„Ich musste vor zwölf mein Gepäck aus meinem Zimmer holen und Herrn Wawra Bescheid sagen, dass er das Zimmer canceln kann. Ich gehe davon aus, dass das für dich in Ordnung ist?"
„Mehr als in Ordnung. Ich wusste gar nicht, dass du ein anderes Zimmer hattest."
Mich so früh am Tag mit anderen Bedürfnissen als den meinen befassen zu müssen, irritiert mich, aber vielleicht ist auch das ein Stück Normalität, das sich üben lässt.
Simon reicht mir meinen Kalziumcocktail.
„Ich dachte, das kann nicht schaden."
„Danke."

Er strahlt mich an. Wir albern uns durchs Frühstück, schieben uns kleine köstliche Dinge in den Mund, küssen uns, können unsere Hände nur schwer voneinander lassen. Dann, ganz unvermittelt, stelle ich meine Espresso-Tasse ab und schaue ihn ernst an.
„Simon, ich kann mich nicht erinnern, jemals so glücklich gewesen zu sein."
Das Glück tritt über das Ufer, Tränen laufen über mein lachendes Gesicht. Simon küsst sie mir weg, nimmt mich in die Arme. Dann schiebt er mich wieder ein paar Zentimeter von sich weg, sucht meine Augen.
„Ich liebe dich so sehr. Wenn es nach mir geht, will ich, solange ich lebe, keinen einzigen Tag mehr ohne dich sein."
„Heute ist ein guter Tag, um damit anzufangen."
Dann liegen wir uns wieder in den Armen, lieben uns genüsslich, leidenschaftlich und froh, und haben keine Eile bis wir satt sind.

Gefühlte Stunden später, dabei ist es gerade mal kurz nach zwei Uhr am frühen Nachmittag, lasse ich mich frisch gebadet, gestylt und gut gelaunt auf unser grünes Sofa fallen. Ausgehbereit. Simon steht am offenen Fenster, lässt sich den Wind durch die Haare pfeifen und schaut in die steinige Landschaft.
Er sieht friedlich aus und vollkommen eins mit sich selbst. Kaum zu glauben, dass er mich liebt. Ich liebe ihn auch. Über so viele Jahre war er mir nah und vertraut, aber ich habe nicht gewagt ihn mit liebenden Augen zu sehen. Das tue ich seit gestern Nacht und ich will nie wieder damit aufhören. Ich werde alles in diese Waagschale werfen, werde nichts in der Hinterhand behalten, werde mich geben. Ich habe nichts mehr zu verlieren, kann nur noch gewinnen. Wir sind zu vertrauten Liebenden geworden. Und es scheint mir, dass sich der Grundton unserer Seele gleicht. Ich erkenne ihn, ich kenne ihn zutiefst.
„Simon!"
Er dreht sich um und kommt schon wieder lächelnd auf mich zu.
„Ich habe ein Geschenk für dich. Gestern auf meiner Tour erstanden."

Aus der großen Tasche, die unterhalb des Sofas lehnt, hole ich das Buch und das zuckerverzierte Marzipanherz und lege beides in seine Hände.
„Du hast an mich gedacht?“
„Ich gestehe.“
Simon setzt sich aufs Sofa, liest laut, „Die Werkstatt der Schmetterlinge“, blättert und beißt in sein Marzipanherz.
„Woher weißt du, dass ich Marzipan liebe?“
„Ein paar wenige Dinge haben es in mein egozentrisches Weltbild geschafft“, sage ich schmunzelnd. „Ich ruf noch schnell Berta an, um zu fragen, wann und wo wir heute Abend erscheinen sollen.“

Ich erledige nicht nur das. Berta freut sich auf unseren Besuch, Simon mitzubringen, stellt kein Problem dar. Ich checke meine E-Mails, antworte einem Soziuspartner auf seine Fragen, regle mit Frau Holzner die zwingenden Abläufe, schicke einen kleinen Zwischenbericht an Frau Lenz, meine zimtäugige Psychologin, und zuguterletzt rufe ich noch Mutter Agnes an, erzähle ihr ein bisschen von der neugewonnenen Leichtigkeit des Seins und wünsche ihr viele gute Tage.

Als wir endlich in den Tag starten, schlägt die Turmuhr drei Uhr. Ich habe mich bei Simon untergehakt, er hält seinen blauen Karoschirm über uns gespannt. Das Wetter interessiert uns nicht weiter. Ob es regnet oder schneit, wir sind zusammen, ich spüre Simon direkt neben mir, heute ist das alles, was zählt. Wir laufen durch die Strassen, planlos und unbeschwert. Wir schlendern durch die Herrengasse auf die Freyung zu, trinken einen Espresso im legendären Literatencafé Central, laufen durch die Passage im Palais Ferstel, das die unglaublichsten Boutiquen beherbergt, gustieren Kakaobohnen in ihrem Urzustand, die köstlich schmecken, bummeln an exklusiven Designerläden und Juwelieren vorbei, bevor wir über den Judenplatz und am Alten Rathaus vorbei, auf den Oberen Donaukanal zusteuern und schließlich in der Ruprechtskirche landen. Die Kirche liegt auf einer Anhöhe über dem Donaukanal, von dem aus bereits im Mittelalter eine Stiege hinab

zur Anlegestelle für die Salzschiffe führte. Ein ruhender Pol in einem turbulenten, mittelalterlichen Ambiente. Dieses schlichte, efeuumrankte Gotteshaus soll bereits um 470 gegründet worden sein und ist somit die älteste Kirche Wiens. Im Inneren finden sich Glasmalereien aus dem 13. Jahrhundert und eine Schwarze Madonna, die glanzlos, aber weich und gütig den Raum füllt. Ich setze mich auf einen Stuhl, der ganz hinten an der grob gemauerten Wand steht, und atme andächtig die Stille ein. Es ist bestimmt dreißig Jahre her, in der Zeit, als ich in Paris nach den akademischen Weihen einer Promotion gegriffen habe, da habe ich ein paar Wochen investiert auf den Spuren der Schwarzen Madonnen, die vom französischen Norden bis in den äußersten Süden, in Saintes-Maries-de-La-Mer, zu finden sind. Und jetzt hier, in Wien. Irgendwie haben sie mich ein Leben lang begleitet, wie ein gutes Omen meinen Weg gesäumt. Ihre Präsenz macht mich froh. Oder spreche ich von ihrem vermeintlichen Schutz? Oder von ihrer hervorstechendsten Eigenschaft, ihrer Mütterlichkeit?
Nach einer Weile nehme ich meinen Stuhl mit nach vorne, jetzt will ich in ihre Augen schauen, nicht wie sonst im Hintergrund den Überblick behalten. Und in ihre Nähe. Das ist es, was ich brauche, ihre Nähe. Ich bin Frau geworden und erwachsen, ohne Kind gewesen zu sein, ohne eine Mutter gehabt zu haben und ohne selber Mutter zu sein. Aber in diesem kurzen Traumbild von heute Morgen habe ich das kleine, verlorene Kind, das ich selber war, an die Hand genommen und zu mir gebracht. Ein Paradox. Ich bin mir selber Mutter geworden, ich bringe beide zusammen. Ein erlösendes Vexierbild! Vielleicht alles nur eine Frage der Perspektive. Und Mutter Agnes hat mir ihren Segen gegeben. Kommt diese Geschichte jetzt an ein gesundes Ende? Kann ich jetzt heil werden?
Ich erzähle Simon, der hinter mich getreten ist und seine Arme um mich legt, von meinen Gedankengängen.
„Weißt du, ich erschrecke immer wieder heftig, wie unvermittelt der kleinste Auslöser mich anspringt. Ein Bild, ein Wort, ein Gedanke, ein Ton, der Wind, einfach alles kann mich berühren und eine emotionale Lawine lostreten."

„Ich nehme an, diese Nächte und Tage sind für dich wie eine Katharsis gewesen, der Autopilot ist ausgeschaltet, dein Innerstes ist aufgebrochen und die wesentliche, eigentliche Clara drängt ans Tageslicht. Du wirst gesund. Darüber freue ich mich riesig."

„Ich glaube, die Clara, die da ans Tageslicht drängt, missfällt mir auch nicht. Vorhin habe ich über Mütterlichkeit nachgedacht, es kommt mir beinahe so vor, als würde ich mich selbst zur Welt bringen."

Ich drehe mich nach Simon um und lache. „Eine spät Gebärende, oder?"

„Der Gedanke hat was sehr Schönes, finde ich."

„Wenn ich in Madonnenaugen schaue, ist es, als käme ich nach Hause. Irgendwie fühle ich mich gemeint. Aber vielleicht geht es ja nur mir so?"

„Du hast eine lebenslange Geschichte mit Müttern, Madonnen, Klöstern und Kirchen. Ich kann verstehen, was dich da berührt."

Als wir aus der Kirche treten, sind wir ganz still geworden. Ich fühle mich, als wäre ich in eine warme Decke gehüllt. Der Regen hat aufgehört, der Blick aufs Wasser ist wie eine Offenbarung. Wir steigen Hand in Hand die Treppen hinunter, wortlos, ein Gefühl knisternder Nähe zwischen uns, beinahe so, als würden Funken fliegen.

Es ist allmählich Zeit für unsere Verabredung. Wir lassen uns den Weg beschreiben. Die Grimmelshausener Gasse am Modena Park. So ganz nahe ist das nicht, trotzdem beschließen wir, das in einer halben Stunde zu Fuß zu schaffen. Lieber durch die Altstadt als entlang der lauten, befahrenen Strassen. Richtung Stephansplatz durch die Rotenturmstrasse, am Dommuseum links durch die Wollzeile bis zum Stadtpark, den ich ja von meinem gestrigen Spaziergang schon kenne, quer durch den Park bis zur Johannesgasse, über den Heumarkt und nach einem weiteren, kleineren Platz beginnt die Grimmelshausener Gasse. Wir sind beide froh, dass wir gleich an ihrem Beginn die gesuchte Adresse finden. Die Füße tun weh, meine Tasche, die mir mit den Gastgeschenken zu schwer wurde, hat schon seit einer Weile Simon übernommen, und Müdigkeit ist durchaus ein Thema. Dieses Viertel ist besonders, keine Frage, viel Grün, Villen, Palais und jede Menge Botschaften, deren Landesfahnen über den Portalen wehen. Die Villa, vor der wir stehen, sieht aus wie ein verwunschener Ort aus einer anderen Zeit, mit grünem Buschwerk, das über die Mauer wächst, einem doch beachtlich großen, gepflegten Garten mit Obstbäumen, Kinderschaukel und Sandkasten. An der massiv hölzernen Eingangstür ein Praxisschild von Bertas Mann, Dr. Johannes Silbermann, einem Allgemeinarzt.

Simon drückt den Klingelknopf, sofort ist lautes Bellen zu hören. Der Türsummer ertönt und als Simon die Tür nach innen drückt, wedelt uns aus freundlichen Augen ein schwarz-weißer Border-Collie an. Gleich dahinter kommen uns eine strahlende Berta und ihr Mann entgegen, die uns herzlich begrüßen. Alle machen sich miteinander bekannt, Berta umarmt mich. Wir werden hereingebeten, unsere warmen Jacken werden aufgehängt, schließlich stehen wir an einer Theke in der großen Küche und werden nach unseren Aperitifwünschen befragt. Die Männer einen Campari Soda, Berta ein Glas Prosecco und ich bitte um meinen Kalziumdrink. „Du schaust heute müde aus", sagt Berta. „Das bin ich im Moment auch, aber das wird sich hoffentlich bald ändern."
Mit dem Aperitif haben wir einander das Du angetragen, ich fühle mich wohl, Simon und Hannes, wie ihn alle nennen, sind einander sofort grün, die Stimmung ist gelöst und leicht.
Berta macht sich ganz nebenbei am Herd zu schaffen, schiebt Fleisch in den Ofen, rührt in einem Topf auf dem Herd und macht einen großen, bunten Salat an. Der Mix aus unterschiedlichen Gerüchen lässt mir das Wasser im Mund zusammenlaufen. „Kann ich dir helfen?", frage ich sie. „Bin schon fertig", ihre Antwort. „Aber wir sollten uns alle an den Esstisch setzen."
„Hannes!", die beiden Männer sind bereits mitten in einem Gespräch, „bitte, wenn wir alle was rübertragen, können wir uns zu Tisch setzen."

Hannes nimmt das Tablett mit den Miniterrinen, in denen eine köstlich duftende Minestrone angerichtet ist, Simon die Teller mit den Antipasti, Berta die Salatschüssel, ich den Korb mit dem frischen Chiapatta und dem bereits dekantierten Rotwein. Der lange Esstisch, an dem an normalen Tagen auch vier Kinder und Bertas Mutter sitzen, wie sie mir erzählt, ist wunderschön eingedeckt. „Wo sind die Kinder jetzt?", frage ich. „Meine Mutter kümmert sich um sie und bringt sie ins Bett." „Wie dumm von mir, ich habe nur ein Buch für eure entzückende Leonie mitgebracht, ich habe nicht an die anderen gedacht, tut mir leid."
„Das macht nichts, du kennst die anderen auch gar nicht."
Die Aufmerksamkeit richtet sich jetzt auf das Essen, Berta wird von allen Seiten gelobt, es schmeckt vorzüglich. Hannes hebt das Glas und heißt uns nochmals willkommen. Auch der Wein hat Klasse, ich fühle mich rundum wohl. „Wie ist es dir in den letzten Tagen ergangen, Clara?" Hannes hat gefragt, aber jetzt sind alle Augen auf mich gerichtet. Schon wieder so eine Situation, in der das Neue mich überrascht. Hannes hat nicht nur aus Höflichkeit gefragt, es fühlt sich an wie echtes, menschliches Interesse. „Na ja," höre ich mich sagen, „wie fühlt sich ein Leben an, in dem sich die einzelnen Bestandteile nicht mehr an ihrem angestammten Platz befinden? Kennt ihr Tangram? Das ist ein chinesisches Legespiel, das aus ein paar Dreiecken und Vierecken besteht, aus denen in jedem einzelnen Spiel etwas Neues, Überraschendes entsteht, zum Beispiel ein Haus oder ein Boot. So ähnlich geht es mir. Ich fühle mich nie sicher und ich bin immer wieder überrascht von mir selber und von meinen anderen Mitspielern. So als setzte sich mein Leben von Moment zu Moment, von Tag zu Tag neu zusammen, und meistens anders als erwartet."
„Und du hast keine Möglichkeiten, dieses ganze Chaos in irgendeine Spur zu kriegen?" Berta schaut mich fragend an.
„Nein, keine Kontrolle möglich. Ich hatte nicht die Kraft, gleichzeitig ist ja mein Kalziumhaushalt zusammengebrochen, was das heißt, wisst ihr ja, blanke Nerven."
„Wenn jemand mit so einer Beschreibung der Situation an den Falschen gerät, kann es schnell passieren, dass er entweder

Psychopharmaka verordnet bekommt oder in eine Nervenklinik eingewiesen wird. Auf jeden Fall aber hast du eine Diagnose ab."
Jetzt schüttelt Berta ihren Kopf.
„Auf jeden Fall könnte man mich für verrückt halten, was ich im eigentlichsten Sinne des Wortes ja bin. Diese ganze Geschichte hat mich ver-rückt. Ich darf halt nicht herumerzählen, dass ich im Moment nicht so recht weiß, wer ich bin. Zu Beginn habe ich mir pausenlos erzählt, was ich für eine tolle Karrierefrau bin, wie tough, wie unbesiegbar, wie unersetzbar. Mein beruflicher Werdegang und die Definition als promovierte Wirtschaftsanwältin haben mir Halt gegeben, weil ich persönlichen oder menschlichen Halt nicht oder kaum annehmen konnte. Als das auch noch zusammenbrach, bin ich ziemlich haltlos und ziemlich verzweifelt in dieser großen Leere geschwommen, und das Wort ‚Ich' war nur ein Wort, ohne Inhalt."
Ich bitte um weiteren Rotwein, Hannes schenkt mir nach. „Wie hast du das geschafft?", fragt er nach.
„Ohne Simon undenkbar! Simon hat mich gefunden und versorgt. Simon hat mich ins Krankenhaus gebracht, Simon hat die richtige Psychologin für das richtige Gespräch gefunden, Simon hat mir im Krankenhaus das richtige Buch geschenkt. Simon war immer in meiner Nähe." Ich lächle ihn dankbar an.
„Simon liebt dich!", sagt Simon lachend. Berta und Hannes schauen von einem zum anderen. „Gibt es da was zu feiern?", fragt Hannes. „Ja", sagt Simon, „es gibt in der Tat etwas zu feiern, aber sind wir nicht schon dabei?"
„Dazu fällt mir was ein", ich bin mit Berta aufgestanden, die sich in der Küche zu schaffen macht, ich packe die mitgebrachten Geschenke aus. Das Buch für die kleine Leonie, die Leckereien aus dem Delikatessladen, und zum Anstoßen eine Flasche Champagner. Das stelle ich alles auf das hintere Ende unseres Esstisches.
Berta serviert den Hauptgang. Es gibt Lammcarrée, auf den Punkt rosa gebraten, mit einem Stampfpürree aus Süßkartoffeln, Karotten und Ingwer, dazu in Butter geschwenkte Princessböhnchen und grüne Le Puy Linsen mit zerhackten Datteln. Die zweite Flasche Rotwein atmet.

Hannes füllt die Gläser. „Also, worauf sollen wir anstoßen?" Simon erhebt sein Glas. „Darauf, dass Clara und ich endlich zusammen sind."

Mit dem Hauptgang lassen wir uns richtig Zeit. Alle sind miteinander im Gespräch, die Männer diskutieren zwischendurch medizinische Belange, Berta stellt Fragen zu meinen psychischen Befindlichkeiten der letzten Tage, es wird viel gelacht. Es ist kurz vor elf Uhr, als wir an den Nachtisch denken. Berta serviert Aprikosen in einem karamellisierten Sud mit selbst gemachtem Vanilleeis, Schlagsahne und weißen Schokoraspeln. Mächtig im Gehalt, aber auch mächtig gut. Jeder hat seinen Espresso hinterher und nach dem Kaffee seinen Absacker.
Es ist schier unglaublich mit welcher Gelassenheit, welcher Leichtigkeit ich diesen Abend genieße, mit Menschen, die ich so kurz kenne. Simon scheint es auch so zu gehen, und ebenso unseren Gastgebern. Wir tauschen Adressen, Telefonnummern, E-Mails und Handynummern. Wir wollen fortsetzen, was hier entstanden ist und laden sie nach München ein. Der Abschied fällt sehr herzlich aus. Als wir uns schließlich weit nach Mitternacht auf unseren Heimweg machen, bläst uns eiskalter Ostwind um die Ohren. Wir sind beide doch merklich alkoholisiert, halten uns aneinander fest auf angeeisten Wegen, bis Simon schließlich ein Taxi ordert, das uns nach Hause bringt.

18

Simons Nähe ist wie ein warmer Mantel gegen die Ängste, die im Untergrund lauern. Jetzt erst ist mir klar geworden, wie sehr sie mich eingeschüchtert haben. Ich will ihrer Geschichte nicht mehr zuhören. In Simons Armen tauche ich in eine neue Weichheit ein und horche auf das Verstreichen der Zeit. In seinen Armen begegne ich den Ungeheuern meiner Seele, erlebe die Flashbacks unerträglicher Bilder, höre die Klagelieder kleiner, unschuldiger Stimmen. Die Nächte sind voll davon. Als würde ein großer, unsichtbarer Besen in den Kellerräumen meiner Seele kehren, alles zu einem großen Haufen türmen und verblasen. In Simons Armen bin ich sicher, neu und weich, und diesen Zustand will ich mit nichts auf der Welt tauschen. Er streicht die Folter behutsam aus der Haut, er betrachtet mich mit Augen, die mich neu erschaffen, die mir Farbe geben, Lebendigkeit einhauchen, kurz und gut, er hält seine liebenden Augen auf mich gerichtet und fängt mich auf, wo immer ich falle.

Drei weitere Tage haben wir in Wien verbracht, haben uns eingeigelt, uns im Zimmer und im Bett verkrochen. Heute Morgen, es ist Faschingsdienstag, sind wir aufgebrochen. Seit Stunden sitzen wir im Auto, haben Wien in Richtung Kärnten verlassen. Die Stille zwischen uns hat nichts Befremdliches oder Schweres, sie ist wie ein bequemes Kissen. Die letzte Nacht war qualvoll, schreiend, nass geschwitzt bin ich gegen drei Uhr aufgewacht. Ich träumte von meinem Vater, der an meinem Kinderbett stand, die Hand hob und zuschlug. Das Prasseln der Schläge vermischte sich mit Simons sanfter Stimme an meinem Ohr, während er mich zu beruhigen suchte. Ich bin danach zwar nochmals eingeschlafen, aber am Morgen völlig gerädert und erschöpft aufgewacht.

Simon fährt, das monotone Dahingleiten macht meine Augenlider schwer. Und wieder fühle ich mich in diesem verbrauchten

Traum eingesperrt, der sich immer wieder forsch in mein Bewusstsein drängt. Also versuche ich verzweifelt aufzuwachen, dieses Spiel geht schon den ganzen Morgen so. Ich bin es leid. Simon steuert den Parkplatz eines Landgasthofes an.
„Lass uns ein paar Schritte gehen, das wird dir gut tun."
Die Wiesen triefen vor Nässe, überall auf den Schotterwegen liegen flache, eisige Pfützen, ein kräftiger Wind bläst uns um die Ohren, aber das Gehen tut gut. Wir sind sicher eine Stunde unterwegs, bevor sich mein traniger Zustand aufhellt. Auf dem Rückweg kehren wir in eine Wirtschaft ein, Oberer Moser, unweit der Seeberger Bundesstrasse. Wir sind schon beinahe da, der Längsee in Sichtweite und auch die Bilderbuchburg Hochosterwitz. Simon verordnet mir eine Portion Kalzium und ein Mittagessen, danach kehren die Lebensgeister zurück und die quälenden Bilder verschwinden.

„Der Reichtum eines Menschen besteht wahrscheinlich aus den inneren Bildern, die er zeitlebens gesammelt hat und mit sich herumträgt."
Ich schaue Simon an. „Das ist mir gerade so eingefallen."
„War das eine Frage?"
„Ich weiß nicht. Ein spontaner Einfall. Jeder Mensch ist anders, aber vielleicht bestehen die Unterschiede nur in Menge und Art dieser Bilder. Vielleicht versteht man einander nur, wenn man ähnliche Bilder hat. Meinst du es gibt Menschen, die keine oder wenige Bilder haben. Wenn ja, wie schaut dann ihr Leben aus?"
„Ich denke, dass wenigstens ein paar dieser inneren Bilder, gleich oder ähnlich sein müssen, damit Menschen zusammen kommen können. Interessant finde ich, dass diese inneren Bilder das Erlebte, die Erfahrungen, die ein Mensch macht, spiegeln, und somit auch seinen Charakter formen. Ich glaube nicht, dass es Menschen ohne oder mit wenigen Bildern gibt, das wäre nicht logisch. Es sei denn, man entzieht schon einem Säugling die komplette Erfahrungswelt. Aber auch dann ist das ein Erleben der speziellen Art und hat eine eigene Bilderwelt. Außerdem ist der Reichtum

nicht nur positive Vielfalt, sondern ebenso Not oder innere Qual, wie auch in deinem Fall. Aber wie bist du darauf gekommen?"
„Zimtauge hat mich darauf gebracht. Sie sagte, ich solle die Bilder beobachten, zu Ende betrachten, solange bis sie sich auflösen und gegenstandslos werden. Hätte ich das nicht genau so erfahren, ich hätte es nicht geglaubt. Aber weil das möglich ist, ist mir noch etwas anderes eingefallen. Ich könnte ja aktiv in die Umstrukturierung dieser psychischen Landschaft eingreifen, indem ich Bilder austausche, gegen neue, angenehme ersetze oder umdeute?"
„Hast du eine Idee, wie du das machen kannst?"
„Eben, es ist nur so eine Idee, dass das gehen müsste. So wie man eine schlimme Geschichte umschreibt, oder wie einen Albtraum, den man neu ansetzt und gut zu Ende träumt. Ich habe dir den Traum erzählt, ich denke das war vorgestern Nacht, in dem ich die kleine Clara von den Eltern weggebracht habe."
„Verfolg das weiter, das ist auf jeden Fall ein interessanter Ansatz. Wir können das ja auch nochmal mit Frau Lenz besprechen."
„Ich wollte ihr sowieso eine E-mail schreiben. Ich finde, sie ist eine tolle Frau, mit der ich mich wohl fühle und der ich vertraue. Außerdem antwortet sie sofort auf meine Mails. Wo sind wir eigentlich? Gibst du mir mal bitte die Karte?"
Simon gibt mir die Karte, seine Stirn ein einziges Gekräusel .
„Clara, du hast keinen Grund so nervös zu sein, du bist ja völlig durch den Wind. Was soll schon groß passieren?"
„Ich weiß nicht?"
Ich muss zugeben, je näher ich diesem Ort und der Begegnung mit meinem Onkel komme, desto flauer wird mein Bauch. Mein linkes Auge zuckt schon seit geraumer Zeit, unwillkürlich und unkontrollierbar. Ich wünschte, ich könnte zwischendurch meine titanene Rüstung anlegen. Wohin ist sie nur entschwunden? Ich schlucke ein weiteres Kalzium hinterher, so halte ich das nicht lange aus.

Ich plane meine Tage, als wüsste ich genau, wohin es geht. Dabei habe ich letztlich keine Ahnung, worauf das alles hinausläuft. Ich handle nur so, als wüsste ich es. So, als sei handeln immer noch besser, als gar nichts zu tun oder die Hände in den Schoß zu legen. Jetzt stehe ich so kurz davor, die letzten Puzzlestückchen für mein Leben zu finden und frage mich, ob ich nicht schon wieder so schnell agiere, dass ich meinem eigenen Tun nicht hinterherspüren kann. Und hier holt sie mich wieder ein, die Angst. Ich weiß nicht, was ich erwartet habe, ich dachte wohl, ich hätte sie hinter mir gelassen. Und Simon? Er ist freiwillig meinen Nöten, meinen Quälgeistern, Ängsten und Stimmungen ausgesetzt.

„Ich hätte dich in all das nicht hineinziehen dürfen. Ich fühle mich wie in einer improvisierten Theateraufführung, deren Rolle sich mir erst nach und nach erschließt. Und ich habe Angst. Du, Simon, bist ein wunderbarer Statist in dieser Aufführung, der mich hält und tröstet oder Mut zuspricht. Ich bin sehr unsicher, wieder einmal, ob ich dir das abverlangen will oder kann."

„Mitgegangen, mitgefangen, mitgehangen", sagt Simon lachend. „Nein, im Ernst, ich bin nicht hier, weil ich mich dazu verpflichtet fühle, ich bin bei Dir, weil ich nirgendwo anders auf der Welt sein will. Das ist meine Entscheidung und meine Verantwortung, Clara. Und jetzt hör auf, dich schon im Vorfeld fertig zu machen. Wir fahren da jetzt rauf und schauen, was passiert."

Keine zehn Minuten später fahren wir durch hügeliges, sattes Grün, vorbei an einer immer wieder angepriesenen 18 Loch-Golfanlage und linksseitig am Längssee mit seinen vielseitigen Möglichkeiten. Die Klosterkirche ragt aus dem Geviert der Klostermauern, meine Augen halten sich daran fest. Als wir den Parkplatz erreichen, setzt ein Regenschauer ein.

Mit geschlossenen Augen höre ich dem Platschen der Tropfen auf dem Autodach zu, ich versuche mich zu entspannen, was mir nicht gelingt. Die Gedanken rennen durch meinen Körper, Bilder einer nahenden Katastrophe, düster und dunkel, dann wieder glutig eruptiv, wie ein Vulkankern, der bewegt auf seinen Moment wartet. Mein Magen, eine brodelnde Säuregrube, bis an den Rand gefüllt mit ätzenden, leicht entzündlichen Stoffen. Ich bin so nervös, dass ich das schleichende Kopfweh und die aufflammende Übelkeit, wie durch eine Wärmebildkamera sehen kann. Keine Ahnung, was mich so aus der Fassung bringt. Ich bin eingeschüchtert von meinem Mut, Klarheit finden zu wollen, habe Angst vor der nahenden Begegnung, oder sollte ich sagen, Konfrontation. Ich habe Angst, außer Kontrolle zu geraten.

Wir haben uns die Kapuzen über den Kopf gezogen und rennen die 20 Meter bis zum eisenvergitterten Eingang, hinter dem die ehemalige Klosterpforte liegt, ein verglaster Raum, der Menschen begrüßt und verabschiedet. Es herrscht reges Kommen und Gehen, wir reihen uns ein, buchen, als wir an der Reihe sind, ein Doppelzimmer im Gästetrakt, mit Blick auf den Längssee, lassen uns den Veranstaltungsflyer der nächsten Tage aushändigen und fragen nach den Dominikanern und wo sie sich gerade befinden. Simon reicht mir eine Portion Kalzium. Ich dachte, ich hätte meine zitternden Hände gut in den weiten Manteltaschen versteckt.
„Gibst du mir das in weiser Voraussicht oder hast du meine Hände gesehen ?"
„Beides. Beruhige dich, Clara. Es hat keinen Sinn, wenn du bereits entnervt in so ein Unternehmen startest. Du musst das nicht hier und jetzt und heute erledigen. Beobachte erst einmal von weitem, nähere dich langsam an. Beobachten, weißt du noch?"
„Du hast Recht, ich muss das behutsamer angehen, nicht so ungeduldig, sonst renn ich mir schon wieder selber davon."
Ich schlüpfe in Simons Arme. Dann holen wir unser Gepäck aus dem Auto, richten uns in einem schlichten, aber gemütlichen Zimmer ein, ich stelle mich erst einmal lang unter eine heiße Dusche. Einfach fühlen, wie das Wasser an mir hinunterläuft, den Dreck des Tages, die galoppierenden Gedanken und Ängste mitnimmt und eine neue Perspektive einräumt. Jetzt fühle ich mich ruhiger. Die geföhnten Haare, frisch und duftig, die neue Hüftjeans, den schwarzen, warmen Pullover, das neue Manteltuch um die Schultern gelegt, trete ich ans Fenster, schaue hinaus in diese weite, hügelige Landschaft. Diesige, wolkige Schlieren

ziehen wie Schatten über grüne Wiesen. Vor unserem Fenster liegt ein wunderschönes, begehbares Labyrinth. Für mich ein alchemistisches Symbol der Verwandlung, Labyrinthe faszinieren mich schon lange.
„Hör dir das an“, Simon sitzt in einem Rattanstuhl mit dem Rücken zu mir und liest in seinem neuen Buch, „Schmetterlinge sind wie das Niesen des Regenbogens..., eine schöne Geschichte ist das, schöne Worte und schöne Bilder, freut mich sehr, danke Clara.“
„Gern geschehen“.
Ich setze mich ihm gegenüber in den anderen Korbstuhl mit den Prospekten, die wir an der Rezeption erhalten haben.
„Wir haben die freie Wahl. Morgen ist so etwas wie Kurswechsel. Es ist Aschermittwoch. Ich lese dir mal vor, was so alles im Angebot steht. Also, wir haben „Fasten für Gesunde“, „Kurzexerzitien“ mit dem Titel „Einkehr und Verwandlung“, „In der Ruhe Kraft finden“, „Lebensbalance“ und „Kraft schöpfen im Kloster“. Such dir was aus, Simon.“
Aber Simon fängt an zu lachen. „Du meinst das ernst, ja? Du willst einen Kurs belegen und Tage damit zubringen. Ich sage ja nicht, dass ich das so abwegig finde, das sind mit Sicherheit erprobte und fundierte Angebote, aber ich bin mir nicht sicher, ob ich das im Moment will. Wenn schon Kurs, dann wenigstens die Exerzitien, die dein Onkel anbietet.“
„Vielleicht hängt das davon ab, wie die erste Begegnung mit ihm abläuft. Alles Weitere wird sich ergeben. Kann ja sein, dass ich händeringend davonlaufe?“
„Das hört sich schon besser an, nicht dass ich dich davonlaufen sehen will, sondern dass wir es auf uns zukommen lassen und uns dann entscheiden.“
„Na dann, auf in den Kampf!“

Als wir Minuten später durch die weiten Flure der dicken Gemäuer laufen, bin ich gefasster. Simon hat seinen Arm um meine Schultern gelegt und zieht mich immer wieder an sich, um mir einen Kuss ins Gesicht zu drücken. Unser Lachen hallt beinahe unnatürlich von den geweihten Mauern. Im Osttrakt führt mittig eine breite Glastür hinaus in die Arkaden zur Stiftskirche, die selbstbewusst und erhaben das Klostergeviert dominiert. Ein Ort der Kraft, ein historisches Zentrum der Andacht und Spiritualität, wie ihn die Prospekte ankündigen. Wir öffnen die schwere Holztür und treten ein in ein einerseits überschaubares, schlichtes Ambiente. Steinboden, Holzbänke, ein kleiner, zu den Gläubigen gewandter, Steinaltar. Andererseits der üppige, barocke Hauptaltar, der bis in Bogenhöhe die großzügige Steinnische ausfüllt und an Glanz und Glorie nicht gespart hat. Die Seitenwände wiederholen diese goldene Pracht. Wir setzen uns in die erste Reihe auf der rechten Seite, direkt vor die üppig mit Blumen geschmückte Kanzel. Kirchen wecken bei mir sehr spezielle Erinnerungen und sehr besondere Gefühlslagen. Ich bin quasi in ihnen großgeworden, die Klosterschwestern haben mich anfangs zu jeder Tag- und Nachtzeit mitgeschleppt, ich sollte gereinigt und vom Geist Gottes gestärkt werden, sicher ein gut gemeintes Unterfangen, aber das ging an meinen kindlichen Bedürfnissen doch weit vorbei.

Immer mehr Menschen kommen herein und füllen die Bänke. Was wir nicht wussten: Am Ende der Kurse gibt es eine Andacht. Eine Orgel wird gespielt, die sich hinter uns auf der Empore befindet, drei Dominikaner in ihren weißen Kutten schreiten gemächlich zum Altar. Die Feier beginnt, ihr Ritus ist mir wohlbekannt und vertraut. Es ist nicht der Ablauf einer sonntäglichen Messe, sondern eine Andacht für die Fastenzeit.
Simon nimmt meine Hand. Ich schaue mir die Gesichter der Brüder an. Welcher ist mein Onkel? Ist mein Onkel der einzige, geweihte Priester?
Ein Pater tritt an die Kanzel und spricht die Worte zur Eröffnung: „Es heißt beim Propheten: Zur rechten Zeit erhöre ich dich, am Tag des Heils komme ich dir zu Hilfe."
Die Antwort des Gläubigen muss lauten. „Jetzt ist sie da, die rechte Zeit, jetzt ist er da, der Tag des Heils."
Ich spreche die Worte, als hätte ich nie was anderes getan.
„Wach auf, Schläfer, und steh auf von den Toten, und Christus wird dein Licht sein."

Und wieder mein Einsatz. „Jetzt ist sie da, die rechte Zeit, jetzt ist er da, der Tag des Heils."
Simon schaut mich erstaunt an.
Der sich immer weiter fortsetzende Singsang zwischen Priester und Publikum versetzt mich in eine Art Trance, diese wiederum lässt mich zu einem beliebigen Glied in einer langen Kette von Menschen werden.
Dann folgt der Ruf zur Umkehr.
„So spricht der Prophet: Werft alle Vergehen von euch, mit denen ihr euch belastet habt! Schafft euch ein neues Herz und einen neuen Geist. Warum wollt ihr sterben? Ich habe doch kein Gefallen am Tod des Menschen, Wort Gottes des Herrn. Kehrt um, damit ihr lebt.
So spricht der Apostel: Legt den alten Menschen ab und erneuert euren Geist und Sinn! Zieht den neuen Menschen an, der nach Gottes Bild geschaffen ist, damit ihr wahrhaft gerecht und heilig lebt.
So spricht Jesus: Die Zeit ist erfüllt, und das Reich Gottes ist nahe. Bekehrt euch und glaubt an das Evangelium.
Hört auf die Stimme des Herrn, verschließt ihm nicht das Herz."
Und wieder unser Einsatz, der in ein neues Singsang mündet:
„Hört auf die Stimme des Herrn, verschließt ihm nicht das Herz."

Simon knufft mich in die Seite. „Clara, geht's dir gut?"
„Weiß nicht. Dieser Singsang geht mir irgendwie unter die Haut."

Ein anderer Pater tritt an die Kanzel, nimmt ein Büchlein zur Hand und beginnt zu lesen.
„Die Rückkehr des verlorenen Sohnes"
„Wenn der verlorene Sohn, nach einer langen Abwesenheit und wie am Ende seiner Neigung zu sich selbst, auf dem Grunde dieser Entbehrnis, die er suchte, an das Antlitz seines Vaters denkt, an das nicht beengte Zimmer, wo seine Mutter sich über sein Bett beugte, an den Garten, getränkt von fließendem Wasser, aber umschlossen, und aus dem zu entweichen er immer begierig war, an den sparsamen älteren Bruder, den er nie geliebt hat, der aber, abwartend, noch den Teil

seiner Güter zurückhält, den er, im Verschwenden nicht los werden konnte: So gesteht sich der Sohn, dass er das Glück nicht gefunden hat, ja, dass er nicht einmal imstande war, jene Trunkenheit lange auszudehnen, die er an Glückes Statt suchte. Ah, denkt er, wenn mein Vater, erst so gereizt gegen mich, mich tot geglaubt hat, vielleicht, trotz meiner Sünde, wär' er froh, mich wieder zu sehen; ah, zurückkehrend zu ihm, ganz unterwürfig, die Stirne gesenkt und Asche darauf, wenn ich, mich beugend vor ihm, sagte:"Mein Vater, ich habe gesündigt wider den Himmel und wider dich", was würde ich tun, wenn er dann, mit der Hand mich aufhebend, antwortete:"Tritt ein in das Haus, mein Sohn?" - Und schon, andächtig, macht sich der Sohn auf. Da die Hügel fort sind, und er endlich Rauch von den Dächern des Hauses sieht, ist es Abend. Aber er erwartet die Schatten der Nacht, dass sie ein wenig sein Elend verschleiern. Er hört in der Ferne die Stimme seines Vaters; seine Knie geben nach. Er fällt und bedeckt mit den Händen sein Gesicht, denn er schämt sich für seine Scham, im Bewusstsein, der rechtmäßige Sohn zu sein, trotzdem. Er hat Hunger; und hat höchstens in einer Falte seines zerschlissenen Mantels eine Handvoll süßer Eicheln, solche, wie sie ihm zur Nahrung wurden, genau wie den Schweinen, die er hütete. Er erkennt die Vorbereitungen zum Abendessen. Er unterscheidet seine Mutter, wie sie heraustritt auf den Vorplatz..., es hält ihn nicht länger, laufend stürzt er den Hügel hinab, tritt in den Hof, angebellt von seinem Hund, der ihn nicht erkennt. Er will zu den Leuten sprechen, die aber ziehen sich misstrauisch zurück, gehen dem Herrn sagen...
Kein Zweifel, er hat den verlorenen Sohn erwartet, denn er erkennt ihn sofort. Seine Arme öffnen sich; da kniet sich das Kind vor ihm hin und verbirgt mit dem einen Arm seine Stirn und schreit zu ihm und hebt, auf die Verzeihung zu, die rechte Hand empor:
„Mein Vater! Mein Vater!, ich habe mich schwer vergangen gegen den Himmel und gegen dich. Ich bin nicht mehr würdig, dass du mich beim Namen nennst; aber wenigstens, als deiner Knechte einer, den letzten, in einem Winkel unseres Hauses, lass mich leben...."
Der Vater hebt ihn auf und fasst ihn fest: „Mein Sohn! Mein Sohn! Sei der Tag gesegnet, da du mir wiederkehrst!" Und seine Freude, aus

dem Herzen überfließend, weint. Er hebt das Haupt von der Stirn seines Sohns, der geküssten, und wendet sich an die Leute:
„Bringt das schönste Kleid, tut ihm Schuhe an seine Füße und einen kostbaren Ring an seinen Finger. Sucht in Ställen das fetteste Kalb aus und tötet es. Richtet ein Freudenfest, denn der Sohn, den ich totgesagt habe, lebt...“
Und wie die Nachricht schon herumkommt, läuft er. Er will nicht zugeben, dass ein anderer sagt: „Mutter, der Sohn, um den wir weinten, ist uns wiedergegeben.“
Die allgemeine Freude wird zur Sorge für den ältesten Sohn. Wenn er sich wirklich an den gemeinsamen Tisch setzt, so geschieht es auf die Aufforderung des Vaters hin, gedrängt von ihm, fast gezwungen. Er allein unter allen Tischgenossen (denn bis zum Geringsten, alle sind geladen) trägt Zorn zur Schau auf seiner Stirn: Warum für den reuigen Sünder mehr Ehre als für ihn, der nie gesündigt hat? Er hält von geregelter Ordnung mehr als von der Liebe. Sein Erscheinen beim Fest will nur sagen, dass er dem Bruder Kredit gibt und ihm Freude borgt für einen Abend; auch haben Vater und Mutter ihm versprochen, dem Ausbund morgen ins Gewissen zu reden, und er selbst ist entschlossen, ihn strenge vorzunehmen.
Das Mahl ist zu Ende. Die Leute haben abgeräumt. Und jetzt in der Nacht, in der nicht ein Hauch sich rührt, wird das müde Haus schlafen.“

Jetzt erst merke ich, dass ich stehe, als Einzige. Er ist es, ich bin mir ganz sicher. Ich habe seiner Stimme gelauscht, gespannt darauf, ob sich in mir die Stimme des Blutes meldet. Eine Stimme höre ich nicht, aber mein Blut kocht, in meiner Halsschlagader klopft ein schneller Takt, innerhalb von Sekunden bin ich nass geschwitzt. Die Kirche ist still, alle Blicke sind auf mich gerichtet.

„Gilt das auch für die Rückkehr der verlorenen Tochter?“, höre ich mich sagen, dabei schaue ich meinen vermeintlichen Onkel an. Etwas in ihm erschrickt, in seinem routinierten Tun unterbrochen schaut er für Momente fragend in meine Augen.
„Wir können das gerne anschließend an die Messfeier erörtern.“

Was habe ich erwartet? Dass ich, entsprechend der Geschichte, die ich eben gehört habe, mich kniend vor ihm wiederfinde, er mich liebend in seine Arme schließt und Tränen des Glücks weint? Ich denke, das würde ich nicht wollen. Er ist ein Fremder, ich habe gar nichts erwartet. Aber warum bin ich dann so aggressiv, so wütend?
Die restliche Zeit des Wortgottesdienstes zieht sang- und klanglos an mir vorüber, ich bin gefangen in diesem kurzen Wortwechsel. Was fällt mir ein, so unbedacht drauf los zu plappern. Ich studiere die Gesichter der Patres, vor allem aber Gesicht und Statur des Onkels. Bilde ich es mir ein, oder sucht er immer wieder meine Augen?

„Beruhige dich", Simons Mund an meinem Ohr, „das ist nur ein alter, fremder Mann, lass dich emotional nicht so sehr hineinziehen, beobachte und geh etwas auf Abstand."
„Simon, ich bin wütend!"
„Was macht dich wütend?"
„Ich fühle mich so schwach."

Rituelle, vertraute Formeln werden gesprochen. „Erhebet eure Herzen!" Und die Antwort: „Wir haben sie beim Herrn." Alle stehen auf und empfangen den Segen, den ein anderer Pater spricht. Ein letztes Lied wird gesungen: Großer Gott, wir loben dich...

Als alle die Kirche verlassen, bleiben Simon und ich in unserer Bank sitzen. In meinem Kopf zirkuliert ein anderer Satz, schon seit einer Weile. „Herr, ich bin nicht würdig, dass du eingehst unter meinem Dach. Aber sprich nur ein Wort, so wird meine Seele gesund." Mein interner Kirchenarchivar, zuständig für religiöse Belange, hat Schluckauf, oder leidet an einem zwanghaften Mitteilungsbedürfnis, er spuckt alles, was ihm zum Thema einfällt, spontan ins Bewusstsein.

Hinter uns das Rauschen einer Kutte. Dann steht er vor uns, streckt erst mir, dann Simon, die Hand entgegen. „Grüß Gott, ich bin Pater Clemens." Ich schaue ihm hypnotisiert in die Augen. Wir haben dieselben Augen. Sein Gesicht ist überzogen mit Tausenden kleiner Falten, seine Haut wettergegerbt, als hätte sie über Jahre draußen vor der Tür gelegen, unzählige kleinere und größere Altersflecken. Nur seine Augen haben kein Alter, sie sind wach und blitzen. Noch immer schaue ich und sage nichts. Simon stellt sich vor. Dann ich. „Clara Stiller, guten Tag."

„Clara!..."

Sichtlich erschrocken, um Worte ringend, macht er seinen Mund auf und wieder zu, wie ein Fisch auf dem Trockenen. Mit der Hand fährt er sich im Gesicht herum, schiebt die welke, überflüssige Haut nach außen, wie jemand, der noch nicht ganz wach ist. Ein feines Lächeln legt sich auf seine Lippen, vielleicht erlaubt er sich eine kleine Freude, vielleicht ist es auch nur eine Verlegenheitsgeste oder eine Übersprungshandlung. Ich kann nicht glauben, dass das echt ist. Er flankiert sein Lächeln mit weit nach mir ausgestreckten Armen und Händen. „Clara, Gott segne dich!"

Ich bin die ganze Zeit still geblieben, beobachte, auf Abstand, es gibt keinen Impuls, dem ich folgen wollte. Dieser Mensch da vor mir, dieser Priester, hat mit mir gar nichts zu tun. Er ist ein verkapselter, eingesperrter, selbstgefälliger, armer, alter Mann, der mich im Stich gelassen hat, der immer nur mit Gott argumentiert und ihn wie einen Joker vor sich herträgt. Ich spüre Kraft, ich bin wütend, ich möchte schreien, schimpfen, urteilen und irgend jemandem die Schuld geben. Dann würde ich mich nicht so klein und ohnmächtig fühlen.
Aber alles, was aus mir herauskommt ist ein zynisch angehauchter Satz: „Können wir Gott aus dem Spiel lassen?"
Er geht nicht auf meine Worte und die Tonart ein.
„Warum bist du nicht schon früher gekommen?"
„Weil ich nicht wusste, dass es Sie gibt. Man hat mir gesagt, dass meine Eltern gestorben seien und dass es darüber hinaus keine Familie gäbe."

„Aber meine Klostergemeinschaft hatte deine Pflegschaft übernommen und ist für alle Kosten aufgekommen."
„Das bedeutet, Sie hatten die Verantwortung für mich, die Sie nicht wahrgenommen haben. Ich bin 54 Jahre alt und Sie haben mich noch nie gesehen."
„Clara, ich habe getan, was ich tun konnte. Es ist schrecklich, dich so bitter zu sehen."
„Nein, Sie haben nur das getan, was Ihren Lebensplan nicht gefährdet. Sie haben dabei nur an sich gedacht und an Ihr gottgeweihtes Leben, nicht an mich."
„Gibt es denn nicht auch Gründe für Dankbarkeit? Hast du denn nicht trotzdem, trotz all der widrigen Umstände in Deiner Kindheit, Fürsorge und Liebe erfahren und eine gute Ausbildung?"
„Ich war ein Kind. Ich habe erst seit ein paar Tagen die Erinnerung an eine schreckliche Kindheit. Seit beinahe 50 Jahren, ein halbes Jahrhundert, habe ich an einer Amnesie gelitten. Das war ein traumatisiertes, ferngesteuertes Leben im Verborgenen. Wofür also soll ich dankbar sein? Ich kratze mir den Schorf der Jahrzehnte von der Seele, ich bin ein Mensch ohne Vergangenheit, ohne Familie, ohne Ausgangspunkt, ohne Erzählungen und Geschichten. Ich durfte nicht Tochter sein, nicht Nichte, nicht Freundin. Ich habe keine Erinnerung daran, Mama oder Papa gesagt zu haben. Ich war immer allein und habe überlebt. Die vergeudete Lebenszeit lässt sich nicht zurückholen. Wofür also soll ich dankbar sein? Was ist das für eine bigotte Scheinheiligkeit? Was für eine arrogante Rationalisierung?"

Ich spreche wie in Schüben. Manche Worte kommen schnell, andere wie gedehnt über die Lippen. Die dunklen Kammern in meinem Herzen leeren sich. Wie viel Traurigkeit darin verborgen ist. Ich fühle mich wie eine Romanfigur, die keinen eigenen Platz hat und immer nur Lücken füllt. Es ist so, als spräche ich gegen die Ohnmacht an, verzweifelt und mutig, als wollte ich diesen eigenen Ort erkämpfen und erzwingen.
Endlich eine Adresse, gegen die ich meine Klagen schleudern kann, eine Klagemauer, in deren Lücken und Ritzen ich kleine

schreiende Zettel stecken kann, jemand in dessen Augen meine Tränen fallen. Ein Dampftopf, dessen Deckel abgesprengt ist. Der Dampf ist raus, was bleibt sind die Tränen. Und die steigen mit aller Macht aufwärts, und mit ihnen die Ameisen. Also doch wieder nur Schmerz, Trauer und Ohnmacht. Keine Kontrolle möglich. Keine Erlösung. Keine Wiedergutmachung. Und sag nur ein Wort, so wird meine Seele gesund! Niemand sagt ein Wort, Simons Arme legen sich um mich. Kleine Schluchzer begleiten meine Tränen. Sonst ist es still geworden.

Vielleicht geht es gar nicht darum die vorhandene Leere mit etwas zu füllen, mit einem Wort, mit Essen und Trinken, mit der Zuständigkeit und Fürsorge eines anderen Menschen. Vielleicht geht es schlicht und einfach nur darum, dass ich mein brüchiges Leben einsammle, neu zusammensetze und ja dazu sage. Ich bin kein Kind mehr, es liegt in meiner Verantwortung, was ich daraus mache. Ist es nicht das, was ich mir an meinem ersten Tag im Sacher verordnet und versprochen habe? Ich hatte es schon wieder vergessen. Ich kann diesen Ort jederzeit aufsuchen, kann in diesen weiten, inneren Raum eintauchen und in die Stille horchen. Wenn es denn möglich ist, in dieser kraftvollen, präsenten Haltung zu bleiben, ohne sich von den widrigen Umständen greifen oder einschränken zu lassen.
Keine Ahnung, was ich hier tue, warum ich diesen armen, alten Mann mit meinen Gefühlen quäle, noch warum ich überhaupt hierher gekommen bin. Es war ein Versuch, das eigene Leid zu teilen, ein Stück der Last abzugeben, nicht ganz so alleine mit dieser Geschichte zu sein.

Ein kalter Finger hebt mein Kinn an. Mein Onkel zwingt mir seinen Blick auf.

„Clara, kannst du mir verzeihen?“

Warum kann ich nicht einfach ja sagen, warum lasse ich mich von diesem Sog einfangen, der nach Genugtuung schreit? Ich kann

meinen Beobachtungsposten nicht halten. Mit all den Gefühlen, den Wertungen, Bildern und Gedanken, die auf mich einströmen, befinde ich mich bereits wieder in diesem Käfig einer engen Wahrnehmung.
Tränenverschleiert halte ich seinem Blick stand und verkneife mir das Lachen. Verzeihung, Entschuldigung, Vergebung erbittet man, wenn man Schuld auf sich geladen, wenn man Fehler gemacht hat. Ist das so bei meinem Onkel? Ist das ein Eingeständnis seiner Schuld, oder ist das der schnellste Weg zur Erlösung? Ich muss nur ja sagen und dann, dann sind die schrecklichen Bilder aus der Welt? Dann ist alles wieder gut? Aber danach ist mir nicht. Zu schnell, zu flach, zu einfach. Irgendwelche Konventionen, irgendwelche Klischees bedienen, das kann's nicht sein. Verdammt, ich will nicht, dass man meine Schwäche sieht! Immerhin, mit seiner Frage ist meine Wut verraucht.

„Es macht keinen Sinn, wenn ich jetzt schnell ja sage. Ich kenne dich nicht und weiß nicht, was ich dir verzeihen soll." Ohne dass es mir wirklich auffällt, bin ich zum Du übergegangen.

„Ich habe es gut gemeint. Und trotzdem sind, wie sich jetzt herausstellt, so viele Dinge schief gelaufen. Ich hatte ja keine Ahnung von deiner Amnesie, und von vielen anderen Dingen wahrscheinlich auch nicht."

„Dann soll ich dir also verzeihen, dass du dich all die Jahre überhaupt nicht gekümmert hast? Du wusstest von meiner Existenz, ich hatte keine Ahnung, von der Deinen. Ich denke, im Moment geht es nicht um so etwas wie Vergebung. Wenn du hier und heute die Einsicht hast, dass Dinge nicht gut gelaufen sind, dass Fehler passiert sind und Entscheidungen falsch getroffen wurden, dann müssen wir beide das aushalten und du allein musst das verantworten. Ich kann und will dir dafür nicht die Absolution erteilen. Um verzeihen zu können, muss ich mich daran erinnern, wie ich verletzt wurde. Noch erinnere ich mich nicht an alles. Ich kenne erst seit ein paar Tagen einen Teil der Geschichte. Die

Erinnerungen und Bilder sind so frisch als wäre das alles gestern passiert. Alles ist aufgebrochen, aufgewühlt, schmerzhaft und durcheinander. Erinnerungen kann ich mir nicht ausdenken oder erfinden, ich muss ihnen nachgeben und sie noch einmal durchleben. Um vergessen zu können, muss ich meine eigene Rolle in diesem Drama annehmen. Und jetzt habe ich Fragen, die nur du beantworten kannst."

Mein Onkel umfasst unbeholfen meine Hände. Ich schäme mich wegen der harten Worte, aber ich kann nicht anders. Simon nimmt mich jetzt richtig in die Arme und meine Tränen laufen wieder.

„Ich stehe dir gerne Rede und Antwort, Clara, aber lass uns bitte woanders hingehen. Ich lade euch zum Abendessen in das Restaurant hier im Kloster ein. Was haltet ihr davon?"
Simon hält das für eine gute Idee, ich nicke nur, verzichte auf einen Kommentar.
Als wir zehn Minuten später bei Tisch sitzen, ganz nahe am brennenden Kamin, habe ich mich schon wieder beruhigt. Simon hat erheblich dazu beigetragen, er hat mich nicht mehr losgelassen, hat mir im Gehen kleine, zärtliche Worte ins Ohr gehaucht und mir immer wieder eindringlich versichert, dass es keinen Grund zur Aufregung gäbe. Er lässt mich nicht aus den Augen, erkennt meine Bedürftigkeit mit einem Blick, auch jetzt wieder schiebt er mir ein Glas Kalzium in die Hände, und antwortet, auf den fragenden Blick des Onkels, mühelos nebenbei. „Clara braucht Kalzium. Ihr Kalziumhaushalt ist vor ein paar Tagen zusammengebrochen, als die Amnesie sich gelöst hat."

Mein Onkel nickt, sichtlich betroffen. Er greift schon wieder nach meinen Händen.

„Es tut mir sehr, sehr leid, was du alles erlebt hast. Vielleicht hätte ich dir dein Leben erleichtern oder dein Leiden verkürzen können, aber weißt du..." Er hält inne, legt seine blauen Augen auf mich,

„nein, kein aber, ich kann das nicht rechtfertigen oder erklären, du hast Recht mit dem, was du mir vorgeworfen hast, ich habe nur an mich gedacht und an mein geweihtes Leben. Du hast da nicht reingepasst und ich war froh, als ich dich, wie ich dachte, gut versorgt hatte. Und als du 18 Jahre alt warst, mit dem Abitur in der Tasche, dachte ich, nun sei ich auch nicht mehr vonnöten. Ich bin immer davon ausgegangen, dass du dich rühren würdest, solltest du mich brauchen. Von deinem Kloster in Altötting und der Mutter Oberin war auch nichts Gegenteiliges zu hören, überhaupt waren die Berichterstattungen über dich, wie mir jetzt scheint, eher spärlich und unvollständig. Wie hast du denn herausgefunden, dass es mich gibt?"

„In den Archiven des Klosters habe ich die Unterlagen in einem ausgelagerten Schrank, der Mutter Agnes gehört, gefunden. Ich habe sie dabei, ich kann sie dir zeigen."

Ich öffne die Schultertasche, ziehe die Mappe heraus und lege sie mitten auf den Tisch. Simon rutscht seinen Stuhl näher an den des Onkels und hebt den Deckel. Ihm habe ich den Inhalt bisher auch nicht gezeigt. Beide Männer machen sich über den Inhalt der Mappe her, während ich mich auf den Weg zu den Toiletten mache. In den weiten, hohen Fluren gibt es eine Ausstellung, nicht sehr gegenständlich, aber farbenfroh und lebendig. Ich lasse mir Zeit, schaue mir alles genau an, schaue mich um, im Toilettenraum spritze ich mir kaltes Wasser ins Gesicht, streiche durch die langen Haare. Ich fröstele und trotzdem fühle ich mich fiebrig an. Ob ich mit diesem Zusammentreffen zufrieden sein kann? Die Eindrücke dieses Tages liegen ungeordnet in meinem Bewusstsein und immer noch dauert der Abend an. Ich brauche diesen Abstand, einen kleinen, stillen Zwischenraum, der mich atmen lässt.

Als ich an den Tisch zurückkomme, steht dort der Kellner mit gezücktem Stift, unsere Wünsche sind schnell diktiert. Ich will

den entsetzten und mitleidigen Blicken zuvorkommen, also sorge ich schnell für die Fortsetzung unserer Unterhaltung.
„Erzähl mir von den Eltern!"
Mein Onkel schaut mich nachdenklich an. Seine blutleeren Lippen zittern, aus seinen Augen laufen Tränen, die er beiläufig wegwischt.
„Ich kannte die Berichte und die Bilder nicht. Aber vielleicht wollte ich mich auch nicht wirklich mit diesen schrecklichen Dingen auseinandersetzen. Ich habe immer auf die Kraft des Gebetes vertraut und alles weitere der Güte Gottes anbefohlen. Ich war so überzeugt von der Richtigkeit meines Tuns, dabei war ich einfach nur blind, naiv oder dumm."

Er senkt den Kopf und starrt auf seine Hände, die er unablässig reibt, als wollte er sie waschen. Er fällt zusammen zu einem Häuflein Elend. Das ist nicht, was ich wollte. Ihn so zerknirscht zu sehen, befriedigt nicht. Wiedergutmachung ist nicht möglich, aber er kann mir dabei helfen meine Vergangenheit aufzuräumen. Während ein Kellner unser Essen auf dem Tisch verteilt, wandert Simons Blick zwischen uns hin und her.
„Geht's Clara?"
„Nein, gut geht's mir nicht, aber ich bin o.k.", und schenke Simon ein Lächeln.

An meinen Onkel gerichtet: „Du kannst jetzt etwas für mich tun. Hilf mir meine Vergangenheit zu ordnen. Erzähl mir von meinen Eltern. Ich weiß einfach gar nichts über sie, nur das, was in dieser Mappe ist."

Für Momente wird es still. Ich greife in dieser aufkommenden Stille nach meinem Besteck und fische in einem üppigen, bunten Salat die Entenbruststreifen heraus. Auch Simon und mein Onkel machen sich gedankenverloren über ihr Essen her. Vielleicht ist es einfacher zu sprechen, wenn man etwas in Händen hält, wenn man sich daran festhalten kann, wenn die Aufmerksamkeit sich nicht ausschließlich auf ein Ding richtet, sondern in die eine oder andere Richtung abschweifen kann. So schaut mein Onkel gerade auf sein Wiener Schnitzel, als er spricht.

„Deine Mutter lebt noch, Clara."

Das ist nur ein Satz, ein paar weitere, gesprochene Worte, aber er zerteilt meine Welt. Worte, die meine Wirklichkeit reduzieren. Unvorhergesehen, unerwartet. Ich öffne meinen Mund und bringe keinen Ton heraus. Plötzlich bin ich Bestandteil einer Geschichte, ohne die einzelnen Elemente zu kennen.

„Worauf wartest du, sprich!"

„Als man dich aus der Familie genommen hatte, hat man Deinen Vater, bereits schwerkrank, ins Gefängnis gesteckt. Das weißt du, in dieser Mappe ist das Gerichtsurteil. Dort ist er nach ein paar Monaten gestorben. Deine Mutter hat einen Entzug gemacht, ist rückfällig geworden, hat einen zweiten Entzug gemacht und blieb trocken. Sie wollte dich zurückbekommen. Das hat sich als schwerer herausgestellt, als sie sich das vorgestellt hatte. Das Jugendamt hielt es für keine gute Idee und hat jeden Kontakt untersagt. Deine Mutter wurde schwer depressiv, sie nahm jahrelang Antidepressiva, vermutlich nimmt sie die immer noch. Heute lebt sie in einem Münchner Pflegeheim, leidet am alkoholbedingten Korsakow-Syndrom, das heißt sie ist dement, eine Spätfolge des Alkoholmissbrauchs. Vielleicht ist es auch ein Segen, dass sie das alles vergessen konnte."

„Du hast sicher Bilder von meinen Eltern und sicher auch so etwas wie ein Fotoalbum unserer bzw. Deiner Familie, ich meine Großeltern, Familie eben. Und du weißt auch bestimmt die Adresse des Pflegeheimes in München. Ich hätte gerne möglichst alle Informationen. Ich habe jetzt noch keine Ahnung, was ich damit machen werde, aber ich finde, sie stehen mir zu."
„Du hast Recht, sie gehören dir, du bist die Letzte im Glied. Deine Mutter hat, nachdem du weg warst, jahrelang Briefe geschrieben,

die zunehmend wirrer wurden. Ich werde dir das alles zukommen lassen. Lass mir deine Adresse, ich werde zwischen den Seminaren irgendwann dieser Tage nach Wien zurückfahren, alles zusammenpacken und dir schicken."

„Hast du denn Kontakt zu ihr?"

„Der ist schon ein paar Jahre her. Da war sie noch gelegentlich ansprechbar. Jetzt dämmert sie nur noch dahin. Es war schwer damals ein Pflegeheim für sie zu finden, das die Sozialkasse bezahlte. Ich kann nichts mehr für sie tun, außer dem, was ich schon immer für eure Familie getan habe, zu beten."

„Wie konnte man mir nur so etwas antun?" Ganz leise, beinahe im Flüsterton, lege ich diese Frage auf den mittlerweile leer geräumten Tisch.

„Ich habe keine Antwort darauf. Aber ich kann versuchen Dir die Lebensumstände deiner Eltern zu veranschaulichen, vielleicht findest du etwas darin, was dir hilft, es besser zu bewältigen. Dein Vater war im Krieg in Russland, was die Hölle schlechthin gewesen sein muss. Danach hat man ihn als Kriegsgefangenen nach Sibirien verfrachtet, wo er um das tägliche Überleben kämpfte. Ich will und kann das Geschehene nicht beschönigen, aber es war wirklich der schlimmste Ort, an dem man sein konnte. Letztlich kam er mit einigen wenigen nach sechs langen Jahren zurück, als Spätheimkehrer, in ein Deutschland, das bereits mit Aufbau, Wohlstand und Wirtschaftswunder beschäftigt war. Dein Vater kam nicht wirklich zurück, er war nur noch eine Hülle, ein Verlorener, ein Verbrannter, er hat zwar überlebt, hat aber seine Seele in Russland zurückgelassen. Sein Körper voller Granatsplitter und kleiner Löcher, er konnte seine Berufe als Zimmerer und Schreiner nicht mehr ausüben, er durfte kein Auto fahren, er war kraftlos und fertig. Er hatte keine Perspektiven, keine Hoffnung und keinen Lebensmut mehr. Meine Schwester Martha, deine Mutter, hat deinen Vater über das Rote Kreuz wieder gefunden. Sie war in ihrer körperlichen und geistigen Verfassung immer schon in einem eher labilen Zustand, leicht beeinflussbar, zerbrechlich, in ihrer Persönlichkeit alles andere als stark. Auf ihre Schul- bzw. Ausbildung hat man zu jener Zeit überhaupt keinen

Wert gelegt. Damals war ein Mädchen nur ein Mädchen. Weder dein Vater, noch deine Mutter sind schlechte Menschen. Es sind verirrte, verlorene Seelen. Dein Vater hat nach seiner Rückkehr der Sinnlosigkeit, der Ohnmacht, der Einsamkeit nachgegeben und ist dem Alkohol verfallen. Für ihn hat der Krieg nie aufgehört, er hat seine Seele dort gelassen. Martha, deine Mutter, musste sich, um mit ihm leben zu können, anpassen. In ihrer gefügigen, selbstlosen Art wurde diese Anpassung symbiotisch und in ihrer Unbedingtheit später zur Grundlage ihrer Depressionen. Im Alkoholnebel war ein Leben miteinander möglich und die Realität weniger hart. Ich glaube ein Kind war nicht geplant. Und dann bist du gekommen und beide waren über die Maßen überfordert. Die Leidtragende dieser fürchterlichen Umstände warst du, Clara. Mir tut das unendlich leid, ich wünschte man könnte all das rückgängig- oder wieder gut machen. Aber das geht wohl nicht."

Wie müde er aussieht! Es nimmt ihn sichtbar mit, sich mit all den Widrigkeiten nochmals auseinanderzusetzen. Auch Simon hat das eine oder andere Mal gegähnt. Aber ich kann und will noch keine Ruhe geben. Eine zweite Gelegenheit wird es wohl kaum geben. Was ist es, was ich suche? Einen Anschluss, eine Anbindung an das damals Geschehene? Wo und wie finde ich den Ausgang aus dieser Geschichte? Wie heißt das erlösende Wort? Was ist wichtig zu wissen und zu erfragen?

Vor Tagen bin ich plötzlich aufgewacht und es fehlten Teile meiner Welt. Dieses aufwachende Bewusstsein braucht eine Fortsetzung, es ist nicht damit getan, in die Lücken und Brüche, die diese grausame Bilderwelt hervorbringt, hineinzufallen. Ich muss diese Bilder einfangen, einsammeln, muss sie mir ganz genau anschauen, muss um jede einzelne Erinnerung kämpfen. Das ist es, was ich brauche, um rund zu werden. Impulse suchen, den Worten lauschen, ihren Gehalt erspüren, Altes und Neues in meine Welt lassen, um Erinnerungen einzuladen, die mein Leben rund machen.

„Ich frage mich gerade", und jetzt schaue ich beiden Männern abwechselnd in die Augen, „wie ich meinen Frieden in dieser Geschichte finden kann. Es gibt einen Ort in mir, der hungrig nach einer Erlösung schreit. So etwas wie ein erlösendes Wort. Und sprich nur ein Wort, so wird meine Seele gesund. Vielleicht wurde es schon gesprochen und ich habe es nicht gehört. Es quält mich, wenn ich mir vorstelle es nicht zu finden. Vor ein paar Tagen habe ich Mutter Agnes im Kloster besucht, sie ist uralt und hat nicht mehr lange zu leben, sie hat mich auf ihren Schoß und später auf ihr Bett gezogen, wie man das wohl mit einem Kind zu tun pflegt, und hat mir Dinge gesagt, die sie eher der kleinen Clara gern gesagt hätte. Das Wichtigste daran war, dass sie mich gesegnet hat. So etwas habe ich nie zuvor erlebt. Dieser Segen hat sich angefühlt wie eine heiße Dusche, etwas was die Seele von innen heraus erfüllt und wärmt. Mit diesem Segen hatte ich plötzlich einen Ort, an dem ich stehen und leben konnte, wie eine Verankerung in der Welt und eine Anbindung an das Leben."

„Der Segen ist Ausdruck der Liebe, die alles durchdringt. Als Priester segne ich die Menschen im Namen Gottes und damit im Namen der Liebe. Im Segen wird man Teil dieser Liebe und lässt sich von Gott berühren. Ich denke, damit bist du auf dem richtigen Weg, Clara. Die Heilung liegt immer in der Liebe, zu lieben und sich lieben zu lassen. Das ist die Lösung, Clara, oder auch die Erlösung. Das Schwere, das du erlitten hast, liebend zu dir nehmen und zu verwandeln. Damit kannst du zurückfinden zu deiner ureigenen Lebendigkeit und zu deinem Frieden. Diesen Segen, den möchte ich dir auch gerne spenden."
„Ich möchte nicht, dass du mich als Priester segnest. Wenn du mich segnest, dann sollst du dies als Mensch, als mein Onkel Frank tun. Kannst du das? Oder kannst du das nicht, weil du mich nicht kennst und daher auch nicht liebst?"
„Du hast in der Messfeier gefragt, ob meine Geschichte auch für die Rückkehr der verlorenen Tochter gilt. Hier meine Antwort. Ja, sie gilt für dich. Ich kenne dich erst seit ein paar Stunden, aber ich habe dich „erkannt". Ich schaue in deine Augen und mein Herz

antwortet. Ja, ich kann dich als Onkel Frank segnen, denn das bin ich doch jetzt, oder?"

Auf einmal verändert sich die Stimmung am Tisch. Der alte Herr schmunzelt. Nähe ist entstanden. Wie nahe kann man einem Menschen kommen? Was heißt das überhaupt, Nähe? Und ab wann kann man sagen, es ist Liebe? Es ist als trete ich aus einem Schattendasein heraus und gewinne an eigenem Boden. Alle Äußerlichkeiten finden in meinem Staunen Platz. Alles scheint einfach.

Zitternde Hände legen sich auf meinen Scheitel.
„Von ganzem Herzen, liebe Clara, segne ich dich, dass die Liebe in deinem Leben Platz findet, dass Freude und Erfüllung, Lebendigkeit und Vertrauen Einzug halten und dass du an Leib und Seele gesundest und glücklich wirst."
Seine Hände streichen über meine Wangen, seine Augen lächeln mich an.
„Ich freue mich so sehr, dass du mich gefunden hast. Neben meinen Klosterbrüdern bist du meine Familie. Ich bin ein glücklicher, alter Mann."
„Danke, Onkel Frank. Aber du musst deinen Satz etwas verändern. Er muss lauten: Neben meinen Klosterbrüdern seid ihr meine Familie, denn Simon gehört zu mir, und damit auch zu deiner Familie."

Der Onkel fragt Simon nach seinem Leben und was denn das für ein Doktor sei, den er da trägt. Simon erzählt bereitwillig, während ich mich daneben etwas erholen kann. Woher wir uns kennen und seit wann, wie wir zusammengekommen sind. Auch nach meinem Werdegang fragt er. Als er hört, dass ich promovierte Juristin und Soziuspartnerin in einer renommierten Kanzlei bin, verschlägt es ihm kurzzeitig die Sprache.

„Mit welcher Kraft du dich über deine Kindheit hinweggesetzt haben musst, um so weit zu kommen. Das ist schon außergewöhnlich. Es tut mir so leid, dass ich das nicht aus der Nähe miterlebt habe."

Mittlerweile ist es spät geworden, ich rutsche vor Müdigkeit beinahe vom Stuhl, und die beiden Männer sehen auch danach aus. Das Restaurant ist bis auf uns leer und die Kellner machen den Eindruck als wollten sie uns gleich mit aufstuhlen.

„Danke Onkel Frank, dass du dich diesem Gespräch gestellt hast, dass du das ausgehalten hast. Ich glaube jetzt ist es genug, du siehst hundemüde aus, ich bin es auch, lasst uns den Abend abschließen. All das, was ich gehört und erfahren habe, muss sich setzen und ordnen."

Ich zücke einen Stift und schreibe meine Adresse, Festnetz- und Handynummer auf ein Stück Papier, Simon tut es mir gleich, und übergebe es ihm.

„Ich denke, wir sollten füreinander erreichbar sein und bleiben, solange das noch möglich ist. Ich bin mir noch nicht schlüssig, was morgen sein wird. Im Moment glaube ich, dass wir abreisen werden. Ich möchte an keinem Seminar teilnehmen, ich bin zu voll dafür, ich habe keinen Platz. Also lass uns adieu sagen, vielleicht sogar auf Wiedersehen. In diesen paar Stunden habe ich dich lieb gewonnen, was ich vorher nicht für möglich gehalten hätte."

Dem alten Mann treten Tränen in die Augen und sein Kinn zittert. Er steht auf, kommt auf mich zu und umarmt mich.

„Es gäbe noch so viel zu sagen und zu fragen, aber ich weiß, dass es vielleicht zu spät ist. Für heute auf jeden Fall. Ich bin sehr dankbar, dass ich diesen Abend mit euch erleben durfte. Ich bete für euer Leben und für euer Glück. Alles Liebe und Gute."

Auch Simon wird umarmt. Der Abend endet herzlich. Das Auseinandergehen ist schwer.

Ich fühle mich unerwartet wohl, obwohl ein Zittern nach dem anderen durch meinen Körper läuft. Hätte der Abend besser laufen können? Simon sagt er sei stolz auf mich und dass ich mich nachträglich zittrig fühle, sei nachvollziehbar, denn es hätte mich Kraft gekostet, den ganzen Abend so präsent zu sein. Ich bin meiner Geschichte ein Stück näher gekommen, habe einen weiteren Segen von meinem Onkel erhalten, der mich froh stimmt und Teil einer Familie sein lässt. So ein Segen gibt Kraft und Zuversicht.

Arm in Arm, Schritt für Schritt laufen wir schweigend durch die kalte Nacht zurück zu unserem Gästequartier. Ich will nur noch in mein Bett. Nichts mehr sagen, nicht mehr denken. Liegen und die aufgebrochenen Gefühle mit warmen, weichen Schlafdaunen zudecken.

19

Zwei Monate sind vergangen, in denen sich mein Leben, ob nach außen oder innen, geordnet und verändert hat und in ruhigeres Fahrwasser gekommen ist. Mittlerweile ist es Frühling, das satte Grün der Wiesen ist unter blauem Himmel durchzogen vom Gelb des Löwenzahn. Ich liebe diese drängende, intensive Farbgebung.

Simon ist bei mir, unser Miteinander wächst, er ist bei mir und ich bei ihm eingezogen, wir wechseln die Straßenseiten, nach Lust und Laune. Ich habe meine Wohnung umgestylt, modernisiert, neuen Bedürfnissen angepasst, frisch und farbenfroh gestaltet, so manches antiquierte Stück verkauft, das Büro verschlankt und mit dem kleineren Gästezimmer vertauscht. Und aus dem ehemaligen Büro ein warmes, gemütliches Gästezimmer kreiert. Wir haben es auch schon eingeweiht, Berta und Hannes waren vor zwei Wochen für ein Wochenende unsere Gäste. Ich habe mein Leben, mein Herz und meine Wohnung geöffnet.

Nachts erlebe ich nach wie vor Flashbacks oder Gefühlschaos in unterschiedlich dichter Intensität, die ich mit neuem Vertrauen und an der Seite meines geliebten Simon, unter den breiten Mantel des erhaltenen Segens stelle und dankbar mit der Vorstellung bejahe, dass sie, mit jedem Auftritt, den sie haben, aus meinem System gespült werden. Ich glaube fest daran, dass ich wieder heil und ganz werde.

Jede Woche treffe ich mich mit Zimtauge für eine therapeutische Sitzung. Ich schätze und mag sie sehr, ihre Haltung ist makellos, sie ist nicht nur klug, sondern sehr respekt- und liebevoll. Ich übe ein Gefühl von Leichtigkeit, entdecke mein Lachen neu und sammle Kraft.

Mit meinen Soziuspartnern und Kollegen bin ich im regen Austausch. Wir haben uns darauf geeinigt, dass ich Mitte Mai wieder mit der Arbeit beginne. Meine Geschichte und sichtbare „Verwandlung“ in eine weniger gestresste, weniger toughe Kollegin, haben sie staunend und freudig bejaht, wobei an manchen Tagen die alte Clara doch wieder in den Vordergrund rutscht. Die letzten Wochen habe ich schon gelegentlich das eine oder andere Gespräch mit ausländischen Kunden geführt. Ich bin auf dem Laufenden, habe aber nicht vor, mich wieder von den Geschäften fressen zu lassen. Ich werde Kollegen und Partner anders einbinden und lernen, zu delegieren. Mein Lebensmittelpunkt ist ein anderer geworden. Meine treue Frau Holzner sitzt bereits wieder auf ihrem Platz und bereitet mein Kommen vor. Einmal die Woche schaut sie bei mir vorbei, informiert mich über die wichtigen Vorgänge und lässt mich Papiere abzeichnen. Vor ein paar Tagen habe ich meine Partner zu mir nach Hause zu einem Abendessen eingeladen. Das war eine Premiere. Und ein schöner Abend.

In diesen Wochen war ich schon zum zweiten Mal in Altötting, um Mutter Agnes zu besuchen. Vielleicht hat sie unbewusst auf meine Rückkehr gewartet, um sich peu à peu von der Welt verabschieden zu können. Mittlerweile ist sie pflegebedürftig, aber sie erkennt mich und freut sich aufrichtig. Diesen Abschied bin ich ihr, aber auch mir, schuldig. In den wacheren Phasen erzähle ich ihr aus meinem neuen Leben, beantworte ihre Fragen, wir hören einander zu, kommen ins Gespräch über ihr wesentliche Dinge oder ich lese ihr vor. Ich bin dankbar für diesen späten Frieden, und ich weiß, sie ist es auch.

Onkel Frank hat, wie versprochen, alles, was er an Papieren und Bildern hatte, geschickt. Gemeinsam mit Simon haben wir uns an stillen Abenden alles angeschaut, Ereignisse, Daten und Namen sortiert und meinen Platz in diesem System geortet. Ein Hochzeitsbild meiner Eltern, der Vater, steif und ernst, in einen zu kleinen, schwarzen Anzug gesperrt, die Mutter, ein weißes Krägelchen auf schwarzem Kleid, mit zusammengebissenen Zähnen,

schwer und düster. Ihre Briefe, Fragmente, Bruchstücke einer versuchten Antwort, in krakeliger, zittriger Mädchenschrift geschrieben. Der Versuch einer Erklärung, einer Rechtfertigung, ein „Ich kann nicht mehr". Die Bitte um Verzeihung. Briefe, die nicht abgeschickt wurden. Blinde Worte, die ihren Lebensfunken verloren haben und nirgendwo ankamen.
Mit den Unterlagen kam auch noch ein Geschenk. Er schreibt: „Ein Buch wie ein Brevier. Das Vaterunser der Liebenden. Es ist mein privates Exemplar, das ich vor langer Zeit von einem meiner Mitbrüder, der schon lange verstorben ist, erhalten habe. Ich weiß nicht, ob ihr schon einmal von Diego Hanns Goetz gehört habt. Ich möchte euch dieses Buch gerne schenken und wünsche euch alles Gute." Ich glaube nicht an Zufälle. Wir sitzen gelegentlich zusammen, jeder mit einer eigenen Ausgabe auf dem Schoß und lesen einander vor. Klingt schon etwas schwülstig, aber hat auch eine eigene Schönheit. Aus der Perspektive eines Pater Goetz hört sich Liebe so an: „Die einander fanden, fanden sich, weil sie gesandt sind zu ausschließlicher Begegnung. So sollen sie sein. So haben sie Sinn. Liebend findet der Liebende in der Geliebten den Sinn der Liebe. Dass sie einander da sind, das ist genug; das ist ihnen Himmel und Reichtum, den einer dem anderen in Deinem Namen gibt. Dies ist lauterer Sinn, jenseits allen Sollens lauteres Sein und Leben. Sie sollen nichts als einander zugewandt sein und Fülle sein einer für den anderen. Der Sinn dieser Liebenden ist, dass ihre Begegnung einen weiselosen Sinn habe: die Liebe. Sonst nichts? Nichts sonst! Amen."
Ich denke, dass lässt sich aus dem Mund eines im Zölibat lebenden Geistlichen, nur verstehen, wenn man die Worte ins Religiöse transkribiert: Gott ist die Liebe.

Soweit, so gut! Ich bin auf dem richtigen Weg, wie Zimtauge und auch Simon immer wieder betonen, ich fühle mich wohler, bin lebendiger als jemals zuvor, und dennoch gibt es einen Gedanken, der mich nicht in Ruhe lässt, eine Hirnschleife, in die ich immer wieder gerate, die sich ins Quälende steigern kann. Die Mutter! Es gibt da einen Menschen, der mir nahe sein sollte, wie niemand anders, eine Frau, die mich durch ihren Körper hindurch ins Licht der Welt gebracht hat, eine Frau, die ich nicht kenne. Ich scheue mich, finde keinen Frieden, finde aber auch nicht zu einer Entscheidung, die mich zum Handeln bringt. Gelegentlich schaue ich ihr Bild an und sehe nichts.

In der letzten Sitzung hat mir Zimtauge dazu geraten, beide Eltern aufzusuchen. Den Vater am Grab, die Mutter im Pflegeheim. Es ginge darum, an den Abschied zu denken. Mich mit der Mutter zu beschäftigen macht mir erheblich mehr Probleme. Ich weiß nicht, ob ich dafür bereit bin. Aber Zimtauge meint, ob zurecht oder nicht, das kann ich nicht beurteilen, dass meine Seele erst wieder friedlich schnurrt, wenn ich diese letzten Schritte tue. Und wenn ich nichts unternehme, dann könne das meine seelischen Verletzungen chronifizieren. Wer will das schon? Also habe ich im Grunde genommen nicht die Wahl. Meine Freiheit besteht darin, ja zu sagen.

An einem Freitag, Simons praxisfreiem Tag, machen wir uns auf den Weg. Wir haben Föhn, klares, sonniges, weiß-blaues, bayrisches Wetter, ein paar Schönwetterwölkchen am Himmel und ungewöhnlich warm für Ende April. Die Adresse habe ich aus den Unterlagen des Onkels erfahren. Es ist ein von der Caritas geführtes Alten- und Pflegeheim in Haidhausen, neben Schwabing, wo ich lebe, eines der ältesten Viertel Münchens. Da haben wir also jahrzehntelang beinahe in Nachbarschaft gelebt und hatten keine Ahnung voneinander. Vielleicht ist das besser so! Alles hat seine Zeit, wie Zimtauge immer wieder sagt. Diese Nacht habe ich nicht geschlafen, das Innere meines Kopfes hat sich verknäult, ich bin zwanghaft einzelnen Gedankenfetzen hinterhergeeilt, konnte diese Jagd aber nicht stoppen. Der Morgen war entsprechend gerädert. Jetzt bin ich ein Nervenbündel. Meine blau-schwärzlichen Augenringe haben Simon nicht davon überzeugt, das Unternehmen Pflegeheim zu verschieben. Unbarmherzig hat er mir ein weiteres Kalzium zugeschoben und mir dann die Lederjacke hingehalten.

Obwohl man die Strecke, quer durch den Englischen Garten, die Prinzregentenstrasse hinauf bis zum Friedensengel, gut zu Fuß bewältigen kann, haben wir uns ins Auto gesetzt und stehen jetzt nach 15 Minuten Fahrt bereits vor dem Eingang des Heimes. Es ist eine große Anlage, die man erst sieht, wenn man durch den verglasten Haupteingang in einen offenen Empfangsbereich tritt, der den Blick freigibt in den nach hinten angelegten Garten. Dort stehen Bänke und ein kleiner Pavillon, ein Gärtner ist mit einem Blumenbeet beschäftigt, ein anderer harkt Laub zwischen den Büschen. Drei langgezogene Trakte, jeweils im rechten Winkel zueinander. Wir lassen uns von der Empfangsdame den Weg in das richtige Haus, das Stockwerk und auf die Station erklären. Natürlich haben wir vorher angerufen, haben uns einen Termin geben lassen und die beste Uhrzeit für ein solches Treffen. „Mit ein bisschen Glück", sagte uns die zuständige Pflegerin, Frau Urban, „ist sie am späten Vormittag etwas ruhiger."

Frau Urban ist uns ein Stück entgegengekommen und führt uns jetzt in einen zur Station gehörenden, großen Wintergarten, wo einzelne Patienten auf Gartenstühlen sitzen oder liegen und mit leeren Blicken auf unbekannte Landschaften schauen. „Erwarten Sie nicht zu viel", sagt Frau Urban, „Ihre Mutter ist sehr alt, sehr krank und gebrechlich. Ohne fremde Hilfe geht gar nichts mehr. Aber sie ist auch zäh. Irgendetwas hält sie noch am Leben." Sie nähert sich einem Stuhl und nimmt die Hand einer Patientin.

„Martha, sie haben Besuch."

Doch Martha hat die Augen geschlossen. Frau Urban schickt sich an zu gehen. „Ich lasse Sie mit ihr für einen Moment allein, wenn Sie etwas brauchen sollten, ich bin gleich nebenan im Schwesternzimmer. Die Patienten dösen für Momente immer wieder weg, alle sind medikamentös eingestellt. Also haben Sie ein wenig Geduld."

Wir rücken uns zwei Stühle näher und setzen uns einfach daneben. Ich bin froh, dass ich einen kleinen Aufschub bekommen habe, so habe ich Zeit, sie anzuschauen und meine Nervosität irgendwie unter Kontrolle zu bekommen. Onkel Frank hat sie nicht nur einmal als zerbrechlich bezeichnet, das ist beinahe untertrieben, ein dünnes, durchsichtiges, verhutzeltes, fragiles Wesen, beinahe nicht mehr von dieser Welt. Mit geschlossenen Augen wirkt sie versteinert, ihre Hände, ihr Gesicht, ein Knitterwerk des Alters. An ihrer rechten Hand zwei schmale Goldringe, vermutlich die Eheringe der Eltern. Die Haare schlohweiß und glatt. Aus ihrem linken Mundwinkel rinnt ein Speichelfaden. Das hier ist sie, meine Mutter! Das ist die Frau, die mich geboren und verraten hat. Ich stiere sie an, als müsste sich in diesem konzentrierten Fokus etwas zeigen. Aber außer meinem Zwiespalt zeigt sich gar nichts. Der allerdings badet mich in zunehmender Nervosität, Angst und Wut. Einerseits eine Gefühlsmelange, ein brodelndes, wellenartiges Auf- und Abschwappen. Eine Neuauflage der unverzeihlichen Widerstände, eine Unlust, mich damit erneut zu konfrontieren. Kleine und große Stimmen, die zynisch und klagend nach Gerechtigkeit und Bestrafung rufen, nach Vergeltung und Rache. Andererseits die neue, milde, immer noch vernünftige Clara, die versteht, die die einzelnen Bestandteile in neuer Ordnung zusammenfügen will, und die einsichtige Clara, die die neu entstandene Milde zu teilen bereit ist. Und dann ist da das Selbstmitleid, das sich immer wieder bemerkbar macht. Vielleicht doch kein Zwiespalt, eher eine ménage à six, die an mir reißt und zerrt, mal in die eine, mal in die andere Richtung. Der Druck wird einfach zu groß, es hält mich nicht auf dem Stuhl, ich lehne mich gegen die Scheiben des Wintergartens und lasse die Tränen laufen. Welchem Gefühl im einzelnen ich dabei nachgebe, keine Ahnung, es ist wie eine Suppe, in der jedes Rühren etwas Neues an die Oberfläche bringt.

Der kleine Abstand tut gut, ich kann sie anders wahrnehmen. Ich kann hier nicht nach beinahe 50 Jahren hereinschneien, mich in ihre Nähe setzen und davon ausgehen, dass ich ihr nah bin. Eine

Annäherung ist, wie das Wort schon sagt, eine Bewegung und ich muss mir etwas Zeit geben, dieser Bewegung zu folgen. Dabei kann ich nur meinen Impulsen vertrauen.

„Simon, was soll ich nur tun? Ich bin hin- und her gerissen. In einem Moment bin ich wütend oder traurig, im nächsten Moment vernünftig."
Das eine oder andere Wort geht in meinen Schluchzern unter.
„Ich glaube, du kannst nichts falsch machen. Mach wonach dir ist. Geh mit deinem Gefühl. Schau sie dir an, sie ist alt und hinfällig und höchstwahrscheinlich nicht mehr erreichbar. Lass dich von dem, was du siehst, berühren, dann weißt du auch, was zu tun ist."

Für jeden Menschen gibt es einen Ort, an dem die Erinnerungen aufbewahrt werden. In der Regel ist das die Familie, die Altvorderen, die den unbewussten, erwachenden Teil einer Kindheit begleiten, beschützen und im Erleben teilen. Wird man älter, hört man die Geschichten der Alten. Sie werden zum Bestandteil des eigenen Lebens. In meinem Fall ist das anders. Ich habe keine Familie, keine Altvorderen, keine Geschichten, wo werden meine Erinnerungen versteckt und wie soll ich sie finden? Onkel Frank und ich, wir beide haben unterschiedliche Leben, ohne Schnittpunkte, ohne gemeinsame Geschichten. Wir haben nur ein Papier auf dem steht, dass er mein Onkel ist. Und hier ist meine Mutter, das bisschen übrig gebliebener Restmensch, der in sich die Erinnerungen von sieben langen Jahren meines Lebens eingesperrt hat und mir keine Geschichten mehr erzählen kann. Keine Erklärung geben, keine Wiedergutmachung anbieten, nicht um Verzeihung bitten und mir auch, den mir zustehenden Platz in einer Familie, nicht zuteilen kann. Angewiesen auf mildtätige Herzen, die nicht urteilen.
Neulich habe ich gelesen, dass Biotechniker herausgefunden haben, dass man in isolierten Stücken Hirngewebe sogar außerhalb des Körpers Erinnerungen konservieren kann, ähnlich wie ein externer Arbeitsspeicher eines Computers. Mich würde

interessieren, wie man diese Erinnerungen abrufen oder ob man sie, wie im Film, als Bilder sichtbar machen kann.

Ich rücke meinen Stuhl wieder näher, dringe in ihre Aura ein. Vielleicht können sie oder ich in dieser körperlichen Nähe etwas spüren?
„Es muss doch eine nonverbale Sprache geben“, denke ich laut.
„Vielleicht funktioniert das, wenn du sie anfasst, wie ein Kabel, das man einstöpselt“, sagt Simon.

Als externe Festplatte ihren Lebensmodus, ihr Atemmuster übernehmen, einen Link schaffen, mich einstöpseln. Was würde Zimtauge dazu sagen. Also wirklich, jetzt gehe ich aber zu weit! Das alles nur, um an ihre Erinnerungen zu kommen, an den Teil ihres Lebens, der meines beinhaltet und betrifft? Vielleicht geht es auch gar nicht so sehr darum, ihr etwas abzuverlangen, sondern schlicht darum meinen Willen durchzusetzen, zu erkämpfen, was ich nicht freiwillig haben kann. Meine Haltung ist absurd. Ich hätte gern, dass sie ihren verkapselten Nebel für Momente unterbricht, mich erkennt und dieses unerträgliche Fremdsein beendet. Und wieder bin ich aufgefordert, mich nicht von der Situation auffressen zu lassen, mich nicht mit ihr zu identifizieren. Ich muss auf Abstand gehen, beobachten und still werden.

Simon unterbricht meine Gedanken.

„Deine ganze Energie ist bei ihr, Clara, wie wäre es, du schaust darauf, was du brauchst. Egal, was du tust, tue es nicht für sie, tue es für dich. Wenn das eure einzige und letzte Möglichkeit der Begegnung sein sollte, was wolltest du getan oder gesagt haben, damit du deinen Frieden finden kannst?“

Gute Frage. Damit ist der Ball wieder bei mir. Ich kann nicht darauf warten, dass sie etwas für mich tut, kann die Verantwortung nicht ihr zuschieben. Die Hoffnung stirbt zuletzt. Heißes Mitleid fällt mich an. Damit habe ich nicht gerechnet. Was immer diese

Frau getan hat, was immer sie billigend in Kauf genommen hat, für sie ist es nicht einmal Vergangenheit, das Geschehene ist nicht existent, weil es vergessen wurde. Das sollte es für mich auch sein. Vergangenheit. Anders kann ich damit nicht abschließen. Niemand kann verlangen, dass ich sie liebe. Zu hadern bringt nichts. Mich in Selbstmitleid zu ergehen, macht mich schwächer. Die Hoffnung von ihr ein erlösendes Wort zu hören, ist verschwunden. Simon und Zimtauge haben Recht. Es kann nur darum gehen, dass ich diesen Abschied für mich mache, es geht um meinen Frieden, nicht um ihren. Vielleicht bedingt das Eine auch das Andere.

„Schade, es ist zu spät", sage ich resigniert.

Ich nehme ihre Hand in die meinen und wiederhole, was ich gerade gesagt habe. Plötzlich reißt meine Mutter die Augen auf und starrt mich an, bewegt ihren Kopf von rechts nach links. Mit sehr unruhigem, wirren Blick, der auf seltsame Art leer wirkt. Onkel Frank, meine Mutter und ich, wir alle drei haben dieselben Augen.

„Hallo", sage ich leise, „ich bin's, Clara, deine Tochter."

Sie hebt eine Hand und fährt durch ihre Haare, dabei macht sie mit dem Mund schmatzende Geräusche. Irgendetwas scheint sie völlig aus der Ruhe zu bringen. Sie fängt an zu kreischen, zu schreien, Frau Urban stürzt aus ihrem Zimmer und redet beruhigend auf meine Mutter ein.

„Martha, es ist alles in Ordnung, Sie haben Besuch, alles ist gut, so beruhigen Sie sich doch, ihre Tochter ist gekommen."

Was sie noch mehr aufregt.
Was mich auf eine Idee bringt.

Während Frau Urban weiter beruhigend auf sie einwirkt, setze ich mich hinter sie, meinen Mund ganz nahe an ihrem Ohr. „Mama“, „Mama“, flüstere ich ganz leise, immer wieder nur das eine Wort. Nach einem kurzen Moment bricht der Schrei in der Mitte ab, ihr überreiztes, erregtes Agitieren findet ein jähes Ende, sie sinkt in ihren Stuhl und schließt die Augen. Ich wiederhole nochmals „Mama“, noch leiser, noch zarter. Mein Kopf an ihre Schulter gelehnt, nur ein kleiner, intimer Augenblick lang, ganz plötzlich springt der Funke, ich weiß, sie hat mich gehört, nicht ihr Kopf, nicht die bewusste Wahrnehmung eines denkenden Menschen. Ihr Körper, vielleicht ihr Herz haben mich erkannt. Und völlig fassungslos und staunend sehe ich wie eine einzelne Träne aus ihrem Augenwinkel läuft. Mit meinem linken Zeigefinger fange ich sie auf und lege sie mir auf die Zunge. Sie gehört mir. Das ist so viel Mama wie ich jemals haben werde. Erneut bringe ich meinen Mund näher an ihr Ohr. „Mama, ich verzeihe dir, hörst du, ich verzeihe dir.“ Vielleicht kann sie jetzt sterben. Und ich habe ein paar Worte in meinem Bewusstsein deponiert, an die ich mich erinnern kann. Ich habe mich „Mama“ sagen hören, eine Erfahrung, die mir niemand mehr wegnehmen kann. Vielleicht war das das fehlende, erlösende Wort. Bin ich jetzt vollständig?

Ich lasse meinen Kopf auf ihrer Schulter, höre ihrem Atem zu, gleichzeitig verstehe ich noch die letzten Fetzen einer Erklärung, die Frau Urban gerade Simon gibt. Dass der Patient bei zunehmender Demenz seine affektiven Reaktionen nicht mehr kontrollieren kann. Dass unvorhergesehne Situationen die Affekte entgleisen lassen. Man nenne das Affektlabilität oder auch Affektinkontinenz.
Frau Urban scheint zu glauben in Simon einen Fachkollegen gefunden zu haben. Ich lächle, die ganze Situation ist beinahe grotesk. Simon lächelt zurück.

Meine Mutter schläft. Frau Urban verabschiedet sich und lässt uns allein.

Ist das der Abschied, den Zimtauge gemeint hat? Ich wünschte, sie wäre da.
Meinen Frieden finden heißt wohl auch, mich mit dem, was möglich ist, zufrieden zu geben. Und zu akzeptieren, dass es so ist. In der Kirche sagt man Amen dazu, was soviel wie ‚so sei es', bedeutet. Ich erlebe diese letzte Stunde wie ein schnell aufgezogenes Gewitter, das sich über mir entladen hat, um dann sang- und klanglos wieder zu verschwinden. Ich überdenke die Situation, erspüre ihren Gehalt. Habe ich etwas vergessen, übersehen oder nicht bedacht? Und komme zu dem Schluss, dass das alles so gewesen sein darf und keine Fortsetzung braucht.

„Adieu Mutter", sage ich in die Stille hinein, nehme ihre Hand, betrachte sie ein letztes Mal. „Ich wünsche dir ein friedliches Sterben".

Als ich mit Simon aus der Tür gehe, fühle ich mich wie nach einer absolvierten Prüfung, erleichtert, beinahe froh, aber auch ausgelaugt und müde. Ich hinterlasse im Schwesternzimmer meine Adresse und Telefonnummer, mit der Bitte, informiert zu werden, wenn sie stirbt.
Dann hält uns nichts mehr in diesem Haus.

Simon fährt in die Königinstrasse, am Englischen Garten entlang, auf der Suche nach einem Parkplatz. Zum Mittagessen sind wir in einem kleinen, sehr gemütlichen Bistro, das gegenüber der tiermedizinischen Uniklinik, Ecke Veterinärstrasse, liegt und mit Blick auf das Frühlingsgrün des Englischen Gartens, mit Lena Lenz verabredet. Einen Parkplatz finden wir am oberen Ende der Königinstrasse, in der Mandlstrasse, also laufen wir den Weg zurück durch den Englischen Garten, bleiben eine Weile am Kleinhesseloher See stehen, schauen uns das Treiben auf dem Wasser an. Schwäne und jede Menge Tretboote teilen sich die Fläche.
Wir laufen gemächlich auf sandigen Wegen. Simon legt seinen Arm um meine Schulter. Wir lassen uns Zeit, bleiben immer wieder stehen und blinzeln in die Sonne.

Am Eisbach entlang brauchen wir weitere zehn Minuten bis wir an unserem Bistro stehen.
Zimtauge wartet schon, sie sitzt an einem kleinen Tischchen am verglasten Teil des Raumes. Sie hat bereits Dienstschluss und läutet mit diesem Treffen ihr Wochenende ein. Unsere Jacken hängen wir über die Stuhllehne, Simon bestellt für alle einen großen Teller Antipasti und Chiapatta.

„Wie geht es Ihnen nach dem Besuch bei Ihrer Mutter?"
„Ich war sehr nervös, sehr betroffen und sehr unsicher. Ich weiß nicht genau, wie es mir geht. Die ganze Situation war irgendwie überfordernd. Ob ich allem gerecht geworden bin, kann ich nicht sagen. Und ob es ein Abschied war, auch nicht."
„War sie noch ansprechbar?"
„Nein, sie ist nicht mehr da. Obwohl ich für einen kurzen Moment das Gefühl hatte, dass da ein Funke war."
Simon schaltet sich ein.
„Ich fand Deine Instinkte genial, wie du dich in ihre Welt eingeklinkt hast, das war toll."
„Was genau ist denn passiert?" Zimtauge schaut von einem zum anderen.
„Na ja", sage ich, „die meiste Zeit war meine Mutter weggetreten und hat geschlafen. Als sie nach einer Weile die Augen geöffnet hat, hat sie geschrien und war schwer zu beruhigen. Ich habe ihr „Mama" ins Ohr geflüstert, bis sie aufgehört hat zu schreien."
Zimtauge lacht. „Sie haben sie also kurzgeschlossen?"
„Kurzgeschlossen?"
„Das heißt, Sie haben ihre Welt angehalten und in den kleinen Zwischenraum, der dabei entsteht, einen Funken gesetzt. Das war wirklich eine sehr gute Idee. Woraus leiten Sie ab, dass da so etwas wie Erkennen stattgefunden hat?"
„In der entstandenen Stille, bevor sie wieder eingeschlafen ist, ist ihr eine einzelne Träne aus dem Auge gelaufen."
„Erzähl doch auch, was du damit gemacht hast", sagt Simon.
„Ich hab die Träne in meinen Mund getan und ihr gesagt, dass ich ihr verzeihe."

„Warum haben Sie das getan?",fragt Zimtauge.
„Ich habe nicht darüber nachgedacht. Eine ganz spontane Aktion. Vielleicht wollte ich etwas von ihr bei mir haben. Vielleicht wollte ich einfach nur einen bewussten Punkt setzen und abschließen."
„Wie fühlen Sie sich dabei?" Zimtauge will es, wie immer, genau wissen.
„Genau darüber wollte ich eigentlich sprechen. Nicht wie ich mich fühle, das auch, sondern darüber, was es mit diesem „Ich" auf sich hat. Ich habe mir in den letzten Monaten immer wieder gesagt, dass ich nicht genau weiß, wer ich eigentlich bin, dass ich mich neu definieren muss, dass ich ein neues Leben haben will. Jetzt habe ich plötzlich das Gefühl, dass es nicht wirklich darauf ankommt, ein definiertes, umschriebenes Ich zu haben, sondern zu akzeptieren, dass man irgendwann der Mensch ist, der man im Laufe eines Lebens geworden ist und damit seinen Frieden macht."
„Sie haben Recht. Es ist eine Illusion zu glauben, dass die Identität eines Menschen etwas ist, was als feste, stabile Einheit irgendwo im Körper wohnt. Wissen Sie noch, wir haben in einer Sitzung mal darüber gesprochen, wie sich diese existenzielle Unsicherheit, die Sie in den ersten Jahren erfahren haben, auf Ihr Leben ausgewirkt hat."
„Ich erinnere mich. Ich hatte das Gefühl, dass mein Leben reine Kompensation war. Wichtig war nur, diese Unsicherheit zu überwinden. Irgendwie war das ein Leben, das nicht meines war. Ich war wie ferngesteuert und fremdbestimmt. Es haben Kräfte auf mich eingewirkt, von denen ich noch nicht mal eine Ahnung hatte. Ich hab so das Gefühl, als hätte ich mich hinter einer schweigenden Mauer zusammengekauert und versteckt. Mit dem heutigen Tag hat sich das hoffentlich erübrigt."
„Von heute auf morgen wird das nicht gehen. Tief sitzende Prägungen und Denkgewohnheiten sind wie Schablonen, die unbewusst immer wieder benutzt werden. Aber was Sie erzählen hört sich gut an. Sie sind dabei, ein ganz eigenes Leben zu finden, in dem Sie jeden Tag neu entscheiden können, wer Sie sein wollen."

„Mehr will ich gar nicht", sage ich, „ich will leben und nicht gelebt werden."
„Und miteinander leben", ergänzt Simon und grinst mich an.
„Damit haben wir ja schon begonnen", setze ich noch dazu.
Ich muss doch immer das letzte Wort haben.

Nach einem kurzen Moment der Stille legt Zimtauge nochmal nach.
„Wenn Sie zurückschauen auf ihr Leben, auf die ganzen schrecklichen Dinge, die passiert sind, die Schmerzen, die Qualen, wofür kann das gut gewesen sein?"
„Wofür das gut gewesen sein soll?"
Im ersten Moment dachte ich, ich hätte mich verhört.
„Ja, wofür war das gut."
Ratlos schaue ich Simon und Zimtauge an. Zimtauge hilft mir.
„Es ist wichtig, dass Sie die Perspektive auf Ihr Leben verändern. Sie sind Ihr Leben lang davongelaufen, haben nicht zurückgeschaut, weil es hinter Ihnen dunkel war. Sie haben beschrieben, wie unbewusst und blind Ihr Leben ablief. Wenn Sie in Zukunft ein gutes, erfülltes Leben haben wollen, muss es möglich sein, dass Sie stehen bleiben, zurückschauen, ohne den Blick abwenden zu müssen. Also frage ich nochmal. Wie können Sie den gleichen Sachverhalt positiv werten?"

Jetzt verstehe ich.

„Ich bin aufgewacht. Dieses Aufwachen ist untrennbar mit dem Gefühl verbunden, jetzt ein bewusstes Leben zu haben. Alles hat sich verändert, ich will nicht werten, ob positiv oder negativ, auch das spielt keine wesentliche Rolle mehr. Inhalte und ihre Bedeutungen, Definitionen, Urteile und Perspektiven haben sich verschoben oder sind herausgefallen. Was zählt ist der Raum, der nach innen entstanden ist und die Stille, aus der die Kraft kommt. Ich glaube, das habe ich Ihnen zu verdanken, hätten Sie mir nicht die Position des Beobachters nahe gebracht, hätte ich das nicht verstanden und schon gar nicht umsetzen können. Ich fühle mich zum ersten Mal in meinem Leben frei. Die dunklen Jahre sind heller geworden, weil ich sie akzeptiere. Das alles darf so gewesen sein, verstehen Sie?“

Das Gesagte findet Platz. Niemand sagt etwas. Die Fragestellung ist raffiniert. Völlig klar, dass ein Problem negativ ist, sonst wäre es kein Problem. Etwas offensichtlich Schlimmes, Traumatisches wird zu seinem Nutzen umgedeutet und kippt ins Positive. Unglaublich! Wenn man das Negative in eine Quelle der Kraft verwandelt, hat man gewonnen. Auf so eine Idee muss man erst einmal kommen!

„Das ist es. Damit sind Sie wieder in Ihrer ganz eigenen Lebenskraft.“ Zimtauge strahlt mich an. „Sie sind zurückgegangen zu ihren Wurzeln und haben sich neu ausgerichtet. Sie sind Ihrem inneren Kompass sehr geradlinig und aufrichtig gefolgt und haben sich dabei nicht gerade geschont. So etwas nenne ich unter Kollegen gerne ‚das gute Pferd'. Einem guten Pferd zeigt man nur die Peitsche und schon läuft es. Ihre Instinkte waren zu jedem Zeitpunkt intakt. Als Sie Witterung aufgenommen hatten, sind Sie den Hinweisen, den Spuren, den Vorschlägen gefolgt. Diese Unbedingtheit ist es, die mir Respekt abverlangt. Sie haben mir gezeigt, dass es innerhalb kürzester Zeit möglich ist, so eine schwierige Geschichte zu bewältigen und aufzuarbeiten. Wenn man es nur will. Und Sie haben diesen Willen. Meine Aufgabe ist hiermit erfüllt. Ich denke mit dem heutigen Gespräch können wir die therapeutischen Sitzungen beenden. Sie haben meine Telefonnummer, falls Sie noch einen Nachschlag brauchen sollten. Aber ich denke, dass Sie das ohne mich schaffen. Alles Gute!“

Ich freue mich als hätte ich eine Prüfung mit cum laude bestanden. „Danke Frau Lenz. Ich weiß gar nicht, was ich ohne Sie getan hätte.“
Sie steht auf, kommt auf mich zu, umarmt mich und verabschiedet sich von Simon und mir.

Als Simon und ich zwei Stunden später in unser kuscheliges Sofa sinken, habe ich das Gefühl an einem Ort in mir angekommen zu sein, der mich froh macht. Und dankbar.

„Lass uns feiern, Simon, lass uns tagelang, wochenlang, lass uns unser restliches Leben lang feiern."

„Wo und wie sollen wir anfangen?"

„Wir haben beide in der nächsten Woche Geburtstag, in zwei Wochen fange ich wieder mit meiner Arbeit an, was hältst du davon, wenn wir nach Paris fahren und dort mit unseren Feierlichkeiten beginnen? Wir checken im „Georges V" ein und ich zeige dir meine Stadt."

„Ich bin dabei."